蔡元培全集

卷一二

蔡元培译著（上）

一民族之文化，能常有所贡献于世界者，必具有两条件：第一，以固有之文化为基础；第二，能吸收他民族之文化以为滋养料。

创于1897
商务印书馆
The Commercial Press

留德时期生活照

初学日文时的笔记

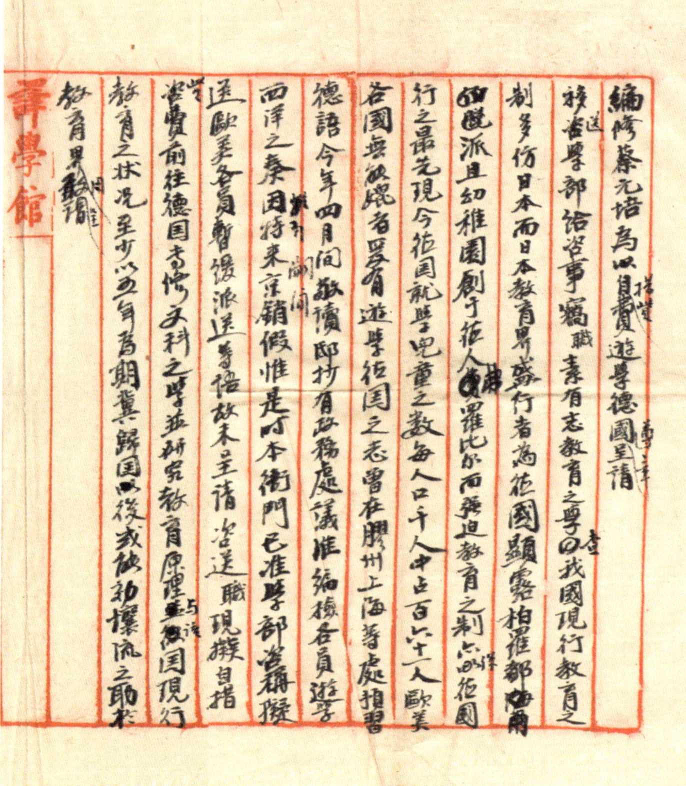

編修蔡元培為以自費遊學德國呈請
移咨學部給咨事竊職素有志教育之學以我國現行教育之
制多仿日本而日本教育界盛行者為德國顯露柏羅都派
派且幼稚園創于德人弗羅比爾而強迫教育之制亦以德國
行之最先現今德國就學兒童之數每人口千人中占百六十一人歐美
各國無能媲者職有遊學德國之志曾在膠州上海等處預習
德語今年四月間銷假即抄有政務處議准編檢各員遊學
西洋之奏因特來京銷假惟是時本衙門已准學部咨稱擬
選歐美各員暫緩派送等語故未呈請咨送職現擬自措
學費前往德國專修文科之學並研究教育原理與德國現行
教育之狀況至少以五年為期冀歸國以後或能效涓流之助於
教育界

自费游学德国呈请手稿（1906 年）

Semester.	Benennung der Vorlesungen.	Dozent.	
W.S.1908/09:	Geschichte der neuesten Philosophie von Kant	Prof. Dr.	
	bis zur Gegenwart	" "	Wundt.
	Die Grundlagen und Hauptpunkte der Psychologie	" "	Lipps.
	Die jüngsten Entwicklungsstadien der deutschen	" "	
	Literatur	" "	Witkowski.
	Sprachpsychologie, I. Teil: Allgemeinpsychologi-	" "	
	sche Grundlegung	/ "	Dittrich.
	Schopenhauer	/ "	Brahn.
	Goethe als Philosoph und Naturforscher	/ "	Brahn.
S.S.1909:	Psychologie	Pr. "	Wundt.
	Deutsche Kulturgeschichte der jüngsten Ver-	" "	
	gangenheit und Gegenwart	" "	Lamprecht.
	Hauptergebnisse der modernen Naturwissenschaft	/ "	Brahn.
	Kinderpsychologie und experimentelle Pädagogik	/ "	Brahn.
W.S.1909/10:	Einführung in die Philosophie	Pr. "	Richter.
	Geschichte der neueren Philosophie mit ein-	" "	
	leitender Uebersicht über die der älteren	" "	Wundt.
	Psychologie	" "	Wirth.
	Geschichte der deutschen Literatur des 18.Jhdts.	" "	Köster.
	Goethes Dramen	" "	Witkowski.
	Kursorische Uebersicht der deutschen Literatur-	" "	
	geschichte von den ältesten Zeiten bis zur	" "	
	Gegenwart	" "	Witkowski.
	Deutsche Kulturgeschichte in der Urzeit und	" "	
	im Mittelalter	" "	Lamprecht.
	Deutsche Kulturgeschichte der jüngsten Ver-	" "	
	gangenheit: Weltanschauung und Wissenschaft	" "	Lamprecht.
S.S.1910:	Geschichte der Philosophie nach Kant	" "	Volkelt.
	Grundfragen der Ethik	" "	Volkelt.
	Psychologische Maßmethoden	" "	Wirth.

在德国莱比锡大学的修课记录

《蔡元培全集》编委会

《蔡元培全集》总序

蔡元培(1868—1940),字鹤庼,号孑民,20世纪中国杰出的教育家、思想家、民主主义革命家,曾任中华民国首任教育总长、北京大学校长、中央研究院院长,为中国教育、科学、文化事业的发展做出了卓越的贡献。

1868年1月11日,蔡元培先生出生于浙江绍兴。少有隽才,科举连捷,中进士,入翰林院。甲午战争后,思想为之一变,始涉猎西学,欲求救国之道。戊戌变法失败后,愤而辞官,投身教育革命,毕生不移教育救国之志。

中华民国成立后,蔡元培先生出任教育总长,提出"五育并举"的教育方针,将美育纳入国民教育体系中;取消经科,厘定学校教育制度,设立社会教育司,为民国新教育奠定了基础。1917年,蔡元培先生出任北京大学校长,以"学术至上"为发展目标,对北大进行了彻底改革,"循思想自由原则,取兼容并包主义",促进了新思潮的传播,使北大成为新文化运动的中心、五四爱国运动的策源地、中国最早传播马克思主义和民主科学思想的基地。国民政府成立后,蔡元培先生再掌国家教育行政,借鉴法国教育制度,设立大学院,推行大学区制,持续推动教育制度革新。蔡元培先生提出"以美育代宗教"的思想,并亲授美学课程,推动艺术院校的成立,为中国艺术教育做出了奠基性的贡献。在中国近代教育史上,蔡元培先生无愧为开风气者，贡献巨大，影响深远。

蔡元培先生提倡科学精神，注重科学研究方法的普及，并始终致力于中国科学事业的建设。在校园内，将科学研究视为大学发展的首要任务；在社会上，不遗余力地扶植科学团体，资助科学项目，培育科学人才。晚年，更是倾力创建了中央研究院，并亲任院长直至辞世，历十三年。其间擘画筹谋，延揽专家，扶掖新秀，辛勤耕耘，促进了中国现代科学研究体制的形成，为近代中国科学事业的发展做出了开创性的贡献。

蔡元培先生是一位坚定的爱国主义者和民主主义革命家。二十世纪初，他创办《俄事警闻》，为《苏报》撰稿，在张园演讲；创立光复会，加入同盟会，投身反清革命。“九一八”事变爆发，他以中国文化界教育界领袖的身份，强烈呼吁国际社会制裁日本，热切期盼全国团结一致，抵御日寇侵略。他参与组织中国民权保障同盟，设法营救杨开慧、陈独秀以及许德珩、廖承志、丁玲等一大批革命志士和爱国青年，并被推举为国际反侵略大会中国分会名誉主席。蔡元培先生毕生不畏强权，不计利害，为争取民族解放、保障民主权利做出了不懈的努力。

1937 年底，上海沦陷，中央研究院内迁，作为院长的蔡元培先生原拟取道香港后赴昆明，因健康状况不佳，留港养病。1940 年 3 月 5 日溘然长逝。

蔡元培先生是中国传统文化陶冶出来的学者，又博采西方文化之所长。他博览群书，不囿于一家之言，兼收并蓄，融古今中西学术于一身，时人谓为“学人亦兼通人”。其治旧学，邃于经，兼通诸子百家，文极古藻；其于新学，不以博学为点缀，而是深入探索以求门径。蔡元培先生留下一种博大的精神气象。他道德垂范，以身教代言教，循循善诱，殷殷教导，在潜移默化间影响了无数青年。他有着中国圣贤之修养，德望素孚，受到同时代人的爱戴与景仰。毛泽东赞誉他为"学界泰斗，人世楷模"。他一生历经甲午战争、维新变法、辛亥革命、五四运动以及抗日战争等诸多历史巨变，在教育界、政界、文化界担任要职，产生了重要的社会影响，留下了宏富的著述文献，涉及哲学、教育学、美学、政治学、文学等多个领域，从一个侧面折射了中国近代教育、科学、政治和文化的发展历程，也是了解这一时期政治史、思想史、教育史、学术史的宝贵资源。

蔡元培先生的著述，除部分生前勘定出版的专著、译作之外，还有大量的文章、诗词、讲话稿、讲义稿等。其中，早年所作骈散古文及诗词，多以手稿、影印手迹、抄留底稿的形式留存，大部分为家藏文献。早期所作序跋、题词则多存于相关书刊中，珍藏于图书馆。民国后所作的文章、讲话、公牍、启事、函电及受托撰写的题词、赞、墓表、铭、楹联、他人传略等，数量极多，多数公开刊行于书籍与报章杂志，部分以手稿、影印手迹、抄留底稿等形式由机构或私人收藏。此外，他生前撰有数量可观的私人书信，亦有自钉成册及散篇的日记留存。

系统搜集、整理、出版蔡元培先生著述的工作，在他生前即已开始。而编辑出版蔡元培全集的努力，则是从 20 世纪 60 年代开始的。1968 年，台湾商务印书馆出版《蔡元培先生全集》一册，孙常炜编，收录专著和译著七种，单篇文献四百八十篇，分为"六科"，为著述、论文与杂著、言论与演说、序跋、函电与公牍、附录(收录他人所作纪念文章)；又于 1988 年出版《续编》一册。1995 年，台北锦绣出版事业股份有限公司出版《蔡元培全集》14 卷，依文体和主题分为：自传、教育（上、下）、美育、哲学、政治经济、史学民族学、语言文学、科学技术、书信（上、中、下）、日记（上、下）。1984—1989年，中华书局出版《蔡元培全集》七卷，高平叔编，编年收录蔡元培1883 年至 1940 年包括书信、日记在内的各类著述。1997—1998年，浙江教育出版社出版《蔡元培全集》18 卷，中国蔡元培研究会编，将译著、书信、日记单独编次成卷，其余文献仍以编年形式编排，并补遗一卷。

近年来，随着各类晚清民国数据库的开发和近现代人物著作的陆续出版，诸多以往不为人所知的蔡元培先生著述新文献以及已刊文献的不同版本被重新发现。2015 年，在蔡元培研究专家王世儒先生的提议下，北京大学成立了《蔡元培全集》编委会，新版《蔡元培全集》的编纂与出版提上日程。由来自北京大学教育学院、历史学系、校史馆、图书馆等单位的蔡元培研究、校史研究及近代史研究的专家，以及资深校外学者组成的《全集》编委会，对包括数据库、各地馆藏文献、私人收藏文献在内的资源进行了全面的检索、收集、分析、整理。同时，在蔡元培先生家属的大力支持下，编委会对其著述家藏文献进行了深度挖掘。编委会希望为专业研究者和广大读者提供一套文献完整、校勘精审、分卷科学的全新的《蔡元培全集》。

新版《全集》的编纂工作主要围绕以下几个方面进行。

第一，重新确定《全集》的文献收录原则。经过对蔡元培先生著述的类型、性质、时代特征与留存情况进行全面分析，新版《全集》确定收入的文献包括：署名并公开发表的著述，未署名或未公开发表、经考证为其著述的手稿，函电、日记，由他人记述、转录的演讲、谈话，以及部分已搜集到的题词。

需要特别说明的是，蔡元培先生一生担任过诸多重要职务，任职期间，留下了大量的署名“蔡元培”以职务身份颁布的法令、制定的章程规则、提交的呈文以及发布的布告、启事、公牍、函电等公务类文献。编委会经过慎重研究，决定择要收录公务文献中最能够反映其思想学术的篇目和全部函电，其他公务类文献均不收录。

第二，对已刊文献进行全面整理和重新校订。广泛搜集已刊文献的各种版本及相关信息，逐篇梳理版本流传情况，优先选择作者手定本或最佳版本为底本，遵循全集校勘通例，对已刊文献进行重新校订。

第三，对以往全集失收的文献进行全面的搜集、整理、考证和补充。新版《全集》首次整理收入《石头记疏证长编》（手稿）、《蔡氏切音记号》（抄本）以及《国文科讲义》《伦理概要》《伦理学讲义》《比较民族学》《心理学》《西洋教育史》等讲义稿。演讲类文献新增百余篇。序跋类文献新增近百篇，另收录为书刊展览所作题词130余篇。诗文类文献新增百余篇。科举考卷部分新增童生试考卷15份（诗文49篇）。书信部分新增550余通。译作类新增《教授法原理》一种。综上，总计收入已往全集未收的文献逾百万字。全部新文献一一按照《全集》编撰通例进行整理校订。

第四，对文献性质、撰写时间进行尽可能精确的考证。此次整理，搜集到的文献来源不一，有时难以判断相关文献的作者归属、文献类型，必须一一加以考证。对作者归属尚存疑问的文献，不予收录。对于原始标题近似的演讲、论文、书信等不同类型的文献进行明确的区分。对千余篇文献的写作时间、出版时间以及数百次演讲的发生时间进行一一考证，纠正了大量的时间错置问题。

第五，对《全集》所有文献进行全新分类编排。新版《全集》按文体分类成卷，按著述性质排序，分卷刊行，凡十二卷。专著、著作稿集中呈现蔡元培先生的学术思想与路径，且基本为其生前所勘定，故列为前三卷。论文集、演讲集是集中呈现其思想言论的单篇文献汇编，故列为卷四、卷五。其后为讲义稿一卷，篇幅虽不大，却为蔡元培先生教育实践的最直接呈现，列为卷六。其后为序跋集、诗文集两卷，多维度呈现他的交游与生活，列为卷七、卷八。其后为书信集、日记，作为私人文献，列为卷九、卷一〇。闱墨辑存单列一卷，搜集蔡元培存世的科考试卷，列为卷一一。译著依照惯例，列于《全集》最后，为卷一二。

《全集》的编纂历时八年，主要工作分两个阶段完成。第一阶段，编委会在王世儒、郭建荣、张万仓、陈洪捷的指导下对所有文献进行编年、校勘，具体分工为：刘喜申负责1883至1910年文献，欧阳哲生负责1911至1916年文献，王世儒负责1917至1919年文献，邹新明负责1920至1922年文献，胡蕾负责1923至1926年文献，钱斌负责1927至1930年文献，张万仓负责1931至1934年文献，郭建荣负责1935至1940年文献。此外，樊秀丽参与了《妖怪学讲义》的校勘，蔡磊砢负责家藏文献的整理，马建钧负责北京大学档案文献的检索，王世儒和钱斌还提供了多年积累的佚文资料和整理初稿。第二阶段，所有文献分类编排后，娄岙菲和秦素银参与了书信集和译著的校勘，张乐与巫锐、李慧、林霄霄、阙建容博士对《全集》所涉外文部分进行了校勘与修订，各分卷执行主编对各卷进行统稿，并由蔡磊砢进行最后的定稿。

新版《蔡元培全集》的编纂出版，得到商务印书馆的鼎力支持。蔡元培先生与商务印书馆渊源深厚，缘于蔡元培先生与张元济先生同乡，同岁，又同为光绪壬辰年(1892年)进士，同入晚清政府为官，不仅年谊深厚，更是志同道合。蔡元培先生毕生抱定教育救国之志，张元济先生则以“昌明教育、开启民智”作为商务印书馆的出版宗旨。1902年，张元济先生入商务印书馆主持编务，蔡元培先生即全面参与商务的各项出版活动。他参与策划编辑教科书、为新书作序题跋；他翻译的《哲学要领》《教授法原理》《妖怪学讲义》《伦理学原理》，以及编撰的《中学修身教科书》《中国伦理学史》《哲学大纲》《石头记索隐》《简易哲学纲要》均由商务印书馆出版，《石头记索隐》最早连载于商务发行的《小说月报》，很多重要的演讲、论文等也发表于商务发行的《教育杂志》《东方杂志》等刊物之上；在商务出版《北京大学月刊》《北京大学丛书》《世界丛书》《万有文库》的过程中给予了大力支持，还曾长期担任商务印书馆董事之职。此次由商务印书馆刊印新版《蔡元培全集》，可谓因缘再续，意义非凡。于殿利和顾青两任领导对《全集》给予了高度重视，商务的编校出版团队对《全集》提供了专业、全面的支持。另外，《全集》的出版得到了国家出版基金的资助，在此谨表示感谢。

感谢北京大学教育学院为《全集》的编纂提供工作上的便利，北京大学社会科学部和学科建设办公室给予经费上的支持，北京大学图书馆和档案馆等机构给予资料检索上的协助。《全集》在资料收集过程中得到无数热心研究者和朋友们的帮助，他们无偿提供了文献的图片与线索，恕不一一具名。在此，我们一并表示诚挚的感谢。

新版《蔡元培全集》卷帙浩繁，涉及多种语言，如德文、法文、拉丁文、英文、日文、意大利文、荷兰文、"世界语"等，内容涵盖了哲学、美学、民族学、文学、史学等学科领域，编校难度极大，疏漏之处在所难免，恳请读者予以指正。

《蔡元培全集》编委会

2024年10月

凡　　例

一、《蔡元培全集》凡十二卷，二十八分册。卷一、卷二收录六部专著，遵从作者生前勘定之书名，按创作先后依次排序。卷三收录著作稿两部，依作者手定稿名，按创作先后依次排序。其余各卷按文体和著述性质依类分卷，并新拟卷名。各卷所收文献，皆按时间顺序依次排序。

二、所收文献皆考证具体日期。日不可考则系诸月，月不可考则系诸季，季不可考则系诸年，年不可考则置于卷末。

三、所收文献皆注明版本出处。单篇文章、演讲及函电的版本信息列于篇首题注之中；专著、译作、著作稿、讲义稿、日记的版本信息列于卷首“本卷说明”之中。

四、所收文献均经校勘整理。凡底本有脱讹衍误者，均予校正。补脱字用[ ]括注楷体字标示，改讹字用( )括注楷体字标示。文献引文与今通行本或有不同，视情况予以说明或校改。

五、所收文献多有译名，凡与今通行译名不符者，一律保留。如原有译名对照表，则以译名对照表为准，篇内统一。

六、所收文献标点情况各有不同。《全集》统一施以新式标点，以国家标准进行统一。

七、《全集》使用通行简体字排版，特殊情况下保留繁体字或旧字形。卷三著作稿使用影印排版，稿中贴条、夹页均保存原貌。

八、各卷选取与该卷写作时期或内容主旨相关的肖像、手迹等图片，置于卷首。

九、各卷封面底图皆为蔡元培手迹。

本卷说明

本卷收入蔡元培译作八种。

《哲学总论》节译自日本哲学家井上圆了(1858—1919)的著作《佛教活论》(仏教活論)。译文连载于由杜亚泉主编的《普通学报》的第一、第二期,于辛丑(1901年)九月和十月出版。译文署名为蔡鹤庼。本次据此底本校勘整理,原文分段、有句读。

《哲学要领》原著为德裔俄国学者科培尔(Raphael von Koeber,1848—1923)在日本东京帝国大学哲学系(其时称东京帝国大学文科大学哲学科)的讲课内容,由日本下田次郎(1872—1938)笔述,蔡元培据日文本译出。译著于癸卯(1903年)九月由商务印书馆首次出版。本次以1924年11月出版的第十版为底本校勘整理,原文分段、有句读。

《教授法原理》是由在商务印书馆编译所任顾问的日本前文部省图书审查官小谷重、前高等师范学校教授长尾槙太郎(1864—1942)、前千叶县视学官西谷虎二和蔡元培选编,蔡元培翻译,由商务印书馆于光绪三十一年乙巳(1905年)八月出版。本次以丙午(1906年)三月第三版为底本整理,原文分段、有句读。

《妖怪学讲义录》作者为日本井上圆了,1901年11月杜亚泉嘱托蔡元培翻译该书。原书八卷,蔡元培译出了六卷,乙巳(1905年)五月亚泉学馆刊印了《总论》一卷,而其余五卷译稿因该学馆失火遭焚。丙午(1906年)八月商务印书馆首次出版了《妖怪学讲义(总论)》。本次以1914年7月第三版为底本校勘整理,原文分段、有句读。

《伦理学原理》作者为德国哲学家包尔生(F. Paulsen,1846—1908),蔡元培参考原著,据蟹江义丸明治三十二年(1899)及三十七年(1904)的日译本译出,商务印书馆于宣统元年(1909)九月首次出版,署名"蔡振"。次年再版时修订了序言,署名为"蔡元培",至1931年5月重印至第九版,后收入商务印书馆的汉译世界名著系列。本次据1919年第五版为底本整理,原文分段、有句读。

《德意志大学之特色》译自包尔生著《德国大学与大学学习》(*Geschichte des gelehrten Unterrichts auf den deutschen Schulen und Universitäten* ,1885)的引论,译文刊载于《教育杂志》第二年第十一期,宣统二年(1910)十一月初十日出版。未署名。

《撒克逊小学(国民学校)制度》分为两部分:第一部分译自1873年由撒克逊国王颁布的诏令Das königlich sächsische Volksschulrecht,译文刊载于《教育杂志》第三年第一期,宣统三年(1911)正月初十日出版。第二部分译自1874年颁布的补订规则,译文刊载于《教育杂志》第三年第二期,宣统三年二月初十日。署名"留德记者"。

《柏格森玄学导言》是蔡元培根据柏格森(Henri Bergson,1859—1941)的《形而上学论》德译本(*Einführung in die Metaphysik*)译出,译文刊载于《民铎》杂志第三卷第一号(柏格森专号),1921年12月。

本册目录

妖怪学讲义录(总论) …… 129

哲学总论

〔日〕井上圆了　著

哲学者，普通义解谓之原理之学，所以究明事物之原理原则者也。欲详其意，当用二解。其一以所研究之事物解之，其二以其研究之作用解之。用此二解，而后知理学与哲学之关系。理学为有形学，哲学为无形学，此以第一解断定者也；理学为部分之学，哲学为统合之学，此以第二解论结者也。

第一解　凡宇宙现存之事物，其数虽不知几亿万，而大别之则为物与心二种，即所谓物质心性是也。物质者，我所知之体，被知也，所观也，故谓之客观。心性者，我所以知之体，能知也，能观也，故谓之主观。或以客观之一境，存于我身外，而谓之外界；以主观之一域，现于我心内，而谓之内界。或有用物界、心界之名者。若求其义解，则物质者，我人开眼而观于前之有形诸象是也；心性者，我人闭眼而连于其内之无形诸象是也。故有分物心世界以配于有形无形之两界者。今观宇宙全界，此物界与心界之外，直无一事一物，则虽谓宇宙由物、心二种成可也。然进而考二者之本原实体，及究其关系，则不得不于物、心之外，作有神之想。何则？物与心者，全异其性质，一有形，一无形，不可谓物由心生，亦不可谓心由物造。此二者如何而生起耶？且此二者如何而相和相合以呈作用耶？于是别求一造出之且接合之者于物、心之外，而名之曰神，若天神。故宇宙者，由物、心、神三者成立；而其研究之学问，则理学、哲学、神学是也。理学者,实验有形之物质。哲学者,论究无形之心性,其想定物质、心性之本原实体之天神,而应用其规则于事物之上,神学也。要之理学及哲学者,以发明存于事物中之道理规则为目的;神学者,以解说天神所定之命令法律,而实地应用为目的,有究理发明之学与实地应用之学之异同。故神学者,与其称学,不如称教也;而实践此神学之规则者,则世俗之宗教是矣。

由此定义,哲学者不过为心性之学,然非特论究其心性而已。苟心性之所关、思想之所及,皆属于哲学之研究。而论究心性之一方之学者,为心理学,哲学中之一部分也。其他有纯正哲学、论理学、社会学等种种之学科。故总此诸学而称哲学者,不可不大别事物为有形、无形之二种,而下理哲之义解,以一为有形之学,一为无形之学也。而此无形中又有有象、无象之二种,则以事物有现像与实体之别也。例如心性与天神皆无形,而天神之本体为无形中之无形,心性则无形中之有形也。心性者,其体虽无形质,而或动于内,或发于外,有智力、有志意、有情感,以现其象,故属之有象,而以其学为有象之学。天神其本体远在现象之外,我所认为天神之现象,非天神之本体,而物、心之诸象也,故神体属无象,而以论究神体之纯正哲学为无象哲学。其论理学、伦理学、审美学、社会学、教育学、政治学等,皆心性之所包而属于有象者也。

虽然,心性之有象者,非心性之实体。其动于内、发于外,如智、情、意之三者,皆心性之现象,故谓之心象;有于心象之外而为其本源实体者,则谓之心体。心体虽非吾人之所已知,而有现象者必有本体,恰如有声音者必有发之之本体,故论定有心体。又物质之研究于理学者,其现象也谓之物象。物象者,谓现于我感觉上之色声香味触。此诸象相合而组成物体，未可云物之实体。然有现象者必不可不有实体，恰如有影像于镜面者，必有其实物，故论定于物象之外有其体，而谓之物体。又神体之无现象，虽如前述，然而通常世人所认为神体者，非真之神体，而被物、心之诸象于神体之上者也。以其神即情感的之神，有志意、有思想甚至有形质也，故当知天神亦有现象与实体之二者。其一云神象，其二云神体。而恐神体之名称，与通俗之神混同，哲学上用理若理体之名。故情感的之神为神象，而智力的之神为理体。于是，纯正哲学研究之目的为物体、心体、理体之三者。

心理学为心象之学，既如前述；而此心象之应用，则论理、伦理之诸学分也。欲知其理，当先知有理论学与应用学之二种。理论学者，论究事物之性质作用，而考定普遍一般之规则者也；应用学者，应用其规则于实际，而命令指挥人者也。例如，理论学者研究甲事物之性质，而考定其规则如此，研究乙事物之作用，而考定其道理如此，毫不命令指挥人，而告以当从此规则，当守彼之道理；应用学则以命令人从此道理、守彼规则为主。故有理论学以发现真理为目的，应用学以利益世间为目的之别，是两学之所以异也。今考之理学之上，物理学、纯正化学、天文学等，止于实究外界之诸象变化，而考定其普通之规则，所谓理论学也。应用物理之规则，有器械学；应用纯正化学之规则，有制造学；应用天文学之规则，有航海学。此诸学以理论学所考定之规则，应用于实地，皆属应用学。次考之哲学之上，心理学者论究心象之作用，而考定其涉于一般之规则道理而已，不更论其适用之实际，而有可否得失，故属之理论学。反之，而论理、伦理等诸学，应用学也。何则？论理学者，设思想之法规则、推论之方式,论诸说诸论之可否得失,而使人从其一定之规则;伦理学者,定道德之行为、举动之规则道理,论其利害得失,而使人从其命令。是皆命令指挥人者,可谓应用学。

心理学虽心象之学,而心象有情感、智力、意志之三种。心理学者,考定此各种之性质、作用而已,故为理论学。其说此各种之应用者,为论理、伦理、审美之三学。伦理学说心象中意志之应用;论理学示智力之应用;审美学论情感之应用。故此三学者,为适合心理学之理论于实地,而称应用学也。其他有教育学之一科,则亦心理之应用,即教育学中,智育者教智力之应用,德育者教意志之应用,美育者教情感之应用是也。以上诸学皆关于一人之学,而未关于一国一社会之学。若就社会上所生之现象而论究之,则有社会学。社会学者,论究社会之现象而考定其规则,亦为理论学。其以一国之政治为目的者,有政治学,则社会学之应用者也。社会及国家之现象似有形,而与事物之可以理学实验者,大有所异,不可不待哲学之论究也,故属于哲学。

以上所论,皆有象哲学;而无象哲学,惟纯正哲学一科而已,其于理论上考究物、心、理三体之性质、规则,当为理论学无疑。将以何者为应用学耶?或曰:无象哲学之应用者,即有象哲学。然有象哲学中论理学、伦理学、审美学之类,其所归极之问题,用纯正哲学之所定,虽有可为纯正哲学之应用者,而未可为直接之应用。何则?非能举其所论定之结果而应用之于无象之实地,不过移而应用于有象之上而已,故谓之间接之应用学。直接应用,则宗教学是矣。余尝研究佛教,而见其中所论究者,正纯正哲学;其宗教,正发见纯正哲学直接之应用也。于是论定纯正哲学为理论学,而智力的宗教学为应用学。若夫情感的宗教学，则有象哲学中之应用学而已。何者？情感之神，有意志、有思想、有情感，神象而非神体，论究此神象之学，必属于有象哲学明矣。

或曰：若是，则耶苏教得无智力的宗教欤？曰：否。彼教以有一定之形质而生于此世如耶苏者为神子，又以有意志、目的、爱憎之情而创造世界为神父，是神象之宗教，即不免于情感的也。然耶苏教中，固有非个体之神象，而普通之神体如哲学者，学理上所论究之神，是余所谓理体而非情感的之神象也，故余谓耶苏教他日必一变而为智力的宗教。今日之耶苏教，则纯然情感的宗教而已，且其近来哲学者所论神体，惟止于论究，而未能组织宗教以示其应用。故余谓智力的宗教，世界中惟佛教而已。

余尝以佛教为世界不二、万国无比之宗教，非惟其教之立智力的神体而已，非惟其起于三千年前之宗教能符合于今日之哲理而已，以其组织全是纯正哲学之应用。西洋学者方求于哲学上组织宗教，而未能；而释迦于三千年之太古既组织之，实可异也。纯正哲学有物体哲学、心体哲学、理体哲学之三种；其应用之宗教，亦不可九此三种，如物宗、心宗、理宗是也。而佛教者，即以此三种组织为有宗、空宗、中宗。有宗与物宗虽有不同一之感，而空宗、中宗、正心宗、理宗是也。余是以论佛教为哲学上之宗教。

第二解　以哲学为统合之学者，对于诸理学而立名也。凡称理学者，施研究于种种之事物，举存于其间之条理而组织之，以构成有系统之学者也，例如物理学、化学、生物学、天文学、地质学、生理学等皆是也。于物埋之范围内而有秩序之学问起，则谓之物理学；于生物之区域内，而有成系之学问起，则谓之生物学；天文、地质等,各于其部内组织学理而成一学者也。然此诸学者,皆不过实究宇内事物之一部分,而考定一部分之规则。例如生物学者,虽考定生物之规则,而非考定天文之规则;天文学者,虽实究天文之理法,而非实究地质之理法;物理学者,有其学专门之部分,而不能知化学;化学者,有化学目的之部分,而不能知物理学。如此诸学,皆取分业专门之方向,使无统辖命令之者,则惟知事物一部分之真理而已,而宇宙全体之真理终不可知。于是有哲学者,以宇宙全体为目的,举其间万有万物之真理原则而考究之以为学。凡诸理学所考定之规则,皆哲学之规则;诸理学所与之材料,皆哲学之材料也。哲学者,以此诸规则材料为柱础,而完结万有诸理,以组立宇宙全体之学,故谓之统合学。

今欲知统合学之必要,及理学、哲学之关系,可以学界之组织,比考于政府之组织而知之。以学问世界比于一国之政府,则学问中有统合与部分之别,犹之政府中有中央政府与地方政府之别也。不可以一理学之规则,为宇宙全体之规则,犹之不可以一地方之事情,为一国全体之事情也。若欲知一国全体之事情,而立一国全体之规则,不可无统合地方政府之中央政府,准之,而有理学者即不可无哲学,可知也。抑此两学之关系颇密切,不能离一而全其他。哲学者,取诸理学所考定之规则,以为研究之材料,犹中央政府以地方政府所报奏为材料也。诸理学者,取哲学所论定之规则,以为其原则,犹地方政府,取中央政府之所布达以为法令也。今举其一例,哲学家所论究万有万象之实体皆不生不灭者,由物理学上势力恒存之理法、化学上物质不灭之规则而统合之,其说实体之进化者,以生物学上动植进化之天则为论据者也。反之,而物理学、化学等实验之法则、及推理之方式，皆于哲学考定之。其论理学中演绎、归纳之二种侯官严氏所谓外籀即演绎、内籀即归纳[①]，皆诸理学必须之规则；而至其演绎、归纳之原理原则，则纯正哲学之所论定也。且举诸理学所目的之物质，而论究其实体如何，亦固纯正哲学之问题也。故哲学者待理学，理学者待哲学，二者相助，始得各全其目的，犹地方政府与中央政府之互相待也。

以上谓哲学为统合学者，皆指哲学中之纯正哲学。其他若心理学、论理学、社会学等，对于统合学，不得不入于理学之中。何者？心理学者，心性一部分之学；论理学者，论理一方之学也。而先之以心理、论理等区别于物理学、化学等者，则于理学中分有形与无形两种。通常称理学者，专属于有形理学；而入无形理学于哲学中也。无形理学者，其研究之体无形，其研究之方亦与有形理学有所异，而与纯正哲学有所同。即如无形理学，以不能直接其体而施实验，故统合有形理学所考定之规则，以组成其规则，而于无形理学所考定之规则，又为有形理学之原则也。如心理学、论理学者，非皆考定有形理学所实验之规则、法式欤？故无形理学者，与纯正哲学同状，而有统合诸理学之作用，不可不加于哲学中而为统合学之一部也。

以政府准之，则有形理学准地方政府，而纯正哲学及无形理学准中央政府；于中央政府中，又以无形理学准诸省如日本大藏省、文部省之属，而以纯正哲学准内阁。盖无形理学统合有形理学，而纯正哲学统合有形、无形两理学，犹之中央政府中之诸省统合地方政

① 本篇小字夹注为译者原注。——编者

府,而内阁又统合诸省及地方政府也。合两解以为表如左:

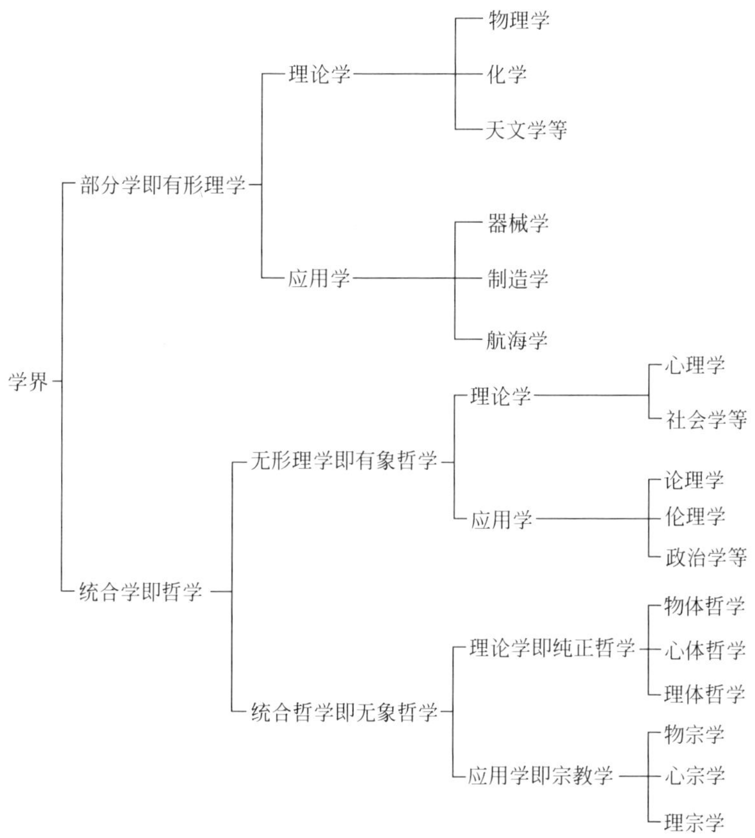

世间唱宗教与哲学之异同者有三说:其一,宗教主实用,哲学主应用;其二,宗教以信为本,哲学以疑为本;其三,宗教定真理于往古,哲学期真理于将来。吾谓宗教特有之性质,哲学中固有之。其一,哲学有理论,有应用;应用哲学之理论于实地者,宗教也。其二,信有情感的,有智力的,一者惟信而已,一者究道理、尽论理而后信。古来哲学者,虽各疑先辈之说而排之,及自立一种之新见,则自信之矣，故哲学中有信之元素。其三，哲学者虽不如宗教家以教祖之言为万世不易之金言，不抵不敢信先辈之说而各自发现一真理，然苟其所究之理与先辈之说符合，则亦何必排之耶？且诸哲学者，虽各唱一说，而其中自有一定不变之道理，如论理之原则、思想之法规是也。如有原因者必有结果，有结果者必有原因，古人所唱，与今人所说，岂有异耶？要之哲学中固有宗教之元素，此余所以以宗教学为哲学之应用学。以上皆由日本井上圆了君《佛教活论》中节译

哲 学 要 领

〔德〕科培尔　讲授
〔日〕下田次郎　笔述

序

吾生也有涯，而知也无涯，此哲学所由起也。顾其思想，虽为夫人之所有，而其义至费至隐，积世积智，尚不敢执以为定论，惟于前后彼此之间，得准乎今世人智之度，以断其偏正焉耳。彼其过渡时代之历史，学说樊然，虽其中自有流派因缘之相系，而参互波折，断章而求之，往往若冰炭不相容。初学者不得正宗之说以导之，将言惟物而诋纯正哲学之蹈空，言惟心而嗤物质文明之为幻，言有神而遂局古代宗教之范围，言无神而又以一切家（宗）教为仇敌。门径既误，成见自封，知之进步，于焉窒矣。德国科培尔氏任日本文科大学教授之职，约举哲学之总念及类别，及方法，及系统，以告学者，皆以最近哲学大家康德、黑格儿、哈脱门诸家之言为基本，非特惟物惟心两派之折衷而已。其所言神秘状态，实有见于哲学宗教同源之故。而于古代哲学，提要钩元，又足示学者研究之法，诚斯学之门径书也。特据日本下田次郎之所笔述而译之，以饷有志哲学之士。

译者识

绪　言

余今者为诸君讲演哲学，余之所甚喜也。虽然，余不获以祖国之语进，而借资于未熟之英语，恐不无不达不详之憾。余当益致力于英语，以求详达，而亦望诸君之留意于德语也。今世治哲学者，不可以不通德语，此非余德人之私言也。各国之专攻哲学者，深谙德语者无不云尔。其理有三：一、哲学之书，莫富于德文者；二、前世纪智度最高学派最久诸大家之思想，强半以德文记之；三、各国哲学家中，不束缚于宗教及政治之偏见，而一以纯粹之真理为的者，莫如德国之哲学。观此三者，德语与哲学有至要之关系，亦已明矣。世人以英语为世界溥通之语，诚然。然英语者，溥通于物质世界而已；精神世界，则今日当以德语为溥通语，如数百年前之腊丁语，千年前之希腊语也。各国文学家之杰作，每喜以最溥通之文明国语译之，故吾国人几有取资国语不待他求之风。夫哲学、科学、文学中至美至要之作，诚不能废译本，然译笔虽至畅达，亦如书画之临摹，其神采必不能一律。国语，犹人也，各有其特别之性质及状态。诸君不闻腊丁语之格言乎：同一事也，而二人为之则不同（Duo quum faciunt idem non est idem.），惟书亦然。且以译本论，亦莫善于德文。其先若斯克司沛亚勒（Shakespeare），若胥来革尔（Schlegel），若腊丁及希腊之作者，德文译本皆较英法译本为善，由文法缜密故也。诸君有志于哲学者也，盍于德语致意焉？

目　录

哲学之总念第一

余将为诸君讲欧洲哲学史，所以研究欧洲哲学界思想之进化及诸哲学家主义之异同也。虽然，哲学者，何谓耶？此不可不先决定者。此之不知，而欲领会其历史，此至难之事也。

哲学者，本于希腊语之费罗索费（φιλία σοφία）。费罗者，爱也；索费者，智也。合而言之，则爱智之义也。智者何耶？曰知识也，见真理也。然则真理者何谓耶？

望云而以为山，见绳而以为蛇，此余之知与物不相合者也，不得为真理。真理者，知与物不可以不一致。

真理者，本本也，存存也，即物之实体之性质及组织，举其在吾知觉中者言之也。无论吾知之不尽及有误，吾既知有实体，则亦吾之知真理也。然而吾之研究，不可不进而益深，进而益远。所谓哲学者，求何等真理耶？又如何研究耶？任指一物，皆得以见种种之真理。试以山论。山者，林耶？童耶？在何国耶？以何种岩石成耶？余尽知之，是亦知此山之实体也。然而此之知识，限于某山某山而已，不能合大地诸山而一贯之，是不可不更求大地诸山普通之属性，是无他，若诸山之起原，若成形，若进化，是也。余尽知之，则能合大地诸山而言其数百万年生成之原因，无一焉与是不合者，是谓山之定义，是谓山之真理之原始。原始也者，自山言之也，山之关系，无有更先于此者。自吾人言之，则亦可谓山之真理之要终，盖研究所得之知识，以此为最后也。是为地质学之智，亦谓之科学之知识。凡各科学，无不资真理之原始以应用于诸物质者。虽然，此之终始，即相对界言之，即一种客体而为真理之原始而已，是不可不有合各种客体而原其大始者。真理之大始，腊丁语谓之爱绥(Esse)，希腊语谓之阿那依(εἴναι)，德语谓之及大斯塞音(Das Sein)及大斯塞安得(Das Seiende)，不外乎宇宙存存之原理，而哲学者之所求也。哲学者，求知此原理及其一切运动发现之公例，故谓之原理之科学(α Science of Principles)。

凡一现象之原理，决不存于其表面，如力之现象，其机械学动作之原理，不可见也。宇宙之原理，决不存于吾所见闻之世界，使其存焉，则为此世界之一部，不得为太极之原理。而此原理之原理，又不得不求之矣。是故宇宙之原理，必超乎物之质、物之有，而自为形而上者。

形而上学之名，哲学书所常见也。此亦本希腊语之眉太费忌司(μετά φύσις)。眉太者，后也，费忌司者，自然也自然即物质世界之义[1]。合而言之，为超于自然及后于自然之义。夫今之费罗索费，正以形而上之原理为的，则谓之形而上学无不可也。原注：费罗索费与眉太费忌司，其语原虽不同义，而西洋人多同用之，故皆得译为哲学。然亦有以眉太费忌司为纯正哲学，以费罗索费为哲学者，实可从形而上学义太泛，不如纯正哲学之义了。

自科学观之，则哲学者，科学原理之原理也，故为科学之科学，亦谓之太极之科学。其所以太极者，有三证焉：一、关于形。形者，

---

① 本篇小字夹注为译者原注。——编者

自人间之知识比较而得之,而哲学则包举一切之知识者也。二、关于质。质者,即万有之现象而归之于原质之所表示。然而此原质者,又不过一本质之所表示,哲学者所以发明此本质者也。三、关于知识之主体。对于客体而为主体,此对待世界之言也。准于哲学之原理,则此主体者,亦其本质所表示之机关而已。是故哲学为太极之科学。

存存之本,可假借名之曰神(Divinity),即人之思考若认识是也。然而其所思考、所认识者,亦不外乎神。神也者,统哲学知识之客体及主体而言之。吾人论知识之序次,无论今昔,皆以为始于自知,证之教授法而已明矣。世界诸物,无近于身,物之知识大抵以间接得之,惟身则可以直接知之。不此之知,而先骛于物,未有能了者也。

自命为哲学家,非必哲学家也,于其中有出类拔萃者,始足以当之,是实吾人之导师也。读书亦然。最近出版之文学,若近顷科学哲学之演说,吾所不知,不足耻也。虽然,吾既治斯学矣,而于斯学大家永永不朽之著作,及并世达者所发表新思想之著作,未之读也,斯实不学之证也。夫人生有涯,而世界日出之书,必不能以尽读,吾人诚不能不精择之。世界文学之杰作,为博学家历史家所最重者,其于哲学家,不必同价,盖博学家重记忆,而哲学家重理会也。现世哲学大家黑格儿曰:哲学史者,惟长生不朽之义与之,洵哉。

吾今为诸君举哲学界最伟大之人物,其著作,其主义,皆较之他哲学家而当加意研究者也。其人死已久矣,而实尚生,盖后学之所发明,强半孕之于其遗著,其人固终古不死,而后之学者,则由其津梁而生者也。

在古代希腊人中,若海勒西妥,若巴弥匿智,若毕达哥拉士,若柏拉图,若阿里士多德。在中世,若亚历山德市神学长克里门士,若阿理额士,若澳加士田尼。在十六世纪,为近世哲学开山者,若哥萨尼士,若伯鲁那。近世哲学之代表,若英之男爵培根,法之特嘉尔,荷兰之斯宾挪莎,德之里布尼士及康德。康德以后之哲学为最新哲学,若费斯德,若薛令,若黑格儿,若旭宾海尔,若费耐尔,若罗错,其特为德国哲学之代表。而今日尚生存者,若哈脱门。此皆哲学界最伟大之人物,其著作不可不三致意焉。

此诸家之主义,吾当于授哲学史时详言之。虽然,今者言哲学门径,亦不外示诸家主义之梗概而已。

研究哲学之故

哲学为原始要终之知识,所以求世界太极无偶之原理,既为诸君言之矣。顾哲学何以必研究耶?世人以研究物理学、化学、数学,不徒味其学理而已,又有以应实用,使人间养生之道日精,而业之者亦可因以致富。哲学则何为耶?吾人不了于物之终始及其关系,遂不能得幸福耶?欲知此不可知之事者,非狂耶?使有以此相诘者,余将告之曰:哲学实无裨于实用;无哲学者之幸福,固亦可胜于哲学者;以哲学为狂,彼世界最大哲学家柏拉图曾受此名矣。虽然,狂者何耶?实利幸福者何义耶?此亦比较而得之。彼夫以温饱为最大幸福者,方且以科学若美术为疲精劳神,无与实际,此其自域于动物世界,非吾侪所指为颛愚者耶!苟非其人,则或读佳诗焉,或玩美术焉,或研究动物之进化焉,方其为之,岂以其饥不可食,寒不可衣,而谓之无实利哉。彼其所得无形之实利,可为知者道,难与俗人言也。彼夫哲学者,有求而不得,有阚而未澈,其痛苦乃甚于饥渴,则其穷无穷,极无极,与日竞走而不知止者,夫何足怪,如其不然,乃可怪耳。人者,非如动物之有感觉而已,有思虑者也,故向谓之哲学之动物(Animal metaphysieum)。彼动物之在世界也,日与外界神秘之境相对而不之感也,且亦不自觉其为神秘之一种而感之。至于人而始有感,惊骇焉,叹美焉,此昔之柏拉图、阿里士多德及中世之特嘉尔、近世之旭宾海尔所呼为哲学之感动者。莫致莫为,使吾人决不能以不解解之,而务有以求其神秘之所以然,于是科学哲学起焉。科学者,所以解释自然界各各有限之神秘,而哲学则举世界无限之神秘而解释之,且由是而演绎之于各各有限之神秘者也。

哲学者,惊骇之所生也。世称惟神全智,全智者了然于物之终始,无一可惊骇者。而大愚者亦然,彼固漠无所感也。人者,智不如神,愚不如动物,于是乎有惊骇,由是而推求焉,反省焉,是以有哲学。吾人直不求而自为之,虽欲不为之而不能,是为吾人之特性,所以异于禽兽者,是可以人类之历史证之。无论何地,既为人类,无不有宗教思想。宗教者,无意识之哲学也。哲学自宗教始,而又得谓之以宗教终。盖哲学者,莫不归宿于宗教问题,否则以他问题涵之。善乎康德之言曰:神及他界者他界谓未来世界,吾人哲学思想惟一之对象也,使神及他界之观念不范围于道德,斯亦不足观矣。是知吾人一切原始要终之疑问,终归宿于生死之问题。生死之问题解,而哲学之目的达矣。

哲学之类别第二

哲学之问题，辜较言之，可界为二：物界及心界是也。今试仿算学之例，而命所不可知者为天，则物界哲学专以物质世界之现象为基本，而借以求其所涵之天及与天有关系者。心界哲学则专以精神世界之运动为基本而求之。然二界之分，不为典要。物也，心也，其所涵之复杂，非可以片语定之。哲学家尝有自然科学之各部而建设为哲学，若纯正哲学者将亦可分设为无机物之哲学。而人者，有机物也，是自然科学全体中之一部分而已，故曰物界、心界之分，辜较言之，不为典要也。即心界而研究之，即见有种种之部分，大别之为三：曰知识，曰感情，曰意志。

知识者，若思索，若理会，皆属之。其研究之事，谓之论理学，或曰认识论。

感情者，科学中心理学之对象也。世类以心理学(Psychology)为精神世界之科学，甚不确。此沿往昔哲学家之讹也，当于他日讲心理学时详言之。

意志者(Will)，实谓意志之能力(Volition)，广言之，则吾人行为之主义也。其在哲学，凡不属于理论之部，而以吾人实践之旨为其对象者，皆属之。哲学家或谓之实行之哲学。实行者，非兼涉制器程功外部之行为，而专属于心界道德之资性及志向，有善恶之别者是也。使世界止余一人，则余亦可有美丑真伪种种之观念，不异于今日,而独不能有善恶之观念。善恶者,必其有多数意志不同之人相与交涉,而后比例而得之者也。吾人之意志,实自由耶?或所谓自由者,不过吾人之想象耶?意志之性质如何耶?善耶?恶耶?吾人之行为当循何范耶?道德之最高主义及其目的何在耶?凡举此类之问题而研究之者,谓之实行之哲学,亦曰论理学。

心界哲学,尚有二要,则宗教哲学及美学是也。余前者尝言哲学自宗教始。宗教及神话史太古流传之事,多涉神怪者,如我国盘古开天地之类者,人间哲学感情之表示也。各宗教者,或生于知识,或生于感情,或生于意志,各有其偏重之部分,及其民族或民族中之人人,有内省之识,而始为哲学家考索之事,于是神话学及宗教界渐以退步,而后代之以哲学。此人类智度进化之公例也。然其渴望宗教之思想非由是而消灭,乃更深引而遥企之,于是哲学者研究此思想之原因及其至理,且即宗教界而各探其所涵之真理及与吾人关系之法式,而宗教哲学兴焉。宗教之语 Religion,源于腊丁语之勒理格勒(Religare),其义为接近,为合同,为胶连。故宗教者,神人相契之义也。而宗教实与道德有密切之关系。欲道德哲学之完成,不能不继之以宗教哲学。

美学者,英语为欧绥德斯(Aesthetics)。源于希腊语之奥斯妥奥(αισθάνομαι),其义为觉为见。故欧绥德斯之本义属于知识哲学之感觉界。康德氏常据此本义而用之。而博通哲学家,则恒以此语为一种特别之哲学。要之,美学者,固取资于感觉界,而其范围,在研究吾人美丑之感觉之原因。好美恶丑,人之情也。然而美者何谓耶?此美者何以现于世界耶?美之原理如何耶?吾人何由而感于美耶?美学家所见与其他科学家所见,差别如何耶?此皆吾人于自然界及人为之美术界所当研究之问题也。

美术者(Art),德人谓之坤士(Kunst),制造品之不关于工业者也。其所涵之美,于美学对象中为特别之部。故美学者,又当即溥通美术之性质及其各种相区别、相交互之关系而研究之。

二者外,又有历史哲学。不以一人之生涯为范围,即全人类之生涯而研究其未来世界之极点者也。其中最要之问题,如人类进化之公例及人类进化所历各种之程度是也。

此皆哲学区分之目也。自康德以前,大抵分为本体学、合理之心理学、合理之神学三者。本体学者,即真理之溥通及不可破者,是论理学之一部也。合理之心理学及神学皆托于想象,康德所指为必难发明者也。其主义之遗传,或为自然哲学,或为道德哲学,或为宗教哲学。

吾所言人类哲学感动之问题,此哲学史所解释也。读哲学史之法,当本著者之见解及其学派以求之。故哲学史亦为哲学之一部,又可为历史哲学之一部也。其所载不特见哲学之流派而已,又得以见人类哲学思想进化之度也。

哲学之方法第三

吾前者为诸君举哲学之各部，自知识论始。知识论者，论理学之一部也，于各部中实为哲学之门径，故亦谓之方法学。方法学者，英语曰眉妥特（Method），源于希腊语之眉太（μετά）及霍特斯（ὁδός）。眉太者，后也，从也；霍特斯者，道也，法也；合而言之，为循道遵法之义。是故哲学者以探讨比较之法为方法学。学者功效之良否，即于其方法之精粗定之，方法学之关系大矣。吾读一哲学家之书，吾循著者所循之方法以求之，则其人之性质及功候自显。方法者，哲学家之威仪也。布福安曰，人者如其威仪；吾亦曰，哲学者如其方法。方法学者，非徒如他科学界之简质无趣也。凡哲学者之见解之学力及其与外界之交涉，一切同异攻取之迹，皆于是见焉。如柏拉图、斯宾挪莎、康德、黑格儿诸家，苟不熟玩其方法而欲领悟其主义，不可得也。

哲学之方法有二要：归纳法、演绎法是也。

归纳法者，由果而求因，因之综合，则原理之始也。余未知之，故探究之。然而所凭以探究者，不外乎质力之现象，是果也，因之所生也。由此探究之初步，而欲达发明原理之希望，则不可以不逆行。何则？果生于因，而原理则尚在原因未现以前。如雨者，泥泞之因，而未雨以前，雨固常在云中也。因也者，阿里士多德谓之妥铿奥尼（τὸ τί ἦν εἶναι），为物所在之义。而由果求因之归纳法

(Induction),则源于腊丁语之音杜克勒(Inducere),为导一物于他所之义,而今之语意,则为观念由偏而全、由下而上之义也。观念之综合,如由三角锥之底而溯其巅,故谓之归纳。

演绎法者(Deduction),亦谓之前进法,源于腊丁语之德杜克尔(deducere),导以前进之义也。由高而下、由巅而底、由因而及果者也。哲学者,或欲以神为柢,而以其表示及分布,说宇宙之现象,是为演绎法。若乃旭宾海尔,于人类总念之中而抽取其意志以为主义,以为是存存者也,是世界之大始也,是非演绎法而归纳法也。何则?是实由一事之现象、一知识之方便而探究之,以为此结论者也。归纳法之所得,为经验之知识,其事始于分解。分解者(Analysis),其语源于希腊语之奥里阿(ἀναλύω),谓即复法之对象,而分解其部分或原质也,是当由其对象之性质及作用而释之。而演绎法则从事于综合,综合者(Synthesis),其语原于希腊语之寻启德弥(συντίθημι),合众于一之义也,即种种之对象,而以总义证明之,故谓之演绎。哲学家言,常有以一主义之论证及叙述,系以分解及综合之语者,此又不可以探究之分解法、综合法视之。

斯二者,以归纳法为适于探究,演绎法则适于论证者也。然归纳法亦不能无误,近世科学家之未治哲学者多不解之。夫世界自有异因而同果者。一温度也,或生于摩擦,或生于电流及化学之作用,然则吾人即一温度之现象,而断为摩擦之果,是亦假定而已,不能保其无他因也。是以吾人固有偶得真理之事,而不能谓全恃归纳法以致之。

无论物界心界,举其一现象而言之,其数殆皆无限,归纳法决不能无所遗也。吾即仅遗其一,而不能谓归纳之毕业也,然而其业决不可以毕,于是济之以类推法。哲学家未有不重恃类推法者,然而类推法者,出于不得已,不能保其必确也。

彼经验之科学,恒以得少数真理自足。哲学则不然,其所希望者,在原理之大始。彼经验科学所不能论者,方且借径于哲学以发见之。故哲学者,平静而谦逊者也。吾决不谓哲学者之无谬误,然而常有仪极之者,以无使有至大至险之谬误,如航海者,直罗针乱动之顷,尚得测恒星以为准也。是惟最大哲学家及科学之代表者足以当之,非为各国衮衮自命哲学者言也。

知识者,主观及客观之交互也,融合也。哲学之真对象,非物而超于物,而哲学者,则犹是感觉界、经验界之人也。其所以达其目的者,势不能不以其体魄为基,而自感觉界、经验界之归纳法以外,无他道也。夫归纳法之不免不确,既如前言,然亦有未可概论者。诸君,盍思人间悟性,有豫知完全目的之能力,彼其于探检之始,固有已知其结果者乎?彼其知识之比较,若断定,不过心界极速之涉历。而所谓归纳法者,乃藉为发明神秘之法,而其悟性之主体,固非有事于归纳法及其相济之类推法也。此两法者,惟科学家之记述者、教授者所必需耳。

认识者,如光明然,忽焉而泄于哲学者之脑海。彼虽不知其所由来,而固已了了见之,彼若有真理之豫感,不期而达其所探求之目的。彼其于人间与真理大始间无量之道里,不行一步而测得之。彼不惟于哲学对象,见有我相而已。彼直破其主观性之界限而与客观合为一,与太极无对之世界合为一。科学、美术及哲学之原始及作用,终当由是而解释之。是实大异于人生之现象者也,是谓神秘之现象。

英语之弥斯西姆(Mysticism),神秘之状态也。Mystery弥斯退勒,不可思议也。弥斯剔(Mystic),神秘主义之人也。其语源于希腊语之弥斯德里亚,弥斯德里亚又源于弥阿(μυστήρια μύω)或弥哀依(μυεόμαι)。弥阿者,锁闭之义也,在哲学界曰死,曰终。弥哀依者,宗教之秘密,入于极乐净土之义也。故弥斯剔者,即谓已入极乐净土之人。

往昔埃及、希腊,其人民之崇拜神秘,谓之眼可死而知难隐,构造各种之神像,传说其能力,以为宇宙本原无限长生之力之表识,以为其所涵之神秘,固永永无破坏无绝灭者也。人之死也,不过暂眠,不过其动力之衰微,而生命之本原不涸也。其神秘主义家最简之格言曰:死体之内,有不可破之生命。

是之主义,皮相者鲜不谓与经验界之所得相反。虽然,吾人终不得不由现象世界而退于微密之境,闭物质界之眼而开心灵界之眼。质言之,则欲理会秘密之意义者,不得不死于可觉可见之世界也。神秘状态、不可思议诸语,皆源于弥阿,诚非此不足以形容之也。英语之弥斯西姆,德语曰弥斯的克(Mystik);而德语之弥斯西门斯(Mysticismus)则与弥斯的克大异。盖弥斯的克者,谓人心之状态;而弥斯西门斯,则谓其状态之俶扰而陵夷也。人类历史中,皆于叔世见之。西罗马帝国将亡之数世纪如斯,而今日亦然。今日者,有种种关系,使人起欧洲古代文明移嬗于耶教主义之同感,人心之蓬蓬然欲起革命于世界,而颠覆之也同,以过敏之神经,渴望至新至大之教义也同。古之教权既杀,旧宗教殆既破坏,而期望改革之势力常占主位于摇动之人心,而其求知识,求幸福,求完全之超拔,则非特不杀于昔,而更加甚也。曰,如何而满志耶?曰,在此无凭借不确实之中，当何所为耶？此固不得导师者之通病也。于是甲者，有近世偏重主观之哲学与宗教之折衷主义，及过度之怀疑主义；乙者，为各种惊异诞妄之信仰。而吾人时代，要以过度者为多，而弥斯西门斯亦其中之一现象也。至于弥斯的克，则闲然如神之本体，而为原始要终之大智而已。中世德国有神秘主义之大家爱克哈脱，陀弥尼肯(Dominican)之教士也。相传以千三百二十九年前生于斯多兰士勃克，其生死之神异，未之详也。其人曰，神语之告我无默时，是实最精微之言也。神语者，吾人精神界最神秘最深隐无音之声也。是即知识之缘起也。夫神秘状态之性质殆不可明言，其语意固已神秘，欲理会之，不可不豫想神秘之资性。然而神秘主义家精神之状，吾人固不能陈述，以其为吾人未经验之事也。吾人之所能知者，不外乎感情之内容及所觉之事实研究之者。其于神秘主义家之生涯，决不可皮相之，往往有官体残废、品性乖张而转具远见豫言之资格者，且不得即神秘主义大家之生涯及其类似，而遽断以为神秘状态本质之所寓。盖此生涯之现象，不过神秘状态偶然之衣被，而其他大抵无关系者也。宗教者，最适于神秘状态之沃壤也，然而不能以此限之。神秘状态者，如葡萄然，不问其为树为壁为杖，皆得缘而上之。而拘一偶然之现象，而欲以为神秘状态之本质，则其所谓神秘状态者，亦不过偶然之现象耳。

哲学家说明神秘状态者，余以哈脱门之言为最善。其言曰，神秘状态者，其本体极安全者也。何则？去其一切附丽之物，则其内容不过人与太极无二质之见而已。是见也，忽起于吾人之心光，而实宇宙大本与吾人心灵确然同一之所致也。

中世神秘主义家屡有味神之语，此非戏言也。盖欲即其感觉之不可名言者，而强名言之焉耳。神秘之感觉，其内容即宗教、哲学及美术之难题也。是不能以人为之方法论证之，自有此三学以来，固尝试之而无效者也。

神我同一，在哲学，在宗教，皆足见之，而尤以未尝经验之美术为最易证明。彼盖不由方法，而以直观者表明其真理也。阿里士多德尝于诗见之，故以为表示人间生命之真理，诗胜于史。若创造之大思想家及美术家，其悟澈之片刻，即神秘主义之人也。其他能理会其所见而终能步趋之者，是亦有神秘之血脉者也。何则？理会深澈者，亦悟澈之天才之再生也。如读诗然，非与作者同感，则不能深领其趣。此虽最严正之归纳法亦非所能助者也，此悟澈神秘者之所以罕也。

余于是不问哲学家、美术家、科学家，举其天才特异者以为神秘主义之人，若苏格拉底，若费帝亚，若斯宾挪莎，若旭宾海尔，若培琐分，若额里罗，若斯克司沛亚勒，若哥德，皆神秘主义之人也。诸君而知天才之悟澈之不可名言也，当不河汉斯言。

宗教者，其神秘状态之长子乎！善乎沛德勒奴士之言也，曰，最初之神，人间恐怖之所生也（Primos in orbe deos fecit timor）。斯言也，虽惟物论者亦爱之。虽然，此亦谓神秘性质所寄之人人，其想象触发于恐怖而已。至于神之观念，其本体固于恐怖无与也。

哲学者，其神秘状态之少女乎！彼其发见于世界也较迟。以境遇之故，不得不依他人之极合时宜者而衣其衣，言其言此谓哲学之迹近科学而远神秘。要之哲学者，较之宗教而有和光同尘之概者也。

虽然，此亦外部之差而已，由此差而两者互相疏间，至忘其同出之源。宗教者,为扩张势力之故,而构为神我差别之说以垄断神权。盖人民者,大抵不了于神我同一之真理者也。宗教者,不为有思想有学问之人设,而惟从事于笼络蚩蚩之人民而已。哲学者,则并神秘之本源而斥之:一、以欲挫折宗教之势力,故不得不以纯粹冷静保护真理之态表示于人群;二、欲举所谓不可名言不可决定者,以观念、若议论、若论理证明之。

迨宗教及哲学之进步,而两者皆有回向本源之希望,于是中道和会,而相与退憩于神秘状态之中以蓄其势力;势力既具,乃又发现于世界,而为第二之争焉。虽然,此非特两部之相争而已;两部之中,又自有其相争。新宗教者,与古之教权派争;新哲学者,与古之合理说争,是也。夫尊崇精神之新教,自尊崇经典之古教派观之,不得不为异端;神秘之哲学,自合理派之哲学观之,不得不为狂为幻。然人类者,固将赖此异端者、狂者、幻者,以促其进步,由神秘状态而宗教及哲学有革新之机。此历史之事实,诸君当于讲义之日积而益信之。宗教也,哲学也,神秘状态所命之二战士,借以保护其实利者也。是以神秘主义之人,不以自觉为止足,而又必多方以发明之,若诗之属,若哲学之属,若论理之属,皆是也。而其发明之最高最备者,为根据科学之哲学。

余既言神秘之知识,所借以发明者,在根据科学之哲学。然则哲学者,欲以其冥心顿悟之知识,觚理而疏证之,亦恃归纳法而已。夫归纳法,诚不免不确实,然而舍是固别无发明之术也。虽然,哲学者不惟发明之而已,又得以是教人,于是有归纳、演绎之二法。演绎者,以其所得之知识为绪论,而因以证明一切之事实者也。归纳者,循其发明之方法,而借以开示探究之径途者也。二者如经师、人师之别。经师者，听其讲义，有提纲挈领理顺冰解之乐，然而未必心得，且必遗多未解之问题，此演绎法之状也。人师者，不必有经师之学识才能，而师弟间亲切之类化，有胜于经师者，此归纳法之状也。一学校中，分科教授者，经师也；日与学生相处、而监督其德行者，人师也。

演绎法之缺点如左：

（一）演学者尚在卑近之地位，而教者自处于高深也，非学者尽力躐等，以与教者立同等之地位，则不能相说以解。虽然，彼固学者也，彼不必具神秘资性，而神秘之原理，又决非可以论理学骤证明之者，何由使一跃而与教者同等乎。

（二）事多有异因而同果者，此非演绎法所能证也。

且也，演绎法中，殆无辨争之事，即其组织而论其结论之合于论理否，可也；若乃于其中所证之原理而或是之，或非之，则不可。何则？或是之，是合其全体之教义而是之；或非之，则是合其全体之教义而非之也。在归纳法则不然。彼其所考与吾人合者取之，否者吾人又得以他术检核之。且吾人虽雷同于其结论，而其中之一二节，所见不合，亦得而改之。近世哲学家，皆古之思辨家及近世经验界科学之学生也。彼于演绎、归纳两者，均受其影响。彼固知古之思辨家之教义多含真理者，而亦知其于发明及论证之法有所未备；彼亦知近世科学发见之伟大皆归纳法之结果，而亦知其法之未备，欲达目的则不可不更有导师也。彼欲为经验界科学之导师，彼固不能不同用归纳之方法，然而彼不可不以此问题之归宿为其所豫见者，常悬之以为的。而于是经验界科学之归纳法，又有不得不改良者。今日各哲学家之所志，不外乎由自然界科学之归纳法,而归宿于思辨界之一言。斯言也,哈脱门所著《无识之哲学》(*Philosophie des Unbewussten*)之发端语也,实足以括近代大思想家之倾向及性质。彼旭宾海尔及其他矜式学界之大家,瞰其哲学之形式,亦得以此语表之。

使以吾前者评论方法之适否,而遽以演绎法为无用,亦非。彼哲学家,非常教授者,其著作或不为学者设,而以贻后世少数之知音者。盖哲学之性质甚类于诗,故大哲学者即大诗人也。观柏拉图、薛令、旭宾海尔之教义及其他之杂俎可以见之。非以彼等之常为韵语、若小说,而谓之诗人也;彼其所以组成若表出者,皆诗人冥悟之象也。彼哲学家之不教授而与同等之人讨论者,亦以用演绎法者为多。

大哲学家亦有兼用演绎、归纳二法者,培根及特嘉尔是也。近之康德亦然,其所著《纯理批判》(*Kritik der Reinen Vernunft*)皆以演绎法论证之,而其绪论则用归纳法。

所谓精确之科学者,自算学以外,皆用归纳法。算学之论证,皆三段论法也。彼以不可论证之公理为前提,而全体科学皆由此而演出,故不能有误。彼其方法之无误,非附丽于方法者,乃其公理不误之效果也。未得公理之科学决不能以此法例之。使因此而演之曰演绎法者,至正确之方法也,何则?算学之结论,至正确也,而算学者,演绎之科学也,则大误矣。然有大哲学家竟蹈此误,而欲以算学之方法论证哲学之真理者,斯宾挪莎是也。彼著一书曰《几何学派之论理学》(*Ethica, ordine geometrico demonstrata*),以拉丁语书之。其方法虽误,而其思想及技术之大且锐,实可惊叹。彼于近代哲学界之文学,殆无可与抗行者。研究哲学真际之人，不可不一读此书。彼之文甚简甚劲，而且甚古雅者也。

于前所举归纳法、类推法、演绎法，三者之外，其四则辨证法是也，此近世哲学家黑格儿之所提倡者也。其法附丽于各种哲学，如不从黑格儿之哲学者，即不能从其辨证法也。辨证法者，多用为哲学之名词，而源于希腊语齐亚来鄂弥（διαλέγομαι）之动词，齐亚来鄂弥又源于齐亚来俄（διαλέγω）之动词，此以受动之形，而含发动之意者也。齐亚者，通也，来俄者，撰且读也，合之则为即一物而意中自考察之、说明之，或与他人辨论之之义也。于拉丁语为罗阔尔，科罗阔尔，的斯普托（Loquor colloquor disputo）。其希腊语之德西耐齐亚来克开（τέχνη διαλεκτική），或止用齐亚来克开者，则为无问人己，以辨论发明真理之术也。夫辨论者，必由见解及决定之相异而起。天气如何，此物何色，此无可辨论者也；又如几何学、美术学之公理，此又无可辨论者也。至乃即一性质而言，善之与恶，美之与丑，正之与邪，复杂之与单一，斯则辨论之所由起也。诸君试即伦理、论理、美术、宗教，哲学之总念而考之，必见多数矛盾之说，有不可不辨论者。法国之谚曰：Du choc des opinions jaillit la Vérité，由诸说之冲突而真理始不得出，即此必待辨论之总念及性质，而辨证法之对象具矣。

哲学者，举科学之问题而沉思之，固已自相辨论，彼其于语源固辨证家也。最初之辨证家，于人人习惯之总念，彼乍而疑之，与其所见之总念矛盾也。彼又尝于自见之中发见矛盾者，如动与静之总念是已。

希腊哲学者额拉吉来图及爱来亚学派之射那，实辨证家之开山也。额拉吉来图以宇宙之调和及秩序即在反对与冲突之中。其最传诵之名言曰:πόλεμος πατὴρ πάντων(事者,物之父也)。射那则见于动之观念有所冲突而断之曰,世界无动。其后有诡辩学派,以纵横之术培养其辨证法,虽极正之论,务以强词夺之,致使世人关辨证法之语,即认为诡辩学派之辨证法,虽然,彼实辨证法之稂莠,而不合论理者,与纯正之思想相反对者也。

于是有苏格拉底之辨证法。苏格拉底者,开希腊哲学之新命,而辨证法之最擅场者也,其哲学用归纳法。而辨证法者,其归纳法中之一部也。诡辩学派者,不问其为真理,为谬误,一切排斥之。苏格拉底则排斥谬误者而止,彼以为真理必有,而吾自知其未之知也。故彼之格言曰,吾之所知,在吾知之所限,而见其有不可知者而已。此实足以表哲学者谦慎求知之希望,而非怀疑派之轻浮者所可同日语也。吾人既知真理本有,而尚为吾人之所未知,则学不可以已,而学者又不可以冥思而得之,则不可不借助于人我之辨论,辨论又不可以无方法,于是有教师、学者之仪式也。教师者,乘辨论之机而提出真理。真理如产子,而教师其产婆也。苏格拉底之母,业产婆者也。苏格拉底屡以产婆术自喻其教授法,此即其辨证法之作用也。

苏格拉底未著书也,而其哲学及辨证法之事,由其弟子芝诺芬及柏拉图之所记而知之。而柏拉图于苏格拉底之学又自为一派。其辨证法,在发明真理之在于观念,盖柏拉图之教义,以观念为与真理之大始同一也。夫观念之综合,非命题及三段论法不成,此论理学之事也。故柏拉图之辨证法即论理学。然而柏拉图又以观念为即真理之大始,此为纯正哲学之事也,故柏拉图之辨证法,又即纯正哲学。自柏拉图以来,及康德与康德以后之德国哲学,大抵以论理学与纯正哲学为一致，而辨证法者，于论理学及纯正哲学两者之义，普通用之。

柏拉图之弟子阿里士多德，始创所谓形式论理学。此于哲学无关，而便于初等学校之教授。盖其于命题及三段论法之所由成，言之最详，而又有证明虚伪之法也。其他论理哲学，则亦谓之材料论理学，以其对象非徒吾人思想及决定之形式，而在总念之真理也。

两者之外，又有所谓超绝论理学，此康德所著《纯理批判》中之一部也。其对象，亦吾人思想之形式，而与前者大异。盖非经验界之事，而附丽于吾人先天智力之形式，以此形式构成各人之智力者也。其中有超绝辨证法一章，吾人不可不由此辨证法，以检点吾人理性中自然难免之谬误。盖理性中有三观念，曰灵魂，曰自由，曰神，无此观念者，非人也。然而不能由理论之理性以论证此三者之诚有，而理论之理性又若见其端倪，自有情不自禁之论证，于是不免为虚伪所欺，而陷于极大之谬误。此其谬误及致误之由，吾人不可不检点者也。而检点之法，则超绝辨证法之事也。辨证法之名，亦有用为知识论之义者。本世纪耶稣新教之大神学者胥来劝麦哲尔，哲学界之伟人也，尝以此义用之。

近日最有名之辨证法，则治黑格儿哲学之方法也。黑格儿之书，其论证之用语及形式，于各哲学家中至为难解，虽德国人亦难之，然解其教义及辨证法之义，则无不迎刃而解矣。彼之辨证法，所以明吾人总念之进化者也。彼以为进化生于冲突，自无机界进化而为植物，为动物，以至为人，无一不然。摄力之与抵力也，静之与动也，有之与无也，盖触处无非矛盾者。是故其始之状态，谓之正题;及其移于矛盾之状态也,谓之反题。结合此正反两者以为摄论,而一进化,及其此摄论之又生矛盾也。而又结合之,而又一进化,如是递相反正,递相结合,以驯达于太极无对之地位,此不独物界而已,吾人之总念亦然。一总念,正题(Thesis)也,而必有与之矛盾之总念为反题(Antithesis),及两者之结合,而较近于真理矣。黑格儿名之曰奥弗呵卑内斯摩门脱(Aufgehobenes Moment),此德国哲学书常见之语,不可忘也。此摩门脱一字,不可以英语之摩门脱为时间分子之义者译之。盖此义于德文为阳性字,谓之的尔摩门脱(Der Moment),而黑格儿所用者为中性字,谓之大斯摩门脱(Das Moment),则运动之原质之义,而吾人心中观念若总念之所由生者也。奥弗呵卑内斯者,奥费本(Aufheben)之动词之变体,有三义:一、保也,保本之义也;二、碎也,止也,废也,止争之义也;三、上也,高也,积累之义也。黑格儿之用此语,所以形容亦保亦废而又结合于进步之义也。彼常人者,日处于矛盾之中而不之觉。怀疑派者见此矛盾之态而一切抹杀之;黑格儿则以此为心力之一现象,而真理所由以发见者也。且怀疑派惟知矛盾之为矛盾,以为纠绕无穷,若不可分解者。黑格儿则见其附丽于总念之本性,不特非不可解,而亦不可不解者也。

此三分辨证法,凡欲理会太极之原理者,皆不可不从事也。黑格儿用希腊语之罗各士(Logos,λόγος)以为太极之义,而用其眉妥特士(μέθοδος)为方法之名。眉妥特士者,合眉太(μετά)及呵特士(ὁδός)二语为之。眉太者,后也;呵特士者,道也。言罗各士之开展,由正而反而总合,而吾人心灵不可不循其后而步趋之也。黑格儿以为此作法者,即神之作法,盖彼固以神与太极为一义者也。故罗各士之学非徒纯正哲学，而亦可谓之神学。

此辨证法者，实创于希腊之额拉吉来图，而黑格儿以科学之家法，使之有规则有首尾而已。故黑格儿甚景仰额拉吉来图，以为其遗言殆无一不合于己之论理学者也。而十五世纪德国神学及哲学者哥萨尼士及其学派之意大利人伯鲁那，皆足为黑格儿辨证法之先河。

康德以后之哲学，费斯德氏尝以此理想、运动、进化之三分法应用于主观界，于其所著《知识学》(*Die Wissenschaftslehre*)畅论之。而黑格儿之弟子若米乞立、若戴费得斯脱拉斯、若德阿多尔费骇尔皆用此辨证法。克那费骇尔亦深所叹美，而于其所著《论理学》中应用之。至于今日，则无论教师学生，罕有用黑格儿之辨证法者，求黑格儿哲学于其书者甚鲜，是实学界可耻之事也。今日为黑格儿辨证法之敌者，有海尔妥门，虽然，彼其一部分为黑格儿历史哲学之附属者也。

为黑格儿之教义之大敌者，旭宾海尔是也。余实以其抗敌黑格儿之意，为其人物及著作之一短。近日巴生著所谓《实之辨证法》(*Realdialectic*)，合黑格儿辨证法及旭宾海尔之意志论而调和之，而黑格儿之主义为之一变。其辨证之主体，非罗各士，而无意识之意志也。其所谓实之辨证法，亦纯正哲学，而非方法也。

哲学之系统第四

凡科学无不有形式及机关及对象之异同，可得而检察之，哲学亦然。今使有问者曰：哲学诸形式中，何者最良耶？诸机关中，何者最适于研究而可以发见真理耶？所谓哲学之对象者，又当如何抉择之耶？此实不可答之问题也。盖哲学教义者，其全体之性质，全体之状态，各依于哲学者所立之见地，而哲学界之断语，则亦如见地之各别也。人心之不同如其面，虽同一见地者，尚不免有几许之差异，然而此差异，于其本义殆无关也。同派之思想家，其精神常有互相亲和之证，偶有差异，则出于各人特别之原因者也。

一事之异，同派之二思想家，常不难相说以解，其不能相解者，则必其怀偏见，若恶意者也。其或有全异者，则恒由于见地之不同，往往于二派哲学之间，虽单简之理会，亦不能相通者。今请由种种之派别而检其见地。关于形式者，有四别：曰独断，曰怀疑，曰批评，曰折衷。

独断说者（Dogmatism），哲学最古之形式，其语源于希腊之陀克麦（δόγμα），即意义之谓，而又含必如此无不如此之语意，构为哲学科学之公例，而不容拟议者也。例如希腊哲学家，或以水及空气为物之本源。中世神学者，谓神及灵魂即普通生物之对象，亦可以物质之例分析之。是皆独断之说也。彼等亦尝用三段论法，而实论理学中之所谓无证断定也。其所以为前提者，本无证据，其所生之结论，又乌能确定乎？此无证断定者，旧为哲学家之所习用，实形式论理学中虚伪之一耳。

吾人之心灵，自由者也，决不能长受压制于独断说之下，于是激动而生他种之见地，则怀疑说（Scepticism）是也。其语源于希腊语之斯克沛斯（σκέψις），考察踌躇之义也。怀疑说者，实哲学中进步之现象。虽然，欲于其中立一不朽之学派，得一求真理之方法，则不可得。何则？怀疑说者，于原理，于系统，于方法，皆自相矛盾者也。彼等不认有界说，亦不求公理，惟有疑而已。然则当并其怀疑说而疑之。既无一界说，无一公理，则怀疑说亦何所凭借以自立耶？要之，怀疑说者，由独断说而进于自由讨究之状也。人心初脱独断说管领之时，不能不然，抑亦不可不然。斯实近时哲学之由起，而于特嘉尔及侯爵培根之教义中，实占重要之部分者也。夫培根、特嘉尔，实开近世哲学，而特嘉尔尤所谓近世哲学之父。彼二家者，其教义虽多怀疑说，而实皆独断家也。要其独断说，既达于高度之形式焉耳。

批评者，康德之所创也。英语谓之克里梯塞姆（Criticism），其语源于希腊语之克里那（κρίνω），撰也，定也，判断也。其他若克里德斯（κριτής）及克里确斯（κριτκός）为裁判者之义，克里德里翁（κριτήριον）为准据识别之义，亦皆于此语相关。故批评说者，判断也，证明也，以谨严之法检核人间知识之本原及界限者也。其讨究之法式大异于独断、怀疑两家。其基本之事，在检核人间知识之能力。其于普通及特别之界，所及者如何耶？此问题未决以前虽有如何确实之界说，皆不足据也。使哲学者无以答此问题，则哲学亦失其综合科学之价值，是批评说之所托始也。是故批评说者，非特独断说之反对,而亦怀疑说之反对也。怀疑说虽与独断说相争,而密检之则亦独断之变相。盖一则不证而信之,一则不证而疑之,其为无据,一也。其义详于康德所著《纯理批判》之绪言。自康德以来至于今日,独断、怀疑两派,竟绝迹于哲学界云。

折衷说者,近时哲学家普通之形式也。英语谓之伊来力梯塞姆(Eclecticism),源于希腊语之伊克来根(ἐκλέγω)及伊克来该音(ἐκλέγειν),选录之义也。折衷派者,往往由异派之教义中,节取而综合之、扩大之者也。夫哲学各派皆颇近于折衷,虽大思想家,固不能不以先进为导师也。以余观之,则一无依傍师心创设之教义,殆不可得,且亦未见其例也。或以哲学者之为折衷说而菲薄之,此不知哲学者耳。

其折衷说之不以方法言者,为混合说。英语谓之森克拉梯塞姆(Syncratism),源于希腊语之森(σύν)及妥克拉齐(το κράσις)。森者,共也,妥克拉齐者,混也,故为混合融合之义。英语又谓之森克里梯塞姆(Syncretism),则源于希腊语之森克里齐(σύλκρσις),为互无爱力之说之结合也。夫以异质之教义而混合之,非理也,然而科学家法之折衷说,则不得以此例之。且吾观哲学之大流派,大抵为总合者,如柏拉图之教义,即爱来亚学派及额拉吉来图教义两者之结合也。近时德国哲学者海尔巴脱,最深于柏拉图之学而能表出其特质者也。其言曰,柏拉图之观念论,所谓普遍之观念,即不变之本质,而为感觉界诸物之模范者,是即爱来亚学派存存之义也;其以感觉界之现象、为由运动转化而创造者,是即额拉吉来图转化之义也。故柏拉图者,断取额拉吉来图之存存不变,以调和于爱来亚派之变化不绝而为此观念论,实折衷派之思想家也。然最合于折衷说之家法者，为里伯尼士及近时之薛令、旭宾海尔、哈脱门。哈脱门者，结合薛令、旭宾海尔、黑格儿三家之言，及近时经验之科学，以为其教义者也。

关于人间知识之机关者，有三大别：曰合理说，曰经验说，曰经验说之一派感觉说，是也。

合理者，谓真理可达也。然真理者，不存于感觉界、经验界，而惟在于理性之纯粹作用。特嘉尔者，近世合理说之父，而斯宾挪莎，其最大之代表人也。在古代，则有柏拉图及阿里士多德。

合理说之反对，为经验说，以经验为知识之根基。近世经验说之创始者为男爵培根。

感觉说者，谓吾人知觉之内容，惟以感觉性为基本，而思想及意志，皆感觉之变相也。感觉说最简之界说曰：觉官之所无，智亦无之(nihil est in intellectu quod non fuerit in sensu)。此语不知出于何氏，大抵阿里士多德之弟子也。为感觉说重要之代表者，为陆克，及康特赖，及海尔弗底士，而瑞西人般耐亦著名。

关干知识之对象者，其别甚多，一如哲学中知识之对象之数也。约而举之。一、吾人之知识及知识之对象如何耶？二、大始之原理如何耶？是纯正哲学之问题。三、人间者何耶？其与存存之本原有何关系耶？是人类学之问题。四、世界及吾人之生命，于吾有何价值耶？此问题者，哈尔妥门谓之价值论。五、道德之问题。六、世界者孰管理是耶？其管理之规则，何以知之耶？其他神之问题摄于纯正哲学之中，灵魂不死之问题则摄于人类学之中也。今者以吾人知识之问题始别为二派，惟心论及实在论是也。实在者，以外界诸物为有实体者也。其为物也，极复杂，而吾人之感觉及知觉,则此外物影响之所生也。其中又分为二种:一、溥通实在论,哈脱门谓之自然实在论,非哲学者之所见也;二、批评实在论,哈脱门谓之超绝之实在论,彼常以此自任,即康德惟心论与其他实在论之结合也。超绝者,虽主观之语,而同时有一物焉,关系于客观之本体,而使吾人认客观之非子虚者也。此超绝之语(Transcendental),与其他之超绝语(Transcendent)有别,超绝之者,不可经验之义也。此所举之惟心论及实在论,皆限于知识之范围。而彼等于美术,于伦理,皆有所谓实在论,皆以惟物论之义用之。夫惟物论者,诚实在论也。然而知识界之实在论,由纯正哲学观之,决非惟物论。彼美术之实在论,当以自然论易之。即以惟心论为同于惟神论,及心界之诗才者,亦复不合也。要之,惟心论与实在论相对,皆在知识之范围,皆为哲学。凡哲学界之名词,不可不慎用之。

惟心论者谓吾人知识之本源全在主观,吾人所见之物非纯粹之实在,而实吾人之观念也。此观念者,与柏拉图所论之观念大异。柏拉图所谓观念,即指为存存之实体,向者亦谓之为惟心论,而实与近世惟心派之知识论大异。据近世惟心论者所定之规则,则柏拉图之教义,正实在论也。而近世哲学家所认为惟心论者,于中世多认为实在论,而惟心论之哲学家实占一大部,一时期之最大思想家多属之。余反复诸惟心论之意义,要以吾人所住之世界不过主观之表现,而所谓物体者,皆吾人之知觉也。旭宾海尔之大著作,名曰《意志及表象之世界》(*Die Welt als Wille und Vorstellung*),去其意志语,则惟心论最确之界说矣。表象之世界者,世界即表象之谓也,吾人所见之物智,在宇宙之中,而范围于因果之理法。夫宇宙因果,吾人心界之所缘起,而非由经验而形成,是实于经验之前，附丽乎吾人之理性，而为先天者，斯实可以惟心论之科学家法论证之。康德所著《纯理批判》之所有事也，而康德遂开近世惟心论之新世界，其教义谓之超绝者惟心论。超绝者之意，非谓超乎经验，而为在经验以前之义，与康德所用先天语同义也。吾今撮其教义，以证明宇宙因果属于先天之说。

余之证明自宙始。宙者，亦谓之空间。其为惟心也，有六证：

（一）经验者，必其主观以外之客体，互相分离于吾之感觉，而后得从事焉。然客体之由主观而分离，及由他客体而分离，是皆宙之关系也。余感觉于客体之分离，不可不先有宙之知觉若观念，而余如不感觉于客体之分离，则无以为经验，则此分离之感觉必在经验以前，然而此感觉者，实缘起于宙之观念，然则无宙之观念，即无经验。故宙者，在经验以前而确为先天者也。

（二）宙之观念，吾于诸客体之关系抽象而言之也。吾能为宙间所容诸客体之想象，而不能为除去客体关系之宙之想象。故宙者，非一客体，而吾智力之作用也。吾人决不能除一切关系而想象吾之智力，故宙者，与吾智力共生者也。

（三）经验者，惟能知某物常有如何之现象，而未见他现象而已，不敢谓某物之现象必如是及不得不如是也。而宙之关系则反之，靓若画一，必不容有矛盾，如三角形之于球面，半分之于全体，是必不能一致者。凡必然之事，皆为先天者，而宙之关系之必然，则如此矣。

（四）因宙之关系之必然，而建设一至确之科学，则几何学是也。吾人直以此几何学可溥通于地球以外之星球。盖吾人知识之范围，即宙之关系之范围，而亦即几何学之范围。如吾人决不能想象于点线面体四者以上是也。是几何学之公理及解题,亦宙之观念之属于先天之证也。

(五)外界知觉之各部分,是余主观之自感动而已,而知觉常为一总体。夫不能折物体之各部而见之,而常能见其总体者,是必余之知识能力中有一要质焉,能结合单独之感动于一总体也。然而物体之结合也,不外乎宙,而所谓结合单独之感动者,要亦不外乎宙而已,是亦证宙之为先天悟性之作用者也。

(六)吾人之以宙为无限也,其确实,如二二为四之不可驳也。夫无限者决不可以经验。凡经验界,因无一物可以谓之无限者,而宙之为无限也如是,是非后天者而先天者也。

其次证宇。宇者,亦谓之时间。其为惟心也,亦有六证:

(一)经验者,常豫想其感觉之为同时,或先时后时,是时之观念,既在经验以前,而为先天者。

(二)宇亦为宙。不能离一切关系而为抽象之想象,如吾人不能想象无变化无运动之世界是也,是亦先天之证也。

(三)宇之名目,若昨之与今,若前之与后,皆必然而不容矛盾者也。必然者即先天者,故宇亦先天者。

(四)数学之命题,其确实与几何学之命题同。数学者,建设于吾人宇之总念,如几何学之建设于宙之总念也。数学者,不过省略计算之方法;计算者,不过反复单位而不置。是故数学者,宇之科学也。以数学公例之确实,知非缘起于经验,而为先天者也。

(五)宇者,结合外界无数之感动于一总体,而比较之者也。此感动在吾人之内,而非在其外。故宇者,亦在吾人之内,而且在诸感动之前,是不可非先天者。

（六）吾人确知宇之无终，等于宙之无限。无终者，非经验世界之所有，故不可不为先天者。

因果之为先天性也，其论证甚有似于宇宙。

（一）因外界所生之感动，而吾人受外界之物象者有三：其一，吾人断此等之感动为结果；其二，吾人由此等结果而追溯彼等之原因；其三，吾人见此等原因为具体之物，是物之现状为其果，而物之秩序则因果也。吾人构结物象之能力，不可不豫想因果之总念，而构结物象以前又无以为经验。是因果者，确在经验以前而为先天者也。

（二）据康德之说，物者不外乎吾人知觉之因果，吾人想象中不能有抽象之物，亦不能有抽象之因果。是因果者，吾人知力之作用也。

（三）所谓有者，不问何种，无不有因果之关系，是人人所信为必然者也。凡必然者，必在经验以前。

（四）凡自然界科学，去其经验之作用而设为公理界说者，康德所谓纯正科学者也。如纯正算学之界说，实不可动之正确，而其对象不外乎因果。是因果者不可动之正确，非经验者而先天者也。

（五）欲为一完全之经验，必不能不有因果之关系，是吾人所信为必然者也，而经验界无以证之。是亦见其总念之出于先天也。

（六）因果者，吾人确知其如宇宙之无限，是亦先天性之证也。

要之，宇宙者，吾人直观之先天形式；因果者，思想之先天形式也。因果以外，尚有先天形式之思想，而因果为其最重要者。

物及全世界者，于吾主观之形式以外，为何耶？此决不能认者，是康德之教义也。彼决不以物为虚构，为幻象，而以为必有其实体,然以为吾人所见之世界,实不过主观之表象,彼物之现影而已。康德所用之名词本体者(Noumenon),谓理性之物,不系吾人之觉官,而系于吾人之理性者。其语由希腊语奴士(νοῦς)来,智界之义也。吾今为诸君言超绝之实在论之二界说。其谓吾人不能见物之本体而惟见其现象,此与惟心论同;而彼又谓物自有实体,由吾心界超绝作用因果之方便而觉知之也。康德自拟于惟心论,而实为超绝之实在论,其知识论即所谓超绝之惟心论者。而哈脱门所著《超绝之实在论批评》之基本,亦断为超绝之实在论。此知识论者,实严正精练,举所谓不可论证者而论证之也。故于哲学界超绝之实在论学派,皆绍述康德者。

新康德学派之哲学家,是与康德之惟心论及其他之惟心论皆不同。彼等谓惟心论不可认世界之实在,或曰,物者现象耳,实在者,惟吾人之心。或曰,物即实在,然而其实在之认识,虽间接亦不能得之,是于吾人一无真理之关系也。是可谓之知识论而非纯正哲学。何则?纯正哲学,有真理。新康德学派如认纯正哲学,是自相矛盾也。余前者怀疑派之论正合于新康德学派。彼虽自命为最正之批评家,而实与于独断之甚者也,谓之惟我说可也,伦理之自爱说可也,迷妄说可也,宇宙非存存论可也。何也?彼固不认为有世界者也。黑格儿之徒亦有呼新康德学派为超绝惟心论者,然此语又有他义,余则以迷妄说之名为最合。旭宾海尔尝谓为癫狂院之哲学,良有以也。彼其教义将酿成危险之果。何则?如其义,则若道德,若宗教,凡基本于世界实在之义者皆当屏除之。彼以为世界者,梦而已,空想而已,曰上,曰下,曰善,曰恶,皆空想而已。新康德派最大之敌,哈脱门也,彼其所著《新康德派主义评》,甚可观。

新康德派主义之代表者，著《惟物论历史》之兰格也。此书甚佳，而不宜于初学，以读者须豫知哲学界邪正之别者也。其中叙原子论之派别为警策之部分。兰格者，新康德派之巨子也。又有法亨该尔，亦巨子之一。二君皆博于学者也。法亨该尔于康德之书及其历史知之最详。《纯理批判》一书，即其所印行也。彼可为康德派之言语学者。其他若明那爱特盟者，亦得列于新康德派之中。

旭宾海尔之弟子保罗戴生今尚存，前在柏灵教授，今在克尔，所著《纯正哲学要义》有曰，初生数月之婴儿，使能以其见地告吾人，恐皆康德派之惟心论也。善哉！扼康德教义之中心点，而明其科学之价值、历史之起原者，未有如此语之正切者也。无论人禽，苟其有智力者，则生命之初，其精神界莫不有一往来宇宙婴联因果之世界崛起于其中。此婴稚者，实此世界之无意识造物主也。然而彼既久涉世界，则忘其为彼之所创造，而自以为此世界中外至之一客。彼其初生数月间，以其固有之官能与其宇宙因果不明之知觉，应用于外部之感动，皆无意识之作用也。及其转无意识而为有意识，乃立于纯正哲学大问题之前曰，实体之世界与现象之世界，其界限何在乎？实体之世界于现象之世界有何关系乎？以为此两者必不同。如古者宗教之说，盖人类无不有宗教者。康德以科学家法解说之，谓之吾人智力之本性，而又于其款问之范围，希望之目的，示吾人以当循科道而驯达之。康德者，分析科学及纯正哲学之界限者也，而又谓现象世界之内全恃科学。康德者，所谓宗教及心理学之破坏者也。然而彼实保护之。彼破坏宗教之旧形式而已，非破坏其永永相续之内容。彼于吾人神及他世界之信仰，非有所攻击，而转谓以吾人之理性感通他世界者，不特无可能之证法，亦无不可能之证法,是对于怀疑派及惟物派之攻击而为保护也。要之,理性之理论,在悟彻者非不可示其端倪,康德则尝示吾人矣,所谓理性之实行是也即道德。

凡人一生之进化,即人类全体进化之缩本也。戴伊生谓数月婴儿,其思想即康德派之哲学,然则人类最古之历史,其思想界亦此哲学矣。

各宗教最古之题目及教义,莫不云于可见世界之外有一绝殊之世界。此有变化有生死之世界之外,有一无穷不变者在也。其初所想象之神,类乎人者也,示吾人以有天也,有他世界也。吾人者,死于此而生于彼,然而有矛盾之迹也。于是即如人之神,而与以无偶无穷及不变之特性,是置神于宇宙因果之外,而自有超绝世界之地位,如中世哲学之称为农斯打斯(nunc stans)者,无过去未来而有现在是已。基督教《旧约》书之歌有曰,溯世界之未成兮,神之寿无涯。又曰,惟神视千年如一日兮,又如夜之一更第九十篇之二节、四节。又曰,惟神建地兮,惟神造天百二篇二十五节。天地或灭兮,惟神无息。夜之旧兮,人则易之。天地之旧兮,神则革之二十六节。不与天地兮同革,神之寿兮无极二十七节。又曰,我于何所兮,背神而驰。我于何驰兮,神无不之。登九天兮神之前,入九地兮神之次。我生两翼兮,飞于海隅。惟神之手兮,我导我扶百三十九篇第七节至第十节。又《耶利米记》,神曰,人何从得一我所不烛之地以藏身乎?我非充塞天地者乎?是等皆康德派之哲学也。

无意识之康德派哲学,于各种人民之神话学、小说中,亦可迹之,如希腊小说中,不死之神、神之食物等是也。

古印度吠檀达教宗云,存存之体,无性质,无宇,无宙,无因果,是谓梵天，亦谓之我。要之，存存者，惟梵天，为一切所莫能外。其现象之类聚，自悟境观之，皆自生自灭于无知之心界者耳。又曰，现象之类聚，迷妄而已，智者之所斥也。如以绳为蛇，审观之，即觉耳。全世界者，梵天所造之幻象，如魔术者自造之巫蛊也。

在希腊纪元前六世纪，爱来亚学派之祖师芝诺芬，则既唱惟心论矣。彼反对希腊风俗之多神教而言，神者，无偶也，无穷也，无变也，物质无可以比拟之者。世界之总体，与神为一，则亦无偶、无穷、无变者也。而此现象之世界，若是其多殊，若是其变化，是非本体，而吾人知觉之所构也。其后，巴弥匿智继之，则曰，本体之存存者，无始无终，不可分、不可动者也，惟吾人之理性能显之。故理性者，合理之知识也，真理之本源也。至于觉官，则了不关于本体，其群集，其变动，其生死，徒足显宇宙及因果而已。于纪元前第五世纪，额拉吉来图及诸原子论者(Atomists)，皆谓吾人之觉官不能见物之真性。原子论之巨子德摩颉利图曰，吾人所谓物之性质者，不过不可见之原子与吾人觉官相触之方法而已。其本质，在吾人知觉之外，不能知其为何状也。罗马诗人罗勒梯苏，奉爱勃尔士派之哲学，亦原子论之流也。彼尝有宇非实有之见，于其物之自然之诗有句曰：脱除诸运动，何处觅时间。是虽经验界之言，未足为惟心论之证，然而宇非实有之见，固未可抹杀矣。

原子论者，举爱来亚学派所谓无偶之本体而分析之以至于极微，此微分中仍各具其全体之性质者也。其在柏拉图之哲学，则此微分者，即感觉界诸物之生命及动力及智度之模范，所谓柏拉图哲学之观念也。与神同性，而为综合一切观念之复杂体，如三角锥之顶者也。此观念世界为感觉世界之反对，而吾人之所不能见，与康德之所谓本体同义也。

阿里士多德曰:时者,灵魂计算之数。言不外乎灵魂之作用,是亦属宇于惟心界者也。新柏拉图学派诸人,亦多有惟心论。

惟心论者,又基督教最初之一界说也。曰,吾人之知物也,不真不明,徒见为混杂若暧昧而已。然而教士所以解释之者,谓由吾人德道之缺点,性质之乖戾,如使徒保罗所谓思想蒙昧之咎,是也。

综观古代哲学家之言,自吠檀达以外,从无抹杀世界,归之虚无者,此其惟心论,非迷妄说,而康德派惟心论之先声也。其中亦间有超绝实在论之说,即如基督教者,以世界为神所创造,是决不能以万物为虚无也。

近世哲学家以科学家法建设惟心论之系统者,自特嘉尔始。其言曰,哲学者不可不自外界无实之疑始,然而其疑旋破。何则?理想界之神必不欺余,必不置吾于幻象之世界中,此世界必有实者也。然而吾感觉界之知觉,则误也。何则?吾人所以判物之性质者,不过吾人理性之性质若知觉之法式而已,时间其一也。

里伯尼士之教义中,惟心派之说较斯宾挪莎为多。里伯尼士所谓实体者,元子(Monads)也。元子之运动为知觉,然外界所受之感动不可据而知觉之本源,则自有在也。盖元子之所知觉者,不外乎实体之世界,而吾人之灵魂亦元子也,因以知觉其他类似元子之世界。是故世界者,吾人之知觉也。是说也,亦旭宾海尔世界即我观念之义也。

英国经验学派中,若霍布士,若陆克,时有惟心之说。而彭克来之学派,则可谓惟心论之完足者也。

霍布士曰,色、音、光、香之属,吾人所视为客观之性质者,皆主观也。时日方位,无不成立于主观,是皆知觉之法式而已。

陆克惟心之说,得概括言之,以为吾人知识之对象,感觉界之知觉也,感动也。故知识者,惟系于现象之一性质而已,非物之本性之知识,吾人能知物之必有本性,而不能知其有何性也。陆克尝别物之性质为二种:若外延,若运动,若图形,此物所固有者也,谓之第一性质;若色,若味,若香,此吾人之感觉也,谓之第二性质。

其他尚有二人,英国史学家、文学家沙姆哲分斯士及瑞西哲学家查尔士般耐是也。

哲分斯尝著一书曰《有魂》,是即其惟心论之标本也,大抵推究种种之问题。第四篇,论宇之性质,有曰,时间者,去其所关系之思想作用及运动而籀之,无所有也,此乃诸物所有之法式,而非有体者。又曰,时间者,过去、现在、未来诸事相续之法式也。又曰,物之本性之存也,有二法式:一者,统古今未来之事而同时见之,余以为必有此境,而名之为无尽期之今;二者,万物分别相代于其中,即吾人所呼之时间也。又曰,人间理论之最初,吾人不能有论证之法,然而造物主之存存,被造物多数种类之存存,吾人之存存,皆当有之。又曰,无前时后时之悠久,吾人亦可推想而得之。试观吾人居此地球,吾人及环绕吾人之万有,皆若有一定之法式,如时计然即时辰钟,循法而行,终古相续,然而其对象者,必且有或速或迟之他种运动也。吾人今者,如于撮影箱中照相器通一小孔,而即所见之物而知觉之,谓之时间,易地以观,则景象大变。吾人者,在世界爨演悲喜杂剧,而时间则舞台之转变也,及演剧之终,而与之俱尽矣。时间之不能离思想动作而有独立之本质,犹之视、听、尝、嗅之不能离其机关及关系之动物,而有独立之本质也。

哲分斯由上文之界论,而演为名隽之论如左。

(一)时间者,不过观念及动作之连续,使即此观念动作之连续而速之,或迟之,则时间正同。盖此连续之作用不变,则时间不能有长短也。使易地球绕日之一年为一日,而人间一切观念动作,皆以此比例缩之,则吾人寿命恐不以此而短折,其一日确如今之一年也。

(二)如此则人之生命,将比例于其思想及动作而或长或短。何则?人于一年间之思想及动作,而以一时间思想之,动作之,则此一时间者,不但见为一年,而实一年也。使其于一时间即一年间之思想及动作而尽绝之,则此一时期间与之相关之时间,亦复无有。又使彼心中固守一种之观念,而因时为一单独之动作,则所谓观念动作相续之时间,必不能有也。

(三)如此,则其他动物与吾人无观念之连系,而其一切关系与吾人绝异者,其生命之修短,苦乐之消长,吾人不能想象之。数月寻花之蝶,百年食息之龟,朝生暮死之蜉蝣,十年苦役之牛马,各有春秋,不能以人间为比例也。

(四)以此观之,则吾人所见物物相续之时间以外,尚有一无穷之悠久。而吾人乃局于此宇宙之系统,而谓何者为恶,此实不完全之判断也。何则?吾人所指者,皆其极微之一部分耳。杂采之绘而割其点滴之墨以评优劣,复杂之和而抽其单纯之味以辨甘苦,未有不谬者此即乐天主义。

(五)时间无实,非能以此而抹杀一切物之本体也,如灵魂不灭之论,即不能以时间例之。何则?一物既有,而吾人未能发见其虚无之证据,则不能不以有实论之。是故与时间无关系者,皆得谓之无穷。灵魂之性质，思想也。思想与时间无关系，因而灵魂之无关系于时间，确也，是以谓之无穷。吾人见物界不绝之变化，而不能得绝灭之征候，因而于物质以上绝灭之疑更少，是以谓物之本质为无穷。

（六）由是而知彼高明之神学者，哲学者，孜孜于无穷之讨究，实不合理之见也。其不合理也，由以吾人时间之观念应用于无穷，而不知两者全异其法式，不能相关系也。时间者，于其本性，有限也，连续也；无穷者，无限也，临时也，彼其不可互证也。如音之于色，吾人之不能由时间以证成无穷，犹之和赤与青，必不能成雅歌法曲也。

是皆有关于惟心论之发达而为康德知识论之先驱者也。

右皆为知识对象之第一问题言也。吾今进涉第二问题，即大始之原理是也。即此问题，亦可为种种之分析，如所谓世界之主义，世界存存之本性，太极界之原质，皆各有可检之特性，吾人得因其形式及形式之内容而考察之。

吾人以溥通之名目始。名目之总念大于形式之总念，而形式之总念又大于内容之总念。今使问曰，太极存存之本性何耶？此其所以对之者，不过极广漠之词，曰精神也，或曰物质也。以物之本源及原质为不外乎物质；而精神者，脑之作用，亦为物质机能之效果，是惟物论之见也。惟物论者（Materialism），原于拉丁语之末推里亚（Materia），材料之义也。以存存之本义为属于精神界，而物质由是导出者，是惟神论之见也。惟神论者（Spiritualism），由拉丁语之素里妥斯（Spiritus），精神之义也。惟物论之代表者，若霍布士，若霍尔拜，若部次捺（奈）尔，若傅额，若摩来士楚脱，皆是。惟神论之代表,则不可枚举矣。两者亦辜较言之,惟物论之中,多有足以当惟神之名者也。而此两者,极荒漠之名词。于是进而考所谓惟神论若惟物论者,其形式何如耶?曰,其主义有一二及多数之不同:一者,为一元论(Monism,μόνος);二者,为二元论(Dualism,δύο);多数者,为多元论(Pluralism)。一元论及多元论,惟神、惟物皆得有,而二元论则决非纯粹之惟物者,盖其第二主义必物质之反对,而为精神界者也。惟物论之二主义者常不为二元论,而二元论之语尚有不止二主义,而指视本质之反对者。

惟物论之一元论,其界限不言可知,即有一物焉,自生而无穷,而全世界皆其所孳乳。前世纪霍尔拜所著《自然之系统》(*Système de la nature*)及当代部次奈尔所著之《势力与物质》(*Kraft und Stoff*)言之。

惟物论多元论之古式,昔者原子论派之德摩颉利图,其代表者也。

惟神论之一元论,有二别:

(一)抽象之一元论。

(二)具体之一元论。

抽象之一元论,自其所认之太极外,皆等之于梦幻者也。虽其教义亦有不能不认感觉世界者,然非在由抽象而移于具体之时,则其承认为无效。印度之吠檀达、希腊之爱来亚学派,皆所谓抽象唯心论之系统也。然而纯粹之抽象一元论,以独断构成之者,殆未之见。盖各抽象唯心论之教义,其所以说大始之原理者,类不免有承认实体之旨在其中。诸君可申检而得之,是名为抽象而实有具体之倾向者也。具体一元论之代表者,为今之哈脱门。

二元论者，谓世界之本体有二，一物质，一精神也。正二元之名，则必其二元之相反而不相关者，如古波斯之宗教，信善及恶二者皆固有，是也。然而波斯之教，在以善屈恶，而善独为世界之主，则亦一元论之类也。哲学界之二元论恐多此类。然亦有截然对待者，如心理学身心二元之类是已。

有内涵之二元论，是于太极而涵两仪之性质者也。例如哈脱门，以无意识为世界之原理，是一元论也，然而无意识之内又以表象及意志为其形式与材料，以成感觉性与理性，是其内涵之二元也。斯宾挪莎以神为原理，而又谓其包含二反对之属性，曰物质，曰思想，是亦其内涵之二元也。纯正之二元论，当为一元论之反对，而内涵之二元论，则正所以完成一元论之理者也。

有二重之二元论，如特嘉尔，谓物质也，思想也，对待而存存，而二者又皆为神之所创造，然则神与世界二元也，而世界又有物质与思想之二元，是之谓二重。

余以原子论者为惟物之多元论。其有代物质之原子以思想者，是即惟神之多元论也。其巨子为里伯尼士，此亦谓之各体论，言其存存者为各各莫破之体也。在哲学界，不能认截然对待之各体，以其与第一原理相矛盾也。故哲学之多元论及各体论，大抵皆相关者。在里伯尼士之说，则以此各体皆神之所创造，而从属于神而已矣。

凡惟神之一元论，当谓之同一教、同一哲学（Identitätsphilosophie）。何则？此一元论之形式，统一切有形界，无形界，若远果，若近果，皆会同于大始之原理者也。是故观念与实体，一也，精神与物质，一也，其本于大始之原理而发展为无形界、有形界之二者。此如一纸之有表里,为进于实体世界之二法式而已。此同一系统之缘起,自斯宾挪莎,而薛令、黑格儿、费斯德、旭宾海尔、哈脱门,皆自列于此系统之下。然同一哲学之语,惟薛令用之。

一元论又有一特别之形式,则自惟物而移于惟神之形神合一论(Hylozoism)也。其语源于希腊语之希来(ὕλη)及支埃(ζωή)。希来者,物也;支埃者,生命也。彼谓物与心不可分离,而生命则丽于物。此生命者,非指各各表现之生命,而谓其根极大始之生命也。在埃那之自然学家海开尔,可谓形神合一论之代表者。而创立精神物理学科学之近世大思想家费耐尔亦然。费耐尔之形神合一论,结合于信神教者也。凡无意识之形神合一论,于文化初展之时期,与宗教、神话学同,而哲学系统之所关。

说大始原理者之形式,其区别大略如是,于是进而检其内容。夫内容者,不问而知为惟神一元论之说。盖惟物论纯粹之物,不能有内容,内容者,不能不隶于精神界,既综合其原理于太极,则极之本性不可不定,是得分神学、哲学而言之。神学者,其所以指示大始原理,神以外不容有他名也,故神学者谓一元论为一神教。

一神教有二形式,自然神教(Deism)及信神教(Theism)是也。

信神教者,第一,无神教(Atheism)之反对;第二,神者,超乎世界以上或世界以外,而非为世界所容者也;第三,神者,非特世界之始之创造而已,其创造无已时。基督教者,信神教也。中世哲学界信神教之大代表者奥克梯吾士,常持创造无已之说。

自然神教者,神创造世界,而其后世界中不可破之天则,神不复干涉之,故世界若无神也。其所附丽之宗教,谓之自然宗教,亦曰理性宗教。于前世纪英法德诸国文化时期,宗教界之见地也。

在法国，自然神教之代表者，为福禄特尔由一千六百九十四年至一千七百七十八年及卢骚由一千七百一十二年至一千七百七十八年。卢骚之教育界名著《爱弥尔》(*Émile*)，于第四部塞费亚助教自述信仰之状，即卢骚之自述也。英国自然神教之代表者：约翰妥隆一千七百二十二年卒，安琐尼科零一千七百二十九年卒，麦泰丁达尔一千七百三十三年卒。记英国自然神教者，以德人来次来尔所著《英国自然神教之历史》为最佳。德国之自然神教家，有声于文学史、哲学史者，有海尔曼、塞吾尔、赖麦鲁斯一千七百六十八年卒。

自然神教及信神教之反对，不特无神教也，又有万有神教(Pantheism)。万有神教者，今希腊语之般(πάν)及多斯(θεός)二语为之。般者，全体也。多斯者，神也。世界全体，皆神之义也。然万有神教之界说颇不明，故有以万有神教派哲学之一家而转为万有神教之敌者，旭宾海尔是也。彼谓有限与无限同其本质，故谓之万有神教，然不必以是而谓无限即神，此无限又得以他义说之。旭宾海尔屡称意志之万有神教，则矛盾之词也。凡万有神教，普通之形式，不认二元论中无极之神，故万有神教必一元也。是不但为信神教之反对，而又为二元论之反对也。其有合信神教及万有神教而一之者，费耐尔之系统是也。万有神教之神，即无限本质之一部分，而要为内涵者，其最明之公式，以希腊语品楷伊品(ἕν καὶ πᾶν)为之，一及总之义也。此语哲学书及他书所常见，多谓始于爱来亚学派之绥那芬尼，而实不然，要之出于爱来亚学派之哲学者近是。此公式者，其义为神以各体而又为全体，而时亦为神之命证之义。

近世万有神教之代表者有若斯宾挪莎，尝以"神或自然"(Deus sive Natura)之语，宣布其主义者也。有伯鲁那，于十六世纪为万有神教之巨子,当时以为异端而刑之,今者建灵像于被刑之所。其同时有意大利人佛尼,尝言"余能拜神于禾茎之内",亦粹然万有神教也,以千六百九年被逮,焚于法国之支尔斯。

吾人于黑格儿弟子中,见有万有神教特别之形式,所谓通人心而神自得者也。此辈弟子谓之似黑格儿学派,或谓之左侧之黑格儿学派。盖其于黑格儿学派,非保守党而改革党也。在帝国议会,改革党坐于左侧,故以此名之。其代表者,有若戴费得斯脱拉斯,有若路维弗埃毕次,有若埃挪洛,有所谓超然万有神教者德国哲学家楷尔福拉一千八百八年卒于爱那及乌尔里西,并康德后大哲学家费斯德之子小费斯德代表之。其教义,谓至善至备者,神也,而人间之理性与神之理性同其本质。神者,以人间为其意志之机关,人之知善而好善者,即其对于太极主体之感应也。是故神者,存于人间而又超然为太极之主体,不以全体入人间而降以一部分也。

万有神教,或变而为万有在神教(Panentheism),其公式谓非全体即神,而全体在神之中,德语谓之埃尔音哥替来勒(Allingottlehre),悉在神中之义也。其代表者,大思想家克劳斯也一千八百三十二年卒。克劳斯之学派虽不甚著,而其弟子若埃棱士,若隆哈底,若林德曼皆有声。埃棱士者,尝以极缜密之法文译其师克劳斯之著作者也。克劳斯之教义,法兰西、西班牙两国多有传之者。

于是有二要义,皆以无限与有限为同其本质,而世界实涵有大始之原理。与万有神教颇相似者,即万有理性教及万有意志教,是也。

万有理性教(Panlogism)合希腊语之般及罗各士(λόγος)为之般即万有,罗各士即理性,谓物之实体,即具体之理性,于理性之进化中各循其阶段而表彰之者也。近世最大之万有理性教家为黑格儿。彼有界说曰:“凡实际者,皆有理者也。”此实危险之言,屡有误解之者,特于政治世界,足为辨护罪恶之助。是以在普鲁士国,甲之所解,见以为流弊而非难之;乙之所解,则又以为正义而欢迎之。要之此语论定,则黑格儿之教义必于普国为最有势力之哲学也。余意黑格儿书此语时,未必如解者之拘泥,不过言理性主义必至之结果,要当以理论之例理会之。

谓世界不能有善而无恶,黑格儿之万有理性教,不足以解释之。起而与之反对者,旭宾海尔之万有意志教是也。

万有意志教(Pantheism)者,谓物之本源及本质,意志也。非向一目的之有意识之意志,而爱生命、爱实利之无意识之意志也。万有理性教不适于说明实事;而万有意志教,又不适于说明理想;折衷两者而综合之,于是有哈脱门之万有精灵教(Panpneumatism)。彼其所著《无意识哲学》,谓无意识主义,其所涵太极之原理,非纯粹理性,非纯粹意志,而其统一理性及意志两者之精神也,亦谓之万有精神教(Panpsychism)。

万有精神教之代表者,有近日最隽永之思想家费耐尔。彼所著《真达佛斯太》(*Zendavesta*),为生生世界之义,而以波斯神圣书之名名之。波斯古书曰 *Zoroaster*,或曰 *Zarathustra*,至可玩味者也。是书非波斯古书译本,而其教义使读者联想于古宗教及古诗之兴味,故以此名之。费尚著有小书,曰《能那》(*Nanna*),义即植物之灵。

人间之本性,世界之价值及意义,道德之关系,凡此等见地之异同,各因其人纯正哲学及知识论之性质以为准。

凡自然神教家及信神教家,别人神而二之,谓人之本质者,离于神之本质而为他质者也。希腊语谓他质为海得罗士(ἕτερος),本质为乌塞(οὐσία),故合而言之,为海得罗乌塞安(Heteroousian)。

其与之反对而谓人神同质者,谓之霍摩乌塞稽安(Homousian),合希腊语之霍摩士(为同)及乌塞(为本质)而言之,是万有神教之见地也。而万有理性教、万有意志教,亦然。

谓人神之本质同也,而其本质之所以表彰者异,谓之同而异,是具体一元论之见地也。

世界之价值有三异见:厌世教,乐天教,及厌世教之进化说是也。

厌世教者,谓世界害恶之积数大于快乐之积数,故人间者,其本质固腐败也,而普通之生生者,惟恶业。人间也,世界也,不如绝灭之为愈。是于古希腊拉丁之文学及近世旭宾海尔之书见之。

乐天教者,谓此世界,神之所造,而无上之快乐者也。如其不然,神何以选此而造之。近世最大代表者,为里伯尼士之古义说,而万有神教及万有理性教,亦皆同此主义,如黑格儿即纯乎乐天主义者也。

厌世教之进化说,哈脱门价值论之义也。彼以为由各体之生命观之,恶业而已,祸根而已;而由全体之生命观之,则以至善为目的者也。于吾人、于人类全体及世界进化之历史,不能不持乐天教。此说也,较粹然之厌世教及乐天教皆高。而吾则以为最高者,斯宾挪莎之说也,曰:“亦笑亦泣,当不厌也而认之。”(non ridere,non lugere,neque detestari,sed intelligere.)其自称恒心如神之伯鲁那,自题其肖像曰:悲哀之中有和平,和平之中有悲哀(in tristitia hilaris,in hilaritate tristis),亦此意也。道德问题,别有二支:一、人间意志之发动,自由耶,否耶?二、伦理之本源,此承第一问题而来者也。

吾人虽顷刻之举动皆有前定,虽欲不如是而不得,此宿命论之见也,亦谓之定道论。在昔为斯多亚学派,而近世则斯宾挪莎代表之。旭宾海尔之定道论,则非斯宾挪莎之比。要之,厌世教家大抵持宿命论者也。

宿命论之反对,为自由意志论(liberum arbitrium indifferentiæ)。基督教会之正教,以此为教条者也。而此教义之大敌,于加特力教会有澳加士田尼四百三十年卒;其在哲学,采澳加士田尼之教义以为说者,旭宾海尔也。彼之教义,可谓综合澳加士田尼及柏拉图两家之教义而为之。余今略述澳加士田尼自由之说如左。

实际自由之证,不能得之于世界,以人皆立于罪恶之地位者也依基督教之说。然使谓人不自由,则基督教重要之点,所谓人间有罪者,将无所归宿。何则?吾人如不自由而为恶,则于道德界不得谓之恶,而吾人亦不任其责,无责则无所谓罪,亦无可罚也。此澳加士田尼之疑问也。若此世界而无所谓自由,则自由之状必于世界之前或他世界得之。澳加士田尼曰:亚当无罪之时,其乐如神,是自由世界也。盖神所创造者本自由之人,而亚当误用其自由于罪恶而失之;人类全体者,自亚当而出,故亦罪亚当之罪而失其自由,此人类不自由之原因也。

旭宾海尔及康德亦取自由及定道两者而调和之。彼等谓理性者自由,而经验世界则被制于定道也。自由及定道之调和,谓人间者诚制于定道者也,而彼有自定之力,盖彼自立于法则之下。而所谓定道者,彼自定之也,是谓心理定道论,可于里伯尼士及哈脱门之教义见之。

论理之本源,由宿命论言之,则吾人之举动,镇静而已。其规则之公式,如该零之言十七世纪哲学者曰:“汝于其处无能为何事之力者,则汝于其处亦无可恋之事”是也。

由自由论言之,则归宿于各人幸福说,谓吾人道德界之目的,在于完全各人之幸福也。幸福说之大敌,为康德。盖心理定道论之结论,有所谓道德之自动,言人者自由也,而同时自循乎天则,此康德伦理界之见地也。

最后之问题,世界者,服从于机械学之规则者耶?抑有目的而计画以达之者耶?凡不认有目的有计画者,机械学之见也,其他皆为终局论(Teleology)。凡惟物论之哲学,皆认可机械学者之见。而自穆勒、根德、斯宾塞尔诸家,置太极原理于不论议之界者外,要皆终局论也。有理之终局论,常为机械学论及终局论之综合。

哲学入门,必先理会其总念及名词。余既为诸君言总念之大略,今言名词。

余今者自积极教(Positivism)积极哲学之名始。积极教有二种:一者,于法国有根德及里的来,于英国有穆勒及斯宾塞尔,于德国有赖斯及毗尔诸家代表之。其哲学,惟认可积极事实之在经验界者。其于纯正哲学,谓非人间理性所能知,可不必思议之。

积极教之第二种,亦建于事实界,然其事实为超乎自然世界者,即神之意志所示现之事实也。夫神之意志之示现于人间理性,在不可知之界,故建于示现之事实者,谓之积极宗教,以其建于宗教之事实,故谓之积极也。凡欲理会此示现之事实者,不可不耀其灵火。灵火之耀(Illumination),即吾人所以理会于不可知界之心光也。薛令及巴德尔与刁丁吉尔等,以此义用积极哲学之名词。薛令者,反于黑格儿而用积极名词之第一人也。于是黑格儿之哲学当为消极(negative)者,以其建于合理之主义者也合理谓合于论理家法。合理者,必然者也,不能不然者也;反之则可以然,可以不然,谓之非必然者,非合理者。夫神之意志,无限自由,夫固可以如此,可以如彼,而不能以必然者合理者绳之。故积极哲学,非合理者也。此其形式,虽与根德之积极教类似,而其内容则正与根德及斯宾塞尔诸家之积极教相反对。是谓宗教家之积极教,或谓之纯正哲学家之积极教,是薛令晚年之定论也。

余尝以该零为遭际说之代表者。夫遭际说(Occasionalism)何谓耶?彼特嘉尔之二重二元论,既立神与世界之二元,而又于世界立心物二元矣。自是以后,哲学者大抵以意志属于心界,而举特嘉尔所谓心若灵魂者,解为意志之所积。凡人物身心之互动皆起于自然,非合心物二元,则生命不完也。夫吾人于有意识之行为,固可以证心之影响于身,亦有足以证身之影响于心者。使身、心即心、物截然分立而不灭,则两者何恃而能互相影响耶?

特嘉尔派所以解释之者有二。一、原因于神之全能,谓心物互相影响之状,即神所造也,此神学之见也。虽然,此义也,以神学说之,不如以自然学说之之易。盖心物均为实体而能互为影响,是必有一物焉,流注两体,以为之媒介也。虽然,此流注者何物耶?谓实体之性能容反对实体之注入,此岂复可思议者耶?而特嘉尔认之,此其当改正者也。

于是有遭际说以弥其所短。据该零之说,神者,为世界及人生动作之大原因,而所为动作之物与心,皆神之器具也。故物与心之动作,乃不过遭际于神之意志之动作,而人固不能主动也。人不能离神而自造一物,则乌能知其动作之次第耶?该零之格言曰:"汝不知此物之如何创造者,汝非其创造者也。"(Quod nescis quomodo fiat id non facis.)是其最简明之语也。

心物之影响为遭际说者,尚不足以自立,于是有里伯尼士之豫定调和说(harmonia praestabilita),谓世界内部元子间之调和也。元子者,存于精神界,而其动则由于知觉。各元子决不能自为一世界,截然与他元子睽离而不受其影响。吾人之身,固元子之复合者也。神者,于创造之前,固豫定无量数元子世界间之调和及吾人身心间之调和。例如造二时计,而豫定其时刻分秒之相同也。由是说而心物之关系,世界之全体,皆可以解释矣。然不合于斯宾挪莎之见。盖彼以物心为同一,其所谓异者,如一物之有表里而已。

哲学家言,于神之存存,或据本体论,或据宇宙论,或据物理之神学,或据伦理之神学。此皆甚要之总念,不可不说明之。

本体论者,由神之本质而推及于其存存者也。中世烦琐学派、基督教哲学之初祖法人安绥鲁士始发明之。其《讲演集》(*Proslogium*)有曰,神之存存,其他无以尚之,盖惟神全能,自于想象中有种种之命证。存存者,命证之一也,是不特于吾人有存存之观念而已,其实固存存也。盖真之本性及总念,吾人所认为神之本质者,吾人决不能为非存存之想象,是即其存存之确证也。康德以前,哲学家多本此证据而小变之,鲜能出其范围。及康德出,始论其证据之薄弱,以为非有理论之命证,不过示位置而已。

宇宙论者,由宇宙存存之事实而推及于神者也。其言曰:无论何人，不能不认此世界为存存者。然此世界，要为尤高于此而存存者之所创造，是神也，即世界及运动之原因也。凡宇宙论家，多为此说。其稍进而及神之性质者，亦不过证明其造宇宙主运动之状态而已。

物理之神学，亦谓之终局论。其兼容宇宙论，固不待言。惟其所证，不但神之存存而已，更举神之性质，所谓全能、全智、全善者而论之，由全宇宙及其一部之秩序及经纬而推及者也。

宇宙论之更进于终局论者，于十七十八两世纪间始于英国，为欧洲文化时代哲学之普通主义。其最著者，牛敦也。其他若福禄特尔、卢骚、里伯尼士等，亦时有此思想及议论。

康德者，有见于宇宙论及物理之神学皆不免误谬，乃以伦理之神学证神之存存，是实由福德相准之比例而推度之者也。然而此比例者，吾之良心确见其必然，而以古今之经验，知决非感觉世界之所有，是必待吾人死后而得之。故死者，非吾人存存之终，而吾人固不死者也。以斯比例非神不能制定，而得以证神之存存。

吾今者为诸君示哲学历史之最精要而便于初学者。其目如左：

克那费骇尔所著《论理学及纯正哲学之系统》Kuno Fischer：*System der Logik und Metaphysik*，一千八百六十五年重印。

克那费骇尔所著《近世哲学史》*Geschichte der neueren Philosophie*，六册，第一册入门及特嘉尔篇最要。

爱色尔所著《希腊哲学史纲要》*Grundriss der Geschichte der griechischen Philosophie*，一千八百八十六年印。

温的彭所著《古代哲学史》*Geschichte der alten Philosophie*，一

千八百八十八年印。

爱甫游弼佛所著《哲学史纲要》*Grundriss der Geschichte der Philosophie*,三册。

爱尔德门所著《哲学史纲要》*Grundriss der Geschichte der Philosophie*,二册。一千八百七十八年第三次印。

爱弗铿勃所著《由尼哥拉士、枯爱士以来之近世哲学史》*Geschichte der neueren Philosophie von Nicolaus von Kues bis zur Gegenwart*,一千八百八十六年重印。

克那费骇尔之《近世哲学史》,为近世杰作,然不宜于初学。初学者宜读简单叙述之书,爱弗铿勃之书最适用。

黑格儿以后之哲学,以爱尔德门之作为最第二卷第二部。然最新哲学,必豫想全历史中详细之知识,非初学所宜。

吾于是为诸君言读书之法。凡知识之无系统、不消化者,非知识也。知识者,不可不有以贯通之。哲学者,不在博学,而在知识之明晰及坚定。吾今所望诸君之留意者,惟在问题及教义之历史并哲学之公理。至于名称年纪,或有所忘,不为病也。记忆非哲学家之所重,重在理解推悟,使所得者有生长之力焉。

中西人名表

Hegel	黑格儿
Heraclitus	额拉吉来图
Parmenides	巴弥匿智
Pythagoras	毕达哥拉士
Platon	柏拉图
Aristotle	阿里士多德
Clemens	克里门士
Origenes	阿理额士
Augustinus	澳加士田尼
Nicolans Cusanus	哥萨民士
Giordano Bruno	伯鲁那
Bacon	男爵培根(美(英)国有两培根,故以男爵别之)
Descartes	特嘉尔
Spinoza	斯宾挪莎
Leibniz	里伯尼士
Kant	康德
Fichte	费斯德
Schelling	薛令
Schopenhauer	旭宾海尔
Fechner	费尔耐

Lotze	罗错
Hartmann	哈脱门
Buffon	布福安
Eckhart	爱克哈脱
Sokrates	苏格拉底
Phidias	费帝亚
Beethoven	培琐分
Galileo	额里罗
Shakespeare	斯克司沛亚勒
Goethe	哥德
Petronius	沛德勒奴士
Zeno	射那
Xenophon	若诺分
Schleiermacher	胥来勒麦哲尔
Michelet	米乞立
Strauss	戴费德斯德劳士
Theodor Vischer	德阿多尔费骇
Kuno Pischer	克那费骇尔
Bahnsen	巴生
Herbart	海尔巴脱
Locke	陆克
Condillac	康特赖
Helvétius	海尔弗底士
Bonnet	般耐

A. Lange	兰格
H. Vaihinger	法亨该尔
Benno Erdmann	朋那特盟
Paul Denssen	保罗戴生
Xenophanes	绥那芬尼
Demokritus	德摩颉利图
Lucretius	罗勒梯苏
Hobbes	霍布士
Berkeley	彭克来
Soame Jenyns	沙姆哲分斯
Charles Bonnet	查尔士般耐
Holbach	霍尔拜
Büchner	部次奈尔
Vogt	傅额
Moleschott	摩来士楚脱
Haeckel	海开尔
Voltaire	福禄特尔
Rousseau	卢骚
John Talond	约翰妥隆
Anthony Collins	安琐尼科零
Mattaw Tindal	麦泰丁达尔
G. V. Lechler	来次来尔
Hermann Samuel Reimaerus	海尔曼塞吾尔赖麦鲁斯
Vanini	佛尼

David Strauss	戴费得斯脱拉斯
Ludwig Feuerbach	路维弗埃毕次
Arnold Ruge	埃挪洛
Karl Fortlage	咔尔福拉
Urlici	乌尔里西
Krause	克劳斯
Ahrens	埃棱士
Leonhardi	隆哈底
Lindemann	林德曼
Genlincx	该零
Mill	穆勒
Comte	根德
Spencer	斯宾塞尔
Littré	里的来
Laas	赖斯
Biehl	毗尔
Baader	巴德尔
Deutinger	刀丁吉尔
Anselmus	安绥鲁士
Isaac Newton	牛敦奈端
E. Zeller	爱色尔
Windelband	温的彭
Fr. Ueberweg	爱甫游弼佛
E. Erdmann	爱尔德门
R. Falchenberg	爱弗铿勃

教授法原理

〔日〕小谷重
〔日〕长尾槙太郎
〔日〕西谷虎二 编
蔡元培

目　　次

第一编　绪论

第一章　教授之意义

教授者何？泛言之，则某人以其所有之知识、技能，传授于对待之者之作用也。夫街谈巷议，非不足以增闻者之知识，即优孟登场，观者亦或能归而摹拟之，然此皆一人自为言动，而使他人偶然因以得知识技能者，不得为教授也。所谓教授者，必具六事如左：

一、任教授之事者（即教授者又称教师）

二、教授之目的（即教授者所具之目的）

三、教授之材料（即教授者所蓄之知识及技能）

四、教授之方案

五、被教授者

六、教授之作用（即教授者及被教授者之活动）

六者缺其一，即不得谓教授。于是教授之定义如左：

教授者，为某人（教授者）备有一定之目的与方案，而传授其知识或技能于对待之者（被教授者）之作用也。

第二章　教育的教授

前章所述,为教授之普通意义,但本书所论,非广义之教授,而狭义之教授也。

凡教授,有教育的教授与非教育的教授之别。非教育的教授者,惟以传授其知识或技能为目的。及其传授也,于被教授者之性格有何影响,非所顾也。彼职工之教其徒弟,专门学艺家之传授其学艺,大率如此。非惟被教授者性格之影响无所顾也,甚有以教练弊习为目的者矣。是与教育家之欲陶冶人品性而改良其习惯者,全不相关,此所以称为非教育的教授也。

教育的教授者何?是亦尝以授知识练技能为目的者,惟目的不仅乎此,更欲于其传授之间,而贻善良之影响于被教授者之性格,以陶冶其品性焉。盖以传授知识技能为其近接之目的,而又以陶冶性格为其究竟之目的,故谓之教育的教授。言其从属于教育者也,故此种教授,必与教育之他种作用相待而并行,而非如非教育的教授之可以独立也。普通教育之所谓教授,即谓此教育的教授,而本书所论亦不外乎此焉。

第三章　教授之关系

教授为传授知识技能之作用,技能者,关于身体者也;知识者,关乎心意者也,故论其关系,可分身体及心意之两方面而观之。

(一) 身体上之教授　林笃仰尔氏(奥国人)曰:“人无生而有

技能者，行为动作莫不费时与力以学习之。”是可以知身体上教授之重要也。吾人技能之最简单者，若行路、若谈话，其初莫不费时与力以学之。此等技能，苟以热心与强力而独修焉，非不可自达于一定之进境。惟如此，则费时必多，劳力必甚。而既至于一定之进境，即不复有所增进。且如某种技能，往往非得理论、经验兼长者之教授，则不可以达焉者，此身体之所以必待教授者一也。

又考之世运，则知识愈开，而运用此知识之身体，更须技能。寻常之坐作、进退、书写、图绘，以至手工、机工，无一不需身体上之技能者。况练习技能，亦以使身体之代谢机能日盛，得以助发育而增健康者乎。纵令心意之作用，完全发达，而身体之活动，独为拙劣，则心有余而力不足，教育之效果，已失其半，此身体之所以必待教授者二也。

（二）心意上之教授　人之心意，自有生以来，由自然之经验、社会之刺戟，亦自能达于一定之进境。然非有具一定之目的、精确之方案及适当之材料者以教授之，则其思想之芜杂、感情之撩乱、意志之不调和，必所不免。海尔巴脱氏（德国人）曰：“不受学校教育（谓教授）者，其脑中之意识，未尝有一种秩序，皆杂然浮动而已。故一旦加以刺戟，则所有一切思想，以联想之作用，而一时丛生于识阈之内，不复有余地云。”由是观之，可知教授者第一之任务，在整理儿童所有乱杂之观念，而与以整然之秩序，此心意之所以必待教授者一也。

吾人之知识，可以经验、社交得之，即心意亦可以此而启发焉。但经验及社交等，皆得之偶然，而非有一定之秩序，且不能不为其位置及时日之所限。故其所得，必不能涉东西、通古今而活动其心意也。苟依精确之材料与适良之方法而被教授,则本于自己之经验,一朝可以窥破古今几万年、东西几亿万人所经验之结果。况思想界之启发,为调整感情、锻炼意志之基本,从而道德的品性,亦有重大之效者乎,此心意之所以必待教授者二也。

第四章 教授与教育之关系

本书所论之教授,为教育的教授,既于前章述之。然则教授者,因教育之目的,以为其大目的者也,故必先言教育之目的。

凡教育目的,有个人的、有社会的、其他有实利的、人道的、宗教的,各不相同。研究此各种不同之教育目的,而折衷之以新设一目的,是教育学之当务,而非教授学之本领也。教授学者,不问其教育之主义如何,唯寻其一定之教育目的,务从而活动之,则足矣。然教育目的,于教授上有至大之影响,则如偏于一方,或后于时势者之必不可为。殆无俟赘言者,吾人今以为最善之教育目的如左:

"教育之目的,在养成无入而不自得之人。"抽象而言之,则"在养成尽性之人",而尽性者,道德的性格也。故得谓"教育之目的,在于陶冶道德的品性"。

(备考)天演之理,凡事物皆以渐发达,而自单纯以至于复杂。人之进化,亦不能不基于此原理。故吾人之活动,不问其为精神上与肉体上,皆将趋于多方面。吾人之欲望,亦由一而之他,次第推转,不知其所止。教育之目的,即在依此原理而使能为多方活动之人。但使多方的活动者,而不调和不统一,则以一人之身，而时时有自相矛盾之患，此所谓不自得也。故教育目的，又在有以调和统一之，乃无入而不自得。无入而不自得，吾人之本性也。故教育亦不可不以逐此本性为目的，惟人至投入各种社会，则已非教育之所管辖。教育者惟使人养成可以自得之力而已。

教育之目的如此，而欲完成此目的，则宜用如何之方法乎。

教育之方法甚多，大别为三：管理、教授、训练是也。此分类，本诸海尔巴脱氏，有谓其未及体育，而更加卫生一门者。然管理、教授及训练之时，必不能不顾身体上养护与发育之事，即不特设卫生一门，未可谓忽于体育也。即如教授之任务，如前章所述，前之学者，或举知识技能，而悉以心意上之一方面论之。夫技能者，虽恃心意之悟得，而始能入于神妙，然究以关于身体上之熟练者为最多。无论何等技艺，其妙境常有不可以口舌形容者，亦其证也。此前章之论教授，所以分身体心意两方面而论之也。

达教育目的之方法有三，而教授其主也。管理最先，所以为教授及训练之素地。而其后渐让其领地于教授及训练，训练亦借教授之力而始成厥功。虽谓学校教育之大部，全以教授而成可也。海尔巴脱氏曰："无教授之教育者，吾人不能想像之。"可谓善解教育与教授之关系矣。

第五章　教授学

教授学者，说明教授之理论者也。凡理论皆出于实际之经验，而教授之理论亦然。教授者,一种之技术也,非积经验、重熟练,则莫由奏效。然惟积经验、重熟练,而不知一定之原理及法则,则不免陷于过误,或流于迂阔,而徒费时力。又安望发见新法,使教授者、被教授者之力少而功多,以助人类之发达,世界之开化乎?盖所谓理论者,是就古来几辈之所经验,而集其无害有益者,且以系统的序列之者也。是虽未能遽以为绝对的真理,然比之个人狭隘之经验,则其优胜而且安全,有不待言者。故欲当教育之任者,不可不先学教授学。

第二编　教授之目的

第一章　关于教授目的之诸主义

教授当有如何之目的乎？古者学说颇多。约而言之则有二，教授实质主义及教授形式主义是也。

第一节　教授实质主义

教授实质主义者，以知识为目的，务欲富被教育者之知识也。此主义之极端，欲举儿童他日投身社会所必需之知识而悉授之。征之教育史，则哥美尼和氏（奥人）、洛克氏（英人）等较近此主义。哥美尼和氏曰："凡无实益之知识，决不可以教授之。"是或矫当时古典教育之弊，而故为此奇激之言，然亦可以证氏之为实质主义也。洛克氏曰："智育主要之目的，不在于养成文学者，亦不在于养成理学者，而在于付畀切实之知识，使可立于社会之舞台。而计算自己之利益，措置其财产，执行其职业，以为独立之一人，又为一国民而能尽其义务。"至斯宾塞氏（英人），则更大重知识教育，而专倾于理学。彼尝揭吾人当如何生活，又以如何之知识为最要诸题，而专论知识之必要。或论宜授生理学上之知识，盖以为是有直接的关系也。又或说宜授读书、习字、算术、建筑、理学、社会学等之知识,盖又以为是有间接的关系也。

以上诸家所论,知识之必要,固不待言,然教育的教授,固非以养成学者为目的,亦不仅教以养生处世之道已,又别有一最重大之目的也。且即贵重知识,欲多授之,亦岂能于有限之教育期,而悉授以无限之知识乎?且知识之用,所以示活动之方向于吾人,而使定其方法者也,而所授知识,则不外过去之经验,必不能悉举将来必需之知识而授之。故既以知识为其目的,则不如练其智力而启发其正确迅速之判断力也。况以知识主义为教授,则动陷于器械的收得之弊,而不免于钝其应用之力,于是又有唱教授形式主义者。

第二节　教授形式主义

教授形式主义者,不务使被教育者领受过多之知识,而以锻炼心力为目的者也。法之马敦氏(法兰西人)尝曰:"知识者,非教育之目的,人惟须明智而不须知识,吾人徒学他人之知识,则可为博识之人,而不能为贤明之人。"氏之所谓明智者,判断力也,即必经锻炼之心力也。伯泰罗的氏(瑞士人)亦曰:"凡授知识于儿童者,不止于贵重知识,宜以发达智力为其目的。"此二人者,皆以为教授之目的,不在授与实质的知识以蓄积其内容,而在图其形式(即心力)之强健。

蓄积多许之知识,而无运用之之能力,譬之字汇,徒列记种种事实,而益人者甚少也,故或所知不多。而能力既经锻炼,则触于事物,自易顺应。是以实际生活衡之,而形式主义,优于实质主义也。且吾人所欲知之事物,其数无限,而吾人之脑力与时日,则各有限，欲以此尽彼，自必不能。故徒授多许之知识者，不如养其观察、判断、研究之能力之为胜，是于进民智开世运言之，而形式主义，优于实质主义也。但能力者，本为活动之力，而必以知识者，为其活动之材料。故止有能力而无知识，则其活动竟归于空虚，是以极端之形式主义，亦不可用。

第二章　教授之近接目的

教授之究极目的，即间接目的者，全同于教育目的。而其近接之目的，即直接目的者，则亦有二，可分为第一目的及第二目的而论之。

直接目的之第一者，知识及技能是也，教授之本体，即知识技能之传达，故其目的亦存于此。

夫下等动物，生而有种种之本能，恃以营其生活，而吾人所有之本能则甚少。故生活之法，不可以不学，人类自原人时代以来，与种种他动物相战而常获捷利，致有今日之地位者，赖此学力而已。

不观今日人类之竞争乎，有知识者常胜，而无知识者反之，盖古者专为体力之战争，而今则变为智力之竞争，从世运之进步，而知识之必要日甚。所谓世界之文明若国家之隆盛者，皆以其社会人民知识之程度言之耳。且知识者，不仅实际生活之所需，品位之高下，气象之盛衰，亦因以为消长。而一切活动之本之意志，亦必渊源于知识，诚如海尔巴脱氏之言也。

知识之必要如是，然惟知知识之为知识者，未有何等价值也。

不仅留之于主观界，而更应用之于客观界，以实现之，于是乎有价值。然而以其内界之知识，实现之于外界，则不可不赖于技能，如知识充于内，而无技能以达之于外，则如有头脑而无手足。贵重之知识，亦徒颓然腐朽于内界而已。是以教授知识，熟练技能，不可不同时而并营也。

直接目的之第二者，多方兴味之振起是也。知识技能之切要，既如上说，但知识技能、其数甚多，随文明进步、知识开发，而其数之增，可谓无限。夫欲以有限之能力，悉收无限之知识技能，固难事也。况又限以教育之时间乎，且专以知识技能为教授之目的，往往有陷于实质主义之弊，而被教育者，仅以得事物之外形，解过去之事实，为已足，辄生保守偷安之患。此多方兴味之振起，所以亦为教授之直接目的也。

第三章　多方兴味

兴味之本义，为我心为外物所调和之谓。例如吾人对于善美之事物，则我心不知不识而倾注于其事物者，是也。

兴味之类别　兴味者，依于所对事物之关系而分之，则有直接兴味及间接兴味之二种。直接兴味，惟就其所对事物而直有兴味者，别无他种之目的。例如学植物学，而即以观察为兴味，非为何等之利害。或学数学，而即以数理为兴味，不为供计算之用是也。间接兴味者，其事物虽不足以生兴味，而可依之以得利益或快乐，故爱好之。例如读书、习字，本无兴味，但可借以得处世之资，故勉强而学习者是也。则夫间接兴味者，不可谓真正之兴味，其于教育上之价值亦颇少，此教育者所以忌以间接兴味而左右儿童也。然使人仅依直接兴味为行动，是殆不能。且人惟宜由直接兴味而活动乎？又惟由于直接兴味之活动者非游戏乎？是皆当研究之问题也。况间接兴味者，独非至于直接兴味之阶梯乎？哇尔曼氏（德国人）谓少年前期，则直接兴味，为儿童修学之原动力。少年后期（自十三岁至十五岁）则间接兴味，为其原动力，此言深可味也。由是观之，间接兴味，亦未可全斥，要在不失其中而已。

兴味者，又依教授上之目的，分为方便的兴味，及目的的兴味二种。方便的兴味者，为使被教授者一时归向于教材，而或用奇语，或交谐谑，又或示珍奇之物，利用其好奇心，而与以快感者，是也。此兴味亦用之而颇有效，惟是为一时计，本教授上权宜之策，未可以滥用之。用之过多，则被教育者，势将贪一时之快，但知听受，不复用力于研究。目的的兴味反之，为永久保续之计，永久之兴味，当由学习而得之，故学习即为求此兴味之手段，而全与方便的兴味相反。教授之目的者，不外乎此永久的兴味也，此兴味一旦振起，则务为终生之保持，当以渐激励之，而使之跃然活动焉。

兴味宜多方　吾人以多方之活动为目的，故必要多方之意志，意志本于思想，故又必要多方之思想，思想之多方，必原于兴味之多方，故兴味又不可不于多方而振起之。兴味之种类，固多，自客观的方面言之，不可不对于一切之事物而各有其兴味。但事物之数，初无际限，欲对于一切而起十分之兴味，终莫之能。此所以不可不自主观上区分之，而确立其必不可缺之兴味也。

主观的兴味之种类　主观的兴味，自心意一方面所见之兴味也。海尔巴脱氏分之为起自知识之兴味［记如左之第一、二、三］及起自同情之兴味[记如左之第四、五、六],又区别之为六种。

第一,经验的兴味。经验乎数多之现象以得知识,而因以生兴味者是也。得此兴味,则一切经验,皆足以愉快其心。故不论何物,决不率尔看过,而必周密观察,以广其知识矣。

第二,推究的兴味。考察事物之性质及其关系,以构成概念,或求出公例,而因以生兴味者是也,得此兴味,则吾人不复以各各直观上之知识为已足,必探求普通之概念、正确之公例,且自问自答而研究事物之因果,以阐明其蕴奥矣。

第三,审美的兴味。凡事物之诸现象,各善调和,又能适合于其目的,以博吾人之赏赞者,是即所谓天然美、及人工美(美术)也。由此所生之快感,谓之审美的兴味,有此兴味,则能领高尚优美之旨,而不以学问为苦矣。

第四,同情的兴味。吾人于交际间,互同其苦乐之情,而因以生兴味者是也。有此兴味,见人之穷困而怜之,见人之幸福而喜之。见人之苦乐,犹见己之苦乐,是即伦理之基本也。

第五,社交的兴味。是亦基于同情,与社会、国家等公众团体,共其利害,而因以生兴味者是也。有此兴味,则见公共之利益及幸福而乐之,见公共之祸害及苦恼而悲之,其情极深,故或有以身殉社会、国家而毫无顾惜者。

第六,宗教的兴味。吾人依自然之微妙及人间之运命,而觉有一绝对之势力为人力所无如何者,以至畏天慎独,信其势力之可恃,而因以自慰,是即宗教的兴味也。

兴味者客观主观皆宜多方 以少数客观的之教材,而起主观的兴味之多方,未尝不可,在教材之性质及教授法之如何而已。例如以动物为一教材，以为一知识也，则可以振起经验的兴味。以之为一天然美，而观察之，则可以养审美的兴味。又以之为一生物，而表同情焉，则可以起同情的兴味。如是者，仍偏于主观的兴味，而非多方兴味之谓也。

又如历史、地理、算术、理科等教科，仅以之为知识而教授，则亦起经验的及推究的兴味已耳。是则多方于客观的之材料，而起单方于主观的之兴味者，亦非多方兴味之本旨也。所谓振起多方兴味者，谓用客观的多数之材料，而养成主观的多方之兴味。

第三编　教材

第一章　教材之选择

选择教材，不可不从于教授之目的，然教授之第一目的，在传达知识、技能，则此知识及技能，即教材也。教授之第二目的，在振起多方之兴味而磨练身心之能力。凡身心者，常从其活动之方向而发育。故欲练其思想，锻其技能，起多方之兴味，则亦不可不使其身心活动于多方面。然无对象（即材料）而活动，则悬而无薄，不足以感兴味。故必以活动之材料为供给，此活动之对象，即教材也。

以教授之第一目的言之，教授者，为欲使少年者得将来处世之资而因以知识与技能授之也。但少年将来之地位、职业等，未可豫知。故其教材宜普采于一切之科学，而不可偏于其一二。盖宜择其有益于普通之国民者，而不宜以仅益于一阀族或一职业者，充之，此选择之第一标准也。然科学之为物，不能径合于教育的教授之材料，是即学科（即科学）与教科之所以别也。盖学科者，以系统的知识为目的，故务纲罗夫一定部门之知识。而教科者，惟欲采其适合于教育目的与儿童之发达者也。

以教授之第二目的（即多方兴味）言之，则又选如何之教材乎，哥的氏（德人）曰："凡人之精神，不适应于自己者决不受之。"赖因氏（德人）曰："凡可以惹起儿童之兴味而系留之者，惟教授材料而已。"二氏之说信然。精神本同于胃腑,其不适于自己者,决不能容受。若以不适当者强注入之,则或吐泻不留,或发病而害其理解力。惟能类化者,可以为知识为兴味而永存。故赖因氏又曰:"以适宜于儿童理解力之材料,始能惹起其兴味,而使之瞭澈,且保存焉。"此选择之第二标准也。

次又以教授之间接目的考之,则教育的教授,在于陶冶道德的品性。因而不可不选用道德的材料,夫道德的教材,虽宜亘古今涉东西而广求之,然当先采己国现时之所备者。赖因氏曰:"教育的教授之材料,固宜广求之于世界之文化。但欲使被教育者,致力于当世,必先使之由诸方面而理解其所谓当世者。"故其教材,亦以被教育者所属之当时文化为基础,亦此意也,此选择之第三标准也。

然则选择教材之标准有三,约举如左:

(第一)从教授之第一目的,而于诸科学中,遍采其最要而有益于吾人实际生活之知识、技能者,不可以偏狭也。

(第二)从教授之第二目的,选其适应于儿童之发育程度而能惹起其多方之兴味且可以永存者。

(第二)从教授之间接目的,为之陶冶其(被教育者)足以贡献于当时社会之道德的品性,而主选之于其国现时之文化中。

其他尚可由土地之状况,而采其最适切者。或由男女之特性,而择其各当者。但此等为特别之要件,不如前举标准之普通,是宜于前之三标准中,略加斟酌而已。

第二章　教案论　其一(教材之排列)

所选之教材,种类亦多,非排列适宜,使彼此相联络统一,以授于儿童,则无以生一致之意识。而养强固之意志,故其教科之排列法及其统一法,宜大研究之。而研究之者,谓之教案学。彼夫就一教时中,而记其教授之方法者,为教授案,而非教案。兹所谓教案者,谓教材之排列法及其统一法,如所谓教科课程表者是也。教材排列之法有种种,今以二类四种分述之。

(第一)由各教科相互排列关系而言之,则为单行法及并行法之二者。

(一)单行法 此法之原则,在于终一教科而后移于他教科。故若严行之,非全毕一教科,不能课他教科。是以每学期,或每学年,新旧教科,迭相交代。此法之缺点,如左:

(1)不能使适应于儿童之发育;

(2)不能保各教科相互之联络而图其统一;

(3)不能转换其心力,故易生倦怠;

(4)每一教科一度学之而已,故新旧观念,难相融合。

(二)并行法 此法与前者全然相反,而以数多之教科,同时课之,使相并进者也,例如每学年均有修身、国文、算术、体操、唱歌等诸课而使同时并进者是也。其原理之所本,以为心意之诸力,素相并而发育,故供给活动之材料,亦宜相均。此法之优点,如左:

(1)可因儿童之各时期,而均付以适其发育之材料;

(2)可保各教科相互之联络,且利用观念联合之法则;

(3)可适用注意力之转换,而防疲劳。

然拘此方法,则往往有一时负荷过重,而招心意过劳之弊者。故不可于其最初,而使悉为并行。

（第二）由于一教科各部之排列关系而言之，则为直进法循环法之二者。

（一）直进法　不论单行法与并行法，皆自入学之年至于卒业之年，直进焉而授以同一之教材，绝不反复之者也。例如地理科，自本邦地理至于万国地理；历史科，自国初至于现今，各仅一回以直线的授之者。是也，此法以步步踏实之而为目的，但如斯，则有缺点，如左：

（1）不能应于儿童之程度，盖对于初学年知识甚低之生徒，则惟宜授事物之概要而已。如欲强之以详细之事，必不能理解。

（2）以无新观念旧观念相融洽之机，不能惹起兴味，因亦无由练心意之力。

（二）循环法　是以由简单而进于复杂为原则，欲以其事项相同、其程度相异者，于每学年或每学期，各一二次循环反复之，以渐入其深奥是也。例如于算术科，各学年均授加减乘除，但第一学年，则止于二十以下之数；第二学年，则为百以内之数；至第三、第四学年，始课百以上之数。又如修身科，各学年或隔一学年，均授孝弟忠信、容忍、俭约等同一之德目而反复之者，皆是也。此法之优点如次：

（1）可应于儿童各时期发育之程度，而供给其教材。

（2）以事项同而程度异者反复之，故新旧二观念，善相融洽，而前所已有之观念，益以坚固。

然若拘泥此法，而循环之数过多，则或有使儿童失其兴味，抱平板之憾，而无由满足其好奇心者。

要之教科之排列，在以并行法为基，而济之以循环法，但不可自最初学期而悉并行之。当循环儿童发育之程度而渐增其数，即循环法亦非可概用。教科之性质，或有宜用直进法者。

第三章　教案论　其二(教材之统一)

教育的教授，固宜图思想之多方。而又不可不图意识之一致。如欲使生一致之意识，又不可不使数多之教材，保其有机的统一而能为一体，而后授之儿童。若以多种之教材，而各别授之，则未必无甲乙二观念相矛盾之虞，此其所以当统一也。统一之法，大与教科之排列相关，但宜特别研究者亦不少，试先述学说之关于统一者，如左：

(第一)集中教案。此教案所基之原理，即所谓开化史的阶段也，哥的氏尝曰："世界者常进步发达而不已，则夫少年者，亦不可不经历此世界开化之诸时期。"康德氏(德国人)亦曰："一人之教育，不可不涉历人类诸种之时代而取则于其开化。"此皆以吾人之发达阶级，常与社会开化之发达阶级相类似者，谓之开化史的阶级。季来氏(德人)本此原理，排列心情的教科表，对照人类及儿童之发达阶段，而配当教材于其下，即集中教案之基础也。录之于左：

人类之发达阶段		儿童之发达阶段		当课于儿童之心情的教科
第一段	人类之儿童期 是为想像盛行之时代	自由想像之时期 恣于想像以周围之事物悉为其生活之时期	第一学年	童话

第二段	奋起时代 渐脱于原始状态与各种外界之压力战而克之稍认识社会之价值之时代	知识之成长期 排斥自然界压力之近接者而又渐认识社会之价值之时代	第二学年	鲁宾孙漂流记
第三段	家长的国家时代 服从由家族的关系所成之社会之时代	认识亲子的关系之时期 服从简单社会(即家族)于无意识的之时期	第三学年	家长时代(宗教史) 突林克记(普通历史)(德国著名之传记)
第四段	民族之勇士时代 各人皆认识自己之势力不欲服从社会而欲得自由得势威所谓国民之青年时代	认识个人的势力之时期 自感其势力而恶服从欲得自由及胜利之时期	第四学年	军士时代(宗教史) 尼倍尔根记(普通历史)(德国著名之传记)
第五段	王政时代 认识道德的秩序而戴君主以固国民之团结之时代	认识地上权力关系之时期 认识道德的秩序之必要而服从于权力之时期	第五学年	犹太王政时代(宗教史) 德之诸王(普通历史)
第六段	基督教旨渐行于民族之时代 不仅服从于地上之权力更欲服从于最高势力之时代	认识上帝威权之时期 地上之权力以外更认识最上势力而欲从之之时期	第六学年	耶稣之传(宗教史) 改革史(普通历史)
第七段	基督教旨盛行于民族之时代 团结基督教的同种族而造大开化国民之时代	虔事上帝之时期 牺牲其身以奉上帝之时期	第七学年	使徒传(宗教史) 自由战争(普通历史)
第八段	有心社会时代 扑灭一切之不道德而内外之生活悉完全所谓地上之天国时代	调和之道德及完全之意志发达之时期	第八学年	宗教问答(宗教史) 德国之兴隆(普通历史)

以此选择排列之心情的教材为中心,而教授之际,更配他种教科于其下,例如取鲁宾孙记中散见之事项,而因以教授乡土之山水及其地势、森林、花鸟、货币、谷物者,是为地理、博物之科。又使画鲁宾孙所用之帷幕、小舟、锹锄等,是为图画科。又以传记之大略为读本而使读之,则为国语科。使计算鲁宾孙所经过之路程,其年龄,其所携之货币,则为算术科。此季来氏唱之于先,而赖因氏今所盛道之统一法也,此法一名心理的统一法。

此法秩序整然,一见可解,颇能适应于儿童之教育时期,但驳击此说者亦不鲜,今举其主要者。

(一)人类之发达,与个人之发达,虽有所类似,然不得谓之全同,且小学八年之修业期,与人类全般发达之阶段相配合,实不当于理之甚者。

(二)此法非内部必然之统一,而为外部偶然之统一,其形似统一,而其实则不然。

(三)依此法则不仅难保各教科闲之联络,即各一科亦难保其联络,何则?偶遇博物之事而即授之,偶及地理上之事而即授之,是又破坏各教科固有之顺序也。

(四)此法则以直线的进行为目的,故新旧两观念相融合之机甚少,因而惹起兴味之事亦颇难。

要之此案偏于人为,未免为自然发达之障碍。

(第二)字汇的教案。此案为林笃仰尔氏所立。即先以实际教授,而用少数科目,包涵诸学科于其中,从其以达之渐而细分之。例如最初则以童话及乡土志包涵之,次则分之于历史、理科,置地理于其闲而连结之,更进而细分之,诸教科遂各皆独立。

此教案若颇适于教育的陶冶者，兹揭林笃仰尔氏所举教案编制之要件，而评其当否。

（第一）教材以有陶冶人间之力者，为限，使得惹起高等且多方之兴味，是为选择教材而设，不能准之以研究其统一法之是非。

（第二）各学年级之教材，宜各适于其学级发育之度。

是亦选择教材之事，与第一条同。

（第三）教育宜从儿童发育之状态，自易入难，自近及远，自具体的进于抽象的，（无论其为空间上，或为心意上。）是专属排列教材之事者也。

（第四）各学年所当教授之材料，宜以适于其学年之类化力者，每一教科，各具其全体的组织而授之，如泥于部分的关系，而以教科中之某某章，分配于某学年，则断乎不可。且必以卑近者课之于低学年，以高尚者，课之于高学年，进于集中的环状。

是即圆周教案之原则也。字汇的教案，亦可以得其所长，然似有未甚完全者，且若泥于其主义，则亦恐转生弊害，当于圆周的教案中详论之。

（第五）凡一教科所授之观念，必使互相联络而成一思想团体。造此思想团体，宜分离各教科以授之，然必有一各教科互相连结之点，以谋其统一。

字汇的教案，真能适合于此义者。

（第六）学校修业年中所不能完结之教科，不可编入于教案中。

（第七）如更加一教科，则必与以相当之时间，使与他教科相并而独立。

（第八）教材不在多而在精。

由是观之，字汇的教案，亦未得谓之完全，盖其各教科，可谓善相联络，而不得谓其善相统一，盖既言统一，则必有所以统一之者，而此案中不复见有统一全体之主要教科也。

（第三）圆周的教案。此方法依并行的排列之主义，而自初学年即悉具各教科。又基于循环的排列之主义，而反复同一之教科，其初各科皆极简单而易完结，且互相联络为一体，如一圆周形然。学年渐进，而学科亦渐复杂高尚，且次第扩大其圆形，所以有此名也。

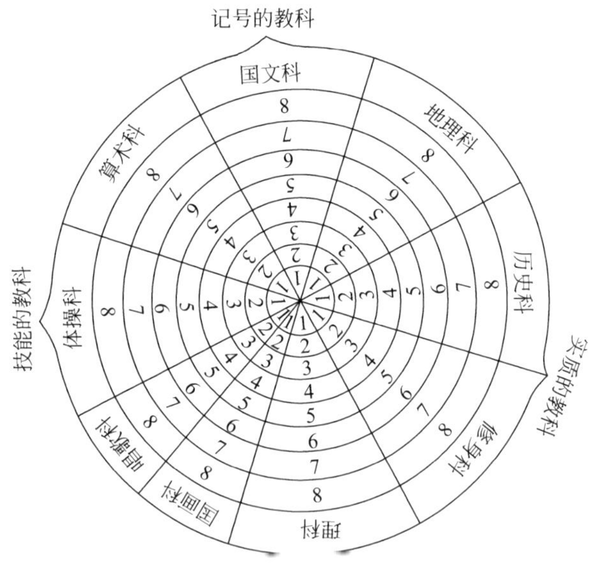

图中1、2、3、4、5、6、7、8等字指学年也。

赞成此案者，论此案之优点如左。

（一）可适合于儿童心意发育之程度，如前所谓开化史的阶段之精神，亦得应用之。

（二）依此教案，则各教科循环而不已。故新旧观念，俱能类化，因而唤起兴味者尤深。

（三）凡人遇挫折，则意志衰而气力亦弱。遇成功，则气力次第增加，而有为之心奋起。用此圆周教案，则其所教授之大概，为儿童前所已学者，故常不以答问为难。得因奋起儿童之自动力。而陶冶有为之气象。

（四）此教案本为循环的，故于下级所学者，于上级可以练习应用之。得因以练儿童之能力，以固其知识而活用之。

（五）此教案无论单级学校与多级学校，皆无不适，而单级学校为尤便。

（六）此教案每学年各教科皆完结，故纵令儿童有疾病，或有事而半途退学，皆可与以完结之知识。

（七）此教案各教科并行，故可得紧密相互之联络，又皆排列于循环的，故得使一教科中之各部相联络。

虽然，有所长矣，而对之非难者亦不少，举其主要者于左。

（一）此案每学年反复同一之事项，使儿童厌倦而灭其兴味。

（二）凡观念者，由种类相联络，以为一思想团体，而藏于精神中。但此案每学年以同一事项之异其程度者为反复，故不免破坏其思想团体。

（三）以多数之教材，自最初即并行而课之，使儿童心意过劳,转不能练能力而生明确之观念。

(四)此案以自简单而进复杂为主义,但所谓简单者,不过概要之谓,彼儿童之理解,必极困难,且动辄陷于干燥无味之弊。

(五)此案虽各教科相联络,然各教科皆有平等之权力,故未能为统一者。

以上诸种驳论,未必悉中肯綮,然如(一)(三)(五)则颇适切,如(五)者,尤为此教案之一大缺点也。

第四章　教案论　其三(教材统一之要件)

以上已述种种教案之主义,大抵互有得失,不可以径用之。以排列法言之,当取并行法,然自初学年而各学科悉为并行,则过于繁碎,而动辄害幼者之心意。又如直进法者,不能与以观念类化之机,故不足以起兴味、练心力。然又有因教科之性质,而不可不用直进法者,例如体操唱歌是也。又循环法者,用以固知识、练应用力,而惹起兴味。固为最便,然亦有以教科之性质,而不能依此法者,惟如算术、修身,则以此法为最宜也。

次就统一法而言之,则惟集中法,实能联结各科。然人工的外部之联结,无益于意识之一致,且几为不可实施之法。但此法之原理,即开化史的阶段,亦有可采用者。字汇的教案,以教科之类似者为小群,又集小群而成全体,甚为相宜。且其初分科极少,渐进而次第分科,使各保其独立而不至于相害,亦良案也。然惜无主要教科以统括之,(即在中心之统一者。)是一大缺点也。

依圆周的教案，则诸教科既能并行，又可循环，故得因以起兴味，因依以保各科之联络，又得酌量儿童发育之程度。但过泥此法，则又恐并行循环，皆失其宜。且各科皆有平等之权利，是无统一者之统一法而已，故亦未得为完全也。

要之教案者，不可不准据于左记各条。

（第一）教案宜基于开化史的阶段之理，而适于儿童发达之度。

（第二）教材求精而不求多，在使儿童得明确强固之意识及能力。

（第三）各教科宜以并行的排列之，又使互相联络，而发育之初期，务减教科之数。而使以一科包含数科，及其渐进而后次第分科。

（第四）教科宜使适度循环，自简单而复杂，自近而远，自具体而抽象，次第扩充，积累而进。而每一循环，各具其全体的形状。

（第五）各教科之性质相近者，使互相接受补益而成群，各群又相集而为　全体。

（第六）以诸教科中之一科为中心，使为他教科之统一者。而统一者之教科，则以心情的之修身科为最宜。

以上但举教科之要端而已，别欲造统一之思想，养强固之意志，更有左记一要。

（第七）一学级之各教科，宜一教师担任之。以常图各教科之联络，尤使中心教科，立于诸教科之上，而相与结合，但不可以此而妨各教科之独立。

以上所记诸要端，能酌量之以立案。可以使各教科排列统一，各适其宜。因得以陶冶意识一致,有兴味有作为之国民。

凡教案者,教授者之方针也。本不必表示以图说,且表示亦复不易,姑揭略图,以便理解。

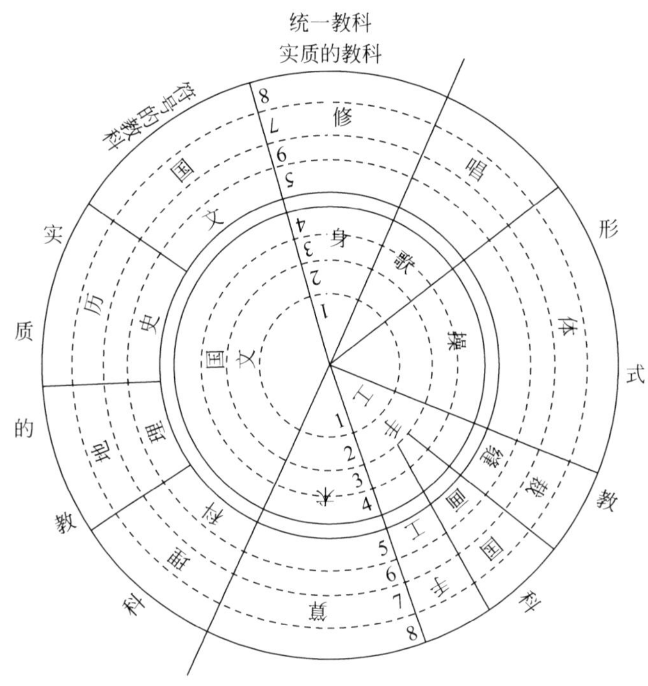

(备考一) 此教案基于极复杂之原理,故不能以极易解之图说表示之,兹不过说其一斑而已。

(备考二) 此图以小学校之修学期,为寻常高等八学年。

(1) 图中之圈,以表学年,其数字以表其为何学年。

(2) 图中用圈线者,所以表教科之循环,点线则表其直进者也。

(3) 大书修身二字者,表其为中心的教科。

(4) 每学年循环者,惟修身与算术而已。但于最下级及高级,则亦不可不少加斟酌。且修身之教材,有具体的及抽象的。而其具体的事例,不须循环、须循环者惟其抽象的道德概念而已。算术至高等科,亦宜取直进的进路。而地理、历史,则于高等科以反复补习为宜。

(5) 辐射之线,示教科之分立者。其或不发于中心而发于中途,则示以前为包含的,而以后始分科者也。

(6) 国语(国文)者,因其内容(即记述之事项)而言之,则未必无循环者。但由其科之本质而言,则是以教授符号为本旨,是无待乎循环,故图中以直进线表记之。

第四编　教授之原理

第一章　教授之基点

凡为一事，必先有基础之点，然后自此点而发程。教授亦然，是谓教授之基点。基点不一，而第一之直观，实教授之第一基点也。斯笃依氏（德国人）曰："为教授之基点者，非直观教授而自然之直观是也。"何则？教授之第一事，在于整理儿童自然具有之经验。若新授知识，则谓为第二事焉。

然教授之基点，又不仅此。儿童者，其最初虽仅由自然之直观而得知识，成思想。然渐进则又由交际与教授，而次第增加其知识。故教授之基点，第一为儿童自然之直观。第二即儿童得于交际界之知识。其始被教授也，则又以其所教授之知识，为第三之基点。而此后之教授，亦必基于此。要之知识教授之基点，不外左记之三类。

教授之基点
- 第一　自然之直观
- 第二　儿童得于交际界之知识
- 第三　由于教授而授与之知识

此等教授之基点，当教授之际，必不可不先分解之。（第一、第二、第三）整理之。（第一、第二）是为教授阶段之豫备作用，其详见后编。

第二章　直观

教授者，传达知识而组织思想界者也，故不可不基于心理学上之原理。心理学上知识之根原，在于直观，是故教授先不可不为直观的。直观者，即物体之知识之由感官而得者，即关于外界物体之感觉、知觉是也。而所谓直观者，不仅关于视官。凡来自感官一切直接之知识，皆赅之。惟感官中以视官之用为最广耳。

不论何物，其属性皆有种种。吾人之所谓知物，即知其属性而已。今知某物之二属性，则对于其物之知识，比之惟知其一属性者，更为精确。知物之属性愈多，则其知识愈精确。例如有一果实，或仅知其色，或知其色与其香，或更知其味、其轻重、其硬软等，其孰优孰劣，可不问而知后者之优于前者焉。但吾人之感官，对于物之属性，惟有分业的能力，而非为万能者。例如眼以光泽色彩为主；口以味为主；粗滑，触觉掌之；轻重，筋觉主之等是也。故对于物体而欲得精确之知识，则当依于直观。欲得确实之直观，则当用诸种之感官，以知觉诸种之属性。如此，则可以得具体的知识，而作高尚抽象的知识之基础。又如一属性再生，则他属性亦随之而再生，故易于助记忆而又可以助其能力之自由。

直观者，可因其得之之方法，而分为二。（一）自然之直观，儿童于其游戏及散步之际所自得者。（二）直观教授，教师据实物，而特使儿童直观者。前者为偶然的，粗杂而无秩序。后者有人为的作用，则可以精致而有秩序。然亦不可偏重后者而轻视前者，何则？直观教授固可重，而此教授，又不可不基于自然之直观也。

第三章　观念之类化

观念之在心界，不能独立也，必求其伴侣，而与之相结合调和以为群，如人不能孤立于世界也。故今者接新事物，而心界生一新观念。此新观念，必欲于心界已有之旧观念中。求其类于己者而与之相结合，旧观念亦自欲迎此类似于己之新观念而与之相结合。此作用也，谓之观念类化。

是故欲新授事物之观念，则一面宜求儿童旧观念中，有关于今兹将授之新观念者，而唤起之，以明所谓教授之基点。又一面宜以新观念，适宜而分节提示之，使彼此易于类化融合。如其提示新事物之观念，不能求类似乎己者于心界中，则惟一时彷徨其中，不能为其所了解，而俄焉消失。即不全消失，而心界各观念之生存竞争甚激，无异于生物界。其后新观念之能与他观念融合者，必渐得势力而胜，其孤立者常败而次第失其势，几与灭亡者无择也。

前编所论之永久的兴味，亦待此类化作用而唤起，故有类化作用。则儿童能发自动之力，其精神亦为愉快之情所刺戟，而兴奋其意志。所谓陶冶活泼有为之人物者，于此而奏其功焉。

第四章　技能之成熟

以上数章所述，皆所以成立知识者。本章则论成熟技能之道。

技能，关于身体者也。但不可独偏泥于身体之一方面，而当合身心两方面以观察之。

盖技能者，由心身密接作用而生微妙之现象者也，得之于心而应之于身。不过于默隐之中。自觉其所得而已，决不可以言传。然教授者又不可以心界一方面之未易传而蔑视之。惟今者关于技能之心意，研究尚未进步，学说亦复不多，仅举其要端二三如左。

（一）技能由于周密之用意而熟达。

用意者，心得之母也，不用意则不能有心得。无心得则虽日反覆之，无论何等技能，终不能熟达也。

（二）技术之理论，了解愈多，则愈熟达。

谚曰：心为主人，而身其奴仆。斯言亦可适用之于技能者，于心既有所理解，而命之于身体，则身体亦必喜而行之。但技能者，以是为最微妙之作用，不如他作用之可以一见了然耳。

（三）技能由于暗示而熟达者。

暗示者，示以高妙之范例，而使被教育者之精神遇强大之刺戟者也。例如于图画、习字，示以秀丽之临帖。或于唱歌、体操，示以巧妙之演技，而刺戟儿童之感情者皆是。吾人由感官所得者，大率以其反动力，发现于身体而为动作。如有所好慕，而感愉快之时，则其事尤为显著也。

虽然，技能者，但恃心得，未能遽望其成熟也。例如书画之鉴定家，能别书画之高下及真伪，而未必善书画也。盖技能不但在会心，而又必练习筋肉，使能曲合于其心之作用。更反覆一事，而又变更其细胞组织，以作成一定之习惯。俾不待心意之命令，而能为一定之动作也，今举关于身体之要端一二于左。

（一）筋肉服从意志之度，与技能熟达之度为比例。

技能者,使心意与身体相密接而共动者也。宜先使筋肉从其意之所欲而动,而后渐使为精密,及迅速。

(二)技能之成熟,由于身体之一部生一定之习惯而成。

技能,本一习惯耳。例如善书画者,在手腕之习惯。而善奏乐者,在手指之习惯。其笔意及乐音,每人各成一定之体者是也。惟其习惯由以同一机会,反覆同一之活动而成,故欲使技能熟达,必反覆同一之事于同一之机会。

但习惯者,动辄固著于一境而不复进。故技能之进步,不可独依习惯之力。于一面养成习惯,同时于他一面,又必孳茁其理想。此理想常刺戟其意志,且左右其筋肉。缘所谓得寸则寸、得尺则尺之法而渐为进步也。要之意志者,能作习惯,又能破之,乃能使之循序渐进而习熟也。此技能教授之所以必通身心两方面而考究之也。

第五编　教授之方法

第一章　分解教授

分解作用者，分解具体的事物而明其各部者是也。而其当分解之对象，或为客观的事物，或为主观的观念。

（一）主观的观念之分解　以儿童由于自然之经验及教授所已有之具体的观念，分之于各部者是也。例如一儿童，有关于猫之观念。乃问之以猫之头如何，其腹如何，其足与尾复如何等，使反省猫之各部而明之。凡教授之第一务，在分解儿童既有之观念，明其正，订其误。如前所述，唤起儿童既有之观念，又为分解之，则此唤起之观念。迎新授之观念而为类化，甚易易也，故当教授之初，宜常施此作用，是所谓教授之豫备阶段。惟宜选其与所授观念，有亲密之关系者而分解之也。第此法本为助类化而然，则不但行于教授之豫备，于练习及复习之际，欲使明晰既有之观念，亦得施之。

（二）客观的事物之分解　是适用于实物教授者，以完全之一体而分解为各部，使专注意于各部，而得精密之观察及明确之观念者也。盖示以实物，而为直观教授者，大概先明示其全，体而作一般之观念。然其观念，犹漠然而未明了。例如以一美花示儿童，儿童仅生美花之观念，不能得各部明了之知识。故宜分解之而为瓣、蕊、子房、萼等,使得其各部明确之观念也。又其分解之时。宜一一就其当察之诸点及构造,而适宜说明之。不使但知事物之外部,而并知内部之关系,故此法亦曰说明法。

如是则一面使能明了,一面又使易于类化也。但其说明分解,又当详略得宜。如过于精密,则失其全体之观念,因而不明了。又若过于粗略,则动辄干燥无味,而使儿童怠于学习也。

第二章　总合教授

既分解儿童旧有之观念而以为类化新观念之准备,则宜提示新事物,使与旧观念相结合。而其提出之也,或先提示全体而后及其各部,或先提出各部而渐及全体。前者是客观的事物之分解,而后者则其总合也。前者精究一事物以深知识之法,而后者则扩充知识之法也。例如地理科之教授,先自乡土志始,渐扩张及于全国,及于世界。又于历史教授,自太古及于中古,自中古及于近世,遂使得历史的全体之观念。其他国语教授,由一句而一章,由一章而一课,又先授文字而使之缀句,更集句而成章,是皆总合法也。

总合法有宜注意之一事,即使旧观念与新观念能相结合者是也。此结合未全,则观念不能相类化,亦徒孤立而已。且总合法中,如地理,是为空间的扩张。如历史,是为时间的扩张。此等皆扩张之而成一全体者,但各部不相结合,则犹非为真实之总合也。总合教授之本旨,在于合各部而成全体,然而融合新旧观念以为一体之法。又在于分解旧观念,而使相类化。故分解法、总合法,二者相待而全类化之効也。

第三章　归纳教授

归纳教授者，使自各各事物以至于普通之概念，又使自种种事情以至于普通之事理者，是也。例如示以赤犬、白犬、斑犬等诸种之犬，使观察比较之，不论其毛色、大小等之差异，但举各犬一定通有之特质而谓之犬者，是也。盖吾人方经验诸种事物，自有弃其偶有之属性而抽特有之属性以构成概念之作用。但自然之经验，本无秩序，有不便于抽象特性而构成概念者，且往往误以其非特质者而亦混入之，所谓不正之心理的概念是也。故教授时，宜以正当之秩序，提出事物，使儿童观察比较其内部以作正当之观念。然而概念者，是抽象概括所得之高尚观念，而适合于此之实物，决不存在实际界，但可以言语表出之而已。而儿童未知适当之言语，故宜于教授时使构成概念，而同时又授正当适切之言语以表出之。不仅概念为然也，使了解法则原理，亦宜如此。否则虽或知数多之事物，而其知识不尽明了，且不自由，不能适用于他事物也。伯泰罗的曰："教授之目的，在于使自黑暗之直观，而达于明了之概念。"信矣。

归纳教授，启发知识之法也。盖欲以儿童有限之能力，于有限之岁月，而悉研究无限之事物，必不可能。不若为之开识见、练能力、唤起兴味、以自养广智高识之力。且幼者于普通之理法及概念未能理会，故必使其先自各各事物及一一之实例，渐达于普通之概念、及法则，是可以知此法之适用于初等教育也。

虽然，谓无论如何情形，何种教科，悉可以此法教授者，非也。

以教科性质而言,则如修身、理科、及算术者,宜以此法授之。而专用此法,亦未完全,当更以演绎教授济之。

第四章 演绎教授

演绎教授者,全与归纳法相反,先提示概念或原则,次举相当之实例或实物以证之者也。例如教授文法,先示规则,而后证之于实例。修身科,先授格言,而后证之以事例者,皆是也。此与心意自然之法不合,故颇不宜于初等教育。然于教授之某阶段,亦有不可不用此法者,所谓应用阶段是也。且教授本不可无变化,故于教授之全体,亦未必不用。例如修身科固宜用归纳教授,但时亦用先格言而后事例之演绎法。至于习字、图画,则皆先授方法而后演习之于实地,是亦习用演绎法者也。吾人如欲收得知识,构成思想,而且强固之,则宜先分解而后总合。先归纳而后演绎,凡以归纳法收得各各之事物而思索之以得概念、及原则者,是取知识于外以蓄之于内而已。但知识不可以徒蓄,又必善练熟之,变知识为能力,而以应用于外部。而应用之法,必因演绎教授而得之。故归纳与演绎,常相待而相助者也。

依归纳法所得之概念,有内包、外延二界。内包者,概念所有属性之总数。外延者,适用其概念之事物也。例如有一"鸟"之概念,则其所有之属性,为温血动物之卵生者,其皮肤有羽毛,其前肢为翼,其食物则不咀嚼而咽下之,皆是。此等属性之总数,即鸟之概念之内包。而适用此概念之鸟雀鹰雁等,即其外延也。依归纳法所得之概念,以演绎法应用之,则其内包益明确强固。而其外延次第扩张，以充实知识之内容，且由其应用之自由；而知活用之广大。则愈觉兴味，而自知修练意志之不容已矣。故归纳演绎二法，宜相依相辅，以有机的结合而作用之也。

第五章　精神呼吸法

前章所述，为传送知识使构成思想之方法，而以客观的论之也。今自被教育者心意之方面，而以主观的论之，则如何？海尔巴脱氏分之为专心、致思之二作用。专心者，排除一切无用之观念，以专注心意于新事物之状态。致思者，考察其所得之知识，又比较钩提，以构成系统的概念或法则也。盖吾人方收得知识，扩张思想，而一专心一致思交相作用者，恰如肺脏一吸一呼而营酸化作用者然，故谓之精神呼吸法。

海氏更分此二作用为静止的、进步的。静止的专心者，心意惟倾注于某一事物之状态。而进步的专心者，不仅留于某一事物，更次第注心意于他事物，以连结数多之观念者也。静止的致思者，谓即专心所得之观念，而考察之以为概念或原则。进步的致思者，谓以其概念原则等应用之于各各之事物，而检其正否者也。然则教授法者，以客观的言之，则为分解、总合、归纳、演绎四者。以主观的言之，则专心、致思二类而已，今图说之如左。

<table>
<tr><td rowspan="4">教授上之心意作用</td><td rowspan="2">专心</td><td>静止的＝分解法</td><td rowspan="4">教授之方法</td></tr>
<tr><td>进步的＝总合法</td></tr>
<tr><td rowspan="2">致思</td><td>静止的＝归纳法</td></tr>
<tr><td>进步的＝演绎法</td></tr>
</table>

第六章　教授之阶段

第一节　总说

分解、总合、归纳、演绎四法，皆各有所长，宜随时而适用之。但教授者，又不可不本适当之秩序，而经适当之阶段，是谓教授之阶段。（以下或略之曰教段）

教段之分法，学者各不相同。然以心意活动之自然秩序而言，则以海尔巴脱派所唱之五阶段为最当。五阶段者，第一段豫备，第二段提示，第三段比较，第四段总括，第五段应用，是谓五段教授法，又谓之教授之形式的阶段。而始为第一段豫备之前，宜提示目的，使儿童先知今将从事者为何，是本为豫备阶段之所赅。但以其事甚要，故特设一节详论之，非别为一教段也。

第二节　提示目的

提示目的，方始开课业而使知今将为何事者是也，其效力略说如左。

（一）提示目的，则可以排除儿童意识界之杂念，使新来之观念，代之而占其地。凡儿童动辄为目前之事物夺其耳目，故不可不于课业之前，使知其将学何事，以排除无用之观念。

（二）提示目的，则儿童之心意，倾注于今将收得之新事物。故可使关于此事物之旧观念，突现而迎之。

（三）提示目的，则使儿童起奋励心，而刺戟其意志。故能排除对于课业之困难，而发起自动之气力，是最有锻炼意志之效者也。

要之欲使儿童尽全力于其学业，则不可不使彼等预知其将为何事。盖人之行事，必确知其将达之目的，而始得注全力于其事也。若不知其目的如何，漫然用问答而课学业，于未熟练之教师，往往见之。如此，不但不能使儿童起自动心而为正当之类化，亦未免使彼等有茫然不知所归之弊。

虽然，提示目的，其方法若不得宜，则不惟不能收如上之效果，而或反以生教授之障害。故其实行方法，亦不可不深为研究，今揭赖因氏所举之要领于左。

（一）提示目的，宜简单明确，易于理解。如含儿童难解之言语及观念，则不能使其心意向于新事物。而无于以生其自达目的之意力，如是则不如不提示之为愈也。

（二）提示目的，宜有具体的内容，而不宜为形式的。例如谓“今日将续昨日之讲”云云，此等形式的提示，毫无价值者也。

（三）提示目的，不可过详密，又不可过简略。过密则提示新事物之时，失其兴味，过简，则无复与以何等之兴味。

（四）提示目的，宜使与儿童既知之观念相连结而行之，以使儿童兴起豫望，唤发兴味。例如“谓就吾人日日所见于田野之稻花而研究之。”是也。

（五）提示目的，宜由教师以前此所授之知识为基础而发问，使生从一思而得之。凡赖目的之指示于他人者，必不若自己发见之，尤足以起奋励心也。

（六）提示目的，不可为结语体。例如谓“今日说明吾人所住之世界为圆形”。不如谓“今日说明吾人所住之世界为如何之形状”之为胜是也。

（七）提示目的，或行于豫备之后为便。例如欲授电气事，而儿童未知其为何物，则先设二三豫备之问答。而谓“诸子尝见电光乎”。想尝闻雷鸣，又想已知电线通信之事，而后谓：“是皆所谓电气之作用也。今日欲详细研究此电气之作用。”是也。

（八）以复习为豫备之时，则提示目的，行之于豫备之后为便。

要之提示目的，宜不用冗漫之言语，而用简单明确且锐敏之语调，不可流于形式的，抽象的，而务用具体的。

第三节 豫备(第一段)

观念之类化，在于新旧二观念之融合，前既述之。教授之豫备阶段，即容易其类化作用之准备也。故豫备者，(一)于儿童既有之观念中唤起其关于新授事物之观念；(二)则分析之使明了；(三)则又整理之，而正其误，整其秩序，以使迎新观念者也。故此一阶段，大抵用分解教授者也。

豫备阶段，分解儿童既有之观念，是实教授之基点也。教师宜以其身姑置于儿童之地位，而考其当分解何物。然其当分解之观念，或在儿童之交际界，(如修身。)或在自然之直观，(如理科等。)又或在于前已教授之事项。此最后者，即以复习为豫备。但不可仅使诵读，必以问答明晰其观念，尤挑发其与新观念相关系者，而活泼其类化之作用也。

(备考一) 教授之全部,能奏良效与否,由于豫备之适宜与否。如豫备不适宜,则类化不得正。类化不得正,则不能构成思想。思想不能构成,则教授之目的不能达也。

(备考二) 豫备用问答教式为宜。其用之也,当顺一定之秩序以发问,使必要之观念,整然循序而再现。其最后问题,必以最适切于移近第二阶段之提示者。如教师不具定案,漫然随意为问答,则转使儿童惑乱其思想,而不能收受新观念也。然欲为整然一贯之发问,则须用意于第一问。盖豫备之第一问不得当,而使教授之全部,终于支离灭裂者,颇多也。

第四节　提示(第二段)

已唤起旧观念,而使之明了,且整理之而使之正确,则宜提示新事物以增殖其知识,而扩张其思想。此一作用,即提示阶段,可以称教授之本部者也。提示方法,因教科之性质与儿童发育之度而各不相同,大抵用总合法,而得区别之为三者。

(一) 提示不可浑括教材而授之,宜授之以渐,自一部,而次第及他部。

(二) 提示宜从精神呼吸之法则,分教材为数小节。每一小节,各以专心与致思使明了之,渐移于他小节,终则统合之以为一全体。

(三) 如于实物教授,则(1)先使认识全体,(2)次举各部而使探究之,(3)最后使复演之,以固其所得者。此三者,均为重要,或以提示为不过授与新观念之作用者误也。即以一观念授与之,亦不可不反复练习之也。

提示时更宜注意者:(1)提示宜为直观的,如不能以实物示之,则或以图画、模型之类示之,或以至巧之语形容之,使儿童如目睹其实物然;(2)提示之语言,宜循适当之秩序,且明了简单而合于儿童之程序;(3)提示者,大概用总合教授。而教师为主动者也,然务宜用发问,以鼓舞儿童之自动心。

第五节　比较(第三段)

前二阶段所营之作用,皆以增加知识之内容者也。知识之须富有,固不须论。但仅积多数各各之知识,而无联络与系统,则其价值不多,且往往因以扰其思想界,而害人格之一致。哇尔曼氏曰:“杂知识之零星堆积者,无用也,宜务得联络之知识。盖完全之人格,实基于意识之统一。苟其精神为不相联络之杂物所驱逐,或不相结合之观念,并起而割据之,则其妨害人格可知矣。”

又抽象的知识,可谓为吾人精神生活之血液。少之,则精神生活,遂萎靡而不复振也。故吾人一面收得各各之观念,一面不可不悉检核其所得之观念,而织综之,以构成概念或原则也。而构成之作用,始于比较新旧观念而辨别其异同,是即比较阶段之任务也,今举此段当行之务则如左。

(一) 使儿童以自能于几多观念中,唤起其类似于新观念者而比较之,但其观念悉限于儿童所既有者。

(二) 使分解此类似之观念,而舍其相异之属性,抽出相同之属性。

如此,则其法亦大抵用分解教授。而为思想构成之豫备,故又谓之思想分解作用。此教段宜用问答教授，而使儿童内察。且其所唤起者，务以与新授之观念相关系者为限。

第六节　总括(第四段)

于前教段既比较各观念，且分析而抽象之但犹未概括其所抽象者而构成概念的知识(谓概念或原则)也。即令既已构成，亦更不可不编入于既有之概念的知识中而为有系统者，故此教段之任务如左。

（一）概括其所已经抽象之公属性，而造抽象的知识，全与具体的观念相异者。

（二）使以适当之言语，表示其抽象的知识，且因复演而强记之。

具体的观念，本有相对之实物，故即忘其代表观念之言语，而其观念未必消失。至概念的知识本属无形，而仅以言语表出之，如忘其言语，则其概念的知识，亦忽焉不留其迹矣。

（三）以新得之概念的知识，编入于既存之概念系列中，而使之有相当之地位，且又可使复演而记忆之。

实施此教段之际，不可用繁杂之说明。又不可为反复无用之问答，唯宜发简单之问题，使总括之，使以简明之言语表出之，而又使复演之。

此教段，为抽象概括之作用，故亦可谓之总合的教授。但通常之总合，在保持事物而增加知识。而兹之所谓总合，则属于思想之事，而缩约收得之知识为简单者也。又前节之比较阶段，与本节之总括阶段，皆为归纳作用。

经以上四节所述之豫备、提示、比较、总括,而始可谓收得知识又织综之于概念的者矣。然未可谓已尽教授之方法,盖又当应用此知识于外,而以为确实强固之知识也。

第七节　应用(第五段)

凡知识者,仅收得之,尚未有何等价值也,应用之以助生活(广义)而始生价值。且知识即已为高尚之概念,而非变之以为能力,又同化之以为识见,则不足以为利益生活之具。然变化之作用,即应用阶段也,此阶段之任务如左。

(一)使以既学习之知识而应用之于他处,以确实明了之。

(二)使以知识技能,应用之于实际而利益生活,以连络学问与事业。

(三)使应用知识,而变为能力,以增其动力,且高其识见。

(四)概念的知识之内容,则强固之,其外延,则扩张之。

然由教科之种类,其方法亦各不相同。例如修身科,或使举适于格言之事例,或使引合于实例之俚谚,又或使儿童立于假定的境遇,而断定(想像的行为)其处置之法。又于算术科,则使以既得之规则及方法,计算实际之问题。于国文科,则使既学习之文字,缀他之文章,或以既读习之文字,读未学之章句等,是不可枚举也。要之此阶段之任务,大概为演绎的,但练习亦不可怠。而此练习不可不使变既授之知识之形状,自诸方面而为种种之断定,且表出之。

第六编　教授之形状

第一章　教授形状之类别

教授形状者，谓于教授之际，教授者及被教授者之动作，显于外面之状态也。教材之选择得其当，教授之方法适其宜，而实施之际，用不适当之样式，则教育之效，有没其半者。故形状之研究，亦不可忽。

教授之形状有二，教式及教样是也。教式者，不拘教授者之为人如何而普通所表显者也。教样者，专依于其为人之如何而特别发生者也。

教式又分为二类，一则教授者独为之主，所谓独动的者。一则教授者及被教授者共为之，所谓共动的者。而各类又分为三，即分独动的者为示教式、示范式、讲演式三者，分共动的者为发问式、课题式、对话式三者。教样亦分为教态教音等项，以下当逐节说之。

第二章　独动的教式

第一节　示教式

示教式者，用实物、图画、或模形等以为教授者也。例如博物、理科等,不可不依此式以与之明了,确实之知识。

此教式,教师独为主而动作者。故或致儿童活动之余地颇少,而其效亦不多。然有由教科之性质,而不得不然者。盖其适用得宜,则甚有效也。有名之伯泰罗的氏,即革新教授法而鼓吹直观教授者,最善用此教式。

然或用此教式,而仅以实物、标本,置于教师之案头,或独自把持之。而仅使儿童远望,绝不使以手触之者,是又误用而无效者也。用此教式,则必以所具之实物、标本等,使儿童详密观察其各部微细之诸点,且并用发问式、讲演式、而或问或说以授之。

第二节　示范式

示范式者,教师先示模范,而使儿童摹仿之者也。例如唱歌、体操、图画、习字之教授是也,又国文科中之读法,亦时用之。

此教式专使儿童摹仿,则教师所示之范例,不可无足为模范之价值。其式虽基于暗示的原则,而亦不可专依暗示。当一面适宜说明之,而使悟解其理,又一面使径行模仿而练习之。如斯,则其所得于心者,可以表出于形体之上,而技术可以练达矣。

第三节　讲演式

讲演式者,教师连续讲演,因儿童有不能以自力理解者,或有不能观察实验者而助长其理解者也。例如修身、历史、及地理等教科,必不可不用之。然此教式本极简单,教师不甚烦劳,故未熟练之教师,动则不论如何之情形,而常用之。然滥用之,则使儿童常在于受动之位置而失其活力,其注意亦遂不免散漫。故不可以妄用，且有宜注意者数事。

（一）讲演宜用谈话式，而不宜为朗读、为演说，其言语最宜明确。

（二）讲演宜徐徐进行，而践适当之秩序，又循适当之段落。其各段落，宜随机复演之，以合于所谓渐明之理。

（三）讲演宜有兴会，但高度之音声与过激之言语，则皆不可。

（四）讲演不可枯寂，必添兴味以唤起儿童之自动心，然不可兴味过多而流于谐谑。何则？纵令儿童喜之，而不能与以明晰之观念，则其所得不坚固也。

第三章　共动的教式

第一节　发问式

发问教式，是儿童被教师之诱导而自动者。诸教式中，其效最多，故各教科用之最广。又不论何教段，皆可以用之。

凡人在受动的地位而受知识之投赠，决不如在发动的地位而亲自思考发明之之尤为快意也。今举发问式之所长如左。

（甲）可使儿童自为思考，而观澈其教材之本意。

（乙）得使儿童练其思想及言语。

（丙）与兴味于儿童，奋其自动力，练其意志，以养成有为之精神。

（丁）可以洞察各儿童之特性。

（戊）使其观察明确，使其记忆强固，且使其知活用之法。

如上所述，其利益颇多。但用之不得宜，或徒费时费力，而转挫折其意志，甚者或有大害，后节更详论之。

第二节　课题式及对语式

课题式者，教师课问题，使儿童自作答案，而教师仅为补成之者也。例如算术、作文等，用此教式最多。图画及地理。使画地图者亦时用之。

此教式虽可以练思想、锻意志而造勉学之良习，然不察其应用之机，与其发育之程度，或滥用之，则有徒苦儿童，徒减杀其游戏时间之弊，是当注意。

对语式，一曰苏格拉底式，盖以苏格拉底始用之也。此教式，教师儿童相对坐而纵谈，故于启发心意，颇为有益。但以自由之问答对语为主，故可用之于个人教授，其用之于众人教授者甚稀。

第三节　发问之方法

于初等教育，教式之最多用且最有效者，发问教式也。然其发问之法，如不得宜，则转有浪费时间之虑，故不可不特研究之。

发问之种类 概分为二，一曰决定发问，二曰补成发问。

决定发问又有二种，其(一)曰形式发问，惟答曰然或否而足者也。例如“十五可以二除之乎”“人是一动物乎”等。前者则答以“否”，后者则答以“然”，斯足矣。此种发问。又曰肯定否定的发问。其(二)曰离接的发问。例如问曰“冰者比于水为轻乎？抑重乎？”“空气者，化合物乎？抑混合物乎？”是也。对于此类之发问，则生徒惟当于问词中择其一语而答之而已，故又谓之选择的发问。

要之决定发问者,不使儿童有思考之余地。于教育上,价值甚少。但欲问以难解之事,或惟欲使劣等生答问之时,则偶用此法,亦未必为无益。

补成发问者,先举其一部而使补成其他者也。例如欲使答曰“昼夜之别由地球之自转而生。”而先问曰“地球如何回转?”“由其如何之回转而生昼夜。”或欲使答曰“鲸者栖于海中之兽也。”而先问曰“鲸者栖于何处?”“鲸是属于何类?”是也。此种之发问,教育上最有效。

(备考)为试儿童所有之知识如何而发问者,谓之试验的发问。为使练习既授之知识而发问者,谓之复习的发问。为启发诱导知识而发问者,谓之启发的发问。如斯,则由其发问之目的而分类者亦有之。

发问之际当注意者:

(一)发问宜向儿童全部行之,而后使一儿童为应答。如问者惟向一儿童、或班中之一部,则其他儿童无应答之责,故亦无思考也。

(二)发问不可不适切,即对于儿童之学力,发问之目的,及教授之时机,宜均为适切者。

(三)发问宜简单明了,不可杂冗语。

(四)发问不可无定限,即不宜多含可答之义,惟有一正当之答案而已。

(五)发问之音调宜锐敏明快,而特用力于其欲问之要点。例如欲问“鲸者属于何类”或“鲸者栖于何处”则如何类何处等语,其音调宜较为强大也。

(六)发问宜应其难易而与之可以应答之时间,促之过急,则不能有思考之余裕。过缓,则损教授之活气。若复习的发问,则虽使以举手之式,表其能答与否可也。

(七)使儿童应答之时,宜呼其姓或名,不可用其坐次或代名词。盖如此,不惟有混杂之嫌,而惹其注意者,亦甚少。

(八)发问之分配,宜得其当。使全部儿童,无所脱漏。其难者课之优等生,其易者课之劣等生。

答辩处理法

(一)答辩宜使以高声而用完备之言语。

(二)答辩宜使用日常谈话所用之语调,决不可使用一种异样之调。

(三)答辩得当,则考察其果否出于理解。如疑为偶中,则或问其理由,或使举其实例,又稍反驳之,而检其以自力为答与否。

(四)答辩之一部不得当,则其所得当者直许可之。对于其未完全者,则更发问,使自他方考之以自正其误。不可以答辩之一部不得当,并排斥其全体,致挫折儿童之意志。

(五)答辩全误、或全不能答,则宜考察其原因。在于儿童乎?抑在于教师乎?如其原因,在于教师之发问、不明了、不适当,即自改正。更为发问,若在儿童之不注意、不勉强等,则宜如次所记。

对于不注意,不勉强者,则直移其问于劣等者而使答之。又教师呈不悦之面貌,使儿童反省悔悟。

对于怯懦者,或迟钝者,则或激励之,或扶助之,而使应答。

（六）凡正当之答辩，宜使他儿童复演之。非不得已，教师不可自为复演。其向正当之答辩者而与以奖励，虽颇有益于下级儿童，而亦不可滥用。

（七）凡事之简单者，惟于其正答者而许可之足矣。其事之复杂重要者，则得正答后，更当使全班儿童可决之，以固其记忆。

第四章　教样

教样者，教授之人，于教授之际，表显于外之状态也。林笃仰尔氏分之为教心、教态、教音三者。

教心者，教师有热心、慈爱、快活、平淡等心情者是也。对于教材而有明确之知识，亦可谓之教心。林笃仰尔氏曰："非有对于教职之热诚，与对于少年之慈爱，以发为恳挚质直之心情者，不得为正当教师之资格。"盖由此教心所生之教态及教育，必先与少年以善良之感化者也。

教态者，教师之心情，表显于举动之上者也。凡儿童常注目于教师之眼光，及其容态。故教师之一举一动，皆于冥冥之间，及影响于儿童也。教师之举动，固不可懒惰，不可冷淡，然又当避轻躁急激之弊。要之教师于教授之际，宜占席于儿童之正面，其视线注于全班而不断，活泼敏捷而不迫，绰绰然有余裕。

教音者，教师之心情，发现于言语者是也。言语宜明瞭而有力，含威严与慈爱，而自存谦逊之风，语语皆出于肺腑。且其声不宜过高,不可过低,务能透彻于儿童之心底。要之音吐明亮,言语正确,不急速,不迟滞,时或交以谑谐而不流于野鄙,为最宜。

教样者,本发于教师之自性,不能如他方法若教式之得于研究也。但其影响于教育者甚大,故亦宜善自涵养,或模仿善良之教样。然使未养善良之心情,而惟学外观之形状,则滋弊甚大,不可不深戒也。

妖怪学讲义录(总论)

〔日〕井上圆了　著

《妖怪学讲义》原序一(初版)

余之发行《妖怪学讲义》也,世人或以为出于好奇之余,弄无用之闲谈。夫好奇而弄闲谈,予虽不肖,亦不屑为也。余所以及此者,实有不得已者在焉。余尝以为吾邦明治之鸿业,一半既成,一半未成,政治上之革新既往,道德上之革新未来。方今天下,法律愈密,而道德日衰。乡曲无赖之徒,有借壮士以虐良民者;有不学无术,横议时事,诡谲阴险,无所不至,居然以政治家自任者;有黄口少年,乳臭未干,仅读数卷之西籍,生吞活剥,俨然以学者自居者;有贪利无厌者。节义之风,廉耻之俗,荡然扫地,是岂可无一大革新耶?而革新之道,舍教育、宗教将何求?是余所以禀生于宗教界,投身于教育海,日夜孜孜,图报国恩于万一也。夫世人之所以亟待教育、宗教者,以其心中之迷云,隐智日之光,不去其迷心,则道德革新之功,实无可期。是又余所以向设哲学馆,以养成教育家、宗教家;今又发行《妖怪学讲义》,以与有志诸君共讲究之也。其种目固本馆所教授之学科,若馆外员诸君,于讲义所载之外,更有疑义难解者,宜向本馆所设之妖怪研究会质问。其说明或载讲义之余白,或直接回答,若尚有不明者,当于先年大学内所开之不思议研究会员,征各专门家之意见而回答云。

井上圆了

《妖怪学讲义》原序二（再版）

余数年来研究四百余种之妖怪，分为八部，既以一年间讲述之，而印行其笔记。发行既罄，乃以旧稿再付印，计购读者之便，就各部门而合缀之。爰揭初版妖怪学绪言之序文如左：

余以独力，乘日业余暇，为妖怪学之研究，于兹十年矣。其间自搜四百余种之书类，由人辱以四百余项之通告，加之漫游全国六十余州，实地见闻者亦颇多，故其材料不为缺乏，然其中事实可取者，仅十分之一，欲由是以得成效甚难；就此等事实，抽象概括而组织一学科，则难中之难也。余不佞，远非所及，惟开其端绪于今日而已。兹不顾拙劣，公《妖怪学讲义》于世，窃冀四方博览达识之士，寄送材料，以助予微志。邮书寄东京市本乡区蓬莱町廿八番地哲学馆。特先题一言以恳请之。

井上圆了

初印《妖怪学讲义总论》序

余自初知学问，涉略理科，常以天下事物，有果者必有因，有象者必有体，无不可以常理推之，无所谓妖怪也。于是将幼年所闻妖怪之谈论，所受妖怪之教育，洗濯净尽。又悯家庭之内，社会之间，常窟穴无数之妖怪，思一切扫除之。惟自知学力未足，他人之所谓妖怪者，吾虽常决言其非妖怪，而不能确言其非妖怪之所以然，又不能证明他人所以误为妖怪之故，惟觉妖雾漫空，使人迷眩而不知方向耳。闻日人井上圆了氏，有《妖怪学讲义》之著，甚见重于其国人，甚有益于其民俗，购而读之，煌煌巨册，其精思名论，令余钦佩崇拜，不可名状。且余读是书时，学问上之智识已略进，稍知心理学及生物学之门径，自觉宇宙间之名理，汇集胸次，使予心汪洋于其间，而发见一不可思议之真怪，觉哲学上之所谓元，心理学之所为实体，宗教家之所谓天地神佛、真如法性，清谈家、性理家之所称为无名、为无极，无一非此真怪之记号。即物理学之所谓质力，生理学之所谓生命，心理学之所谓心灵，亦无非真怪之一方面之一支脉。而一切所谓物理、生理、心理等之理云者，乃皆此真怪之产物。怪乎！怪乎！余之心中，前则有理而无怪，今则有怪而无理矣。每读井上氏之书，及生物进化精神物理诸论，常使余心幽焉渺焉，与此真怪相接触，日夕萦念，觉心境之圆妙活泼，触处自然，不复作人世役役之想。余常思显此真怪于我国文字之间，苦无心得，乃取井上氏之书译之。全书共八大卷,非一人所易为力,曾于前数年,由蔡先生孑民,译其十之六七。今先将总论付印,即蔡先生所手译者,印将成,识数语以表其钦慕之意。

乙巳年五月

亚泉学馆识

《妖怪学讲义》绪言

妖怪学者，论究妖怪之原理，而说明其现象者也。妖怪者何耶？其义未定，或曰幽灵，或曰神凭，或曰鬼魅，或曰狐惑。或若阴火，若神光，若奇草，若异木，是皆妖怪之现象，而非其解释也。其解释，或则云不思议，或云异常及变态，是犹言妖怪即妖怪也尔。若以之为定义，则何者不思议耶？何者异常耶？不可不解释。否则何者可思议耶？何者常态耶？亦不可不考定。然而通俗所指之妖怪，则普通之知识不可知，寻常之道理不可究云尔。然所谓普通知识、寻常道理者何耶？知识、道理，有高下之别，以何者为标准而定此分界耶？是仍不外于不可知、不可解云尔。盖人智所关，必有不可知之境界围之。是故以妖怪为全不可知，是研究者愚也，然以妖怪为无不可知，则所谓可知者，更生种种之疑窦。要之，研究妖怪之为何，而为之说明，是即妖怪学之目的而已。

世人多以己所不知者为妖怪，故甲所妖怪者，乙或不妖怪之；乙所妖怪者，丙或不妖怪之。愚民随见而其理皆不可知，故事事物物皆妖怪；学者独知愚民之所不知，故不妖怪其所妖怪；然使学者而云全无妖怪，则学者之妄见也。愚民之有妖怪者，如乘船而行，不知自动，乃认岸奔，故学者大笑之。而学者之无妖怪，恰如住息地球，见太阳之上下，不知地球之自转，而认日动也，以哲眼观之，不亦笑其愚耶？盖学者之所不妖怪者，亦一种之妖怪也。仰望天文,日月星辰,秩然而罗列者,妖怪也;俯察地理,山川草木,郁然而森立者,皆妖怪也;风之萧萧而吟于叶上,水之混混而走于石间,及夫人之相遇而喜,相离而悲,何一非妖怪耶?一杯之水,由一滴之露成。一滴之露,由数个之微点成。微点者,由原点成,然问其所为原点者何由成耶?则莫能答之,是即一小怪物也。人身之大,比之于国土,不及沧海之一粟,国土之大,比之地球全体,不及九牛之一毛,地球之大,较之太阳系,其微小非譬喻之所及,太阳系之大,较之无涯之空间,其微小亦非比例之可限,至空间之如何,实人智所不及,是亦一大怪物也。然则小大妖怪,筑于两岸,而人不能出其外,是实真正之妖怪也,而桥梁于其间者,即人之知识,学者立于桥上,见愚民之蟠于顽石之间,而不知迷其路,遂断言世无妖怪,抑何所见之小也。

凡妖怪种类,细别之虽不知凡几,而概括之,则得别为物怪、心怪之二大门,而参以二者互相关系之一种。如鬼火不知火,物怪也;奇梦灵梦,心怪也;催眠术、魔法、幻术,则物心相关之妖怪也。妖怪种类,世人多以触于耳目感觉者为限,而感觉以外,如卜筮人相九星方位,凡关于观理开运诸术,及鬼神灵魂、天堂地狱,凡关于死后冥界诸说,亦皆妖怪之一种也。人所最恐者莫如死,若开生死之迷门,而照死后之冥路,其福利于人莫大也。妖怪学者,实开此门之管钥,而照此路之灯台也。且人谁不祈一身之幸福、一家之安全耶,而时时不免祸难,欲预防之,则又不能前知,于是百方尽力,发见预定吉凶之风雨针,而卜筮人相诸术遂行于世,若夫知风雨针之不足恃,而代之以避雷柱,虽际会祸难而无害,利莫大也。是又妖怪学应用之结果也。

妖怪学者,经纬哲学之道理,而向四方上下,开达其应用之道路者也。若点哲学之火于各自之心灯,则从来千种万类之妖怪,一时雾消云散。而更见一大妖怪之濯然,发扬其幽光,是则真正之妖怪也。一遇此妖怪之光,而心灯之明为之夺,如旭日一升,而众星失其光,乃假名此大怪为理怪。

理怪者何谓耶?谓由无始之始,至无终之终,迄无限之限、无涯之涯之间,飘然而浮,块然而悬,自生自存,独立独行,灵灵活活之真体也,莫知其名,而知有其体,知有其体,而不知所以名之,其体也,如可知而不可知,如不可知而可知,是实大怪物也。称之曰神妙、灵妙、微妙、高妙、元妙,不过形容其体所发散之光气之一部分。或有字之者,老子曰无名,孔子曰天,于《易》曰太极,释迦曰真如,曰法性,曰佛,耶稣曰天帝,神道教曰神,皆不过假名其体之一面。今称之曰理想,亦一部分之形容。谁能以有限性之衣,显无限性之体耶,得不名之为大怪物耶!毋亦勉阶梯于有限性之名称,而想象其里面所包有之无限性云尔。

吾人仰观俯察,自然起一种高远元妙之感想,是即感接于理想大怪物之光景时也。由是精究于其心,而渐开显其真相,遂仰心天渺茫处,惟理想一轮之明月,而见一大世界,尽森立于灵然神光之中,此时始知此世界之为理想世界也。既知理想世界,而再观万有,啭啭之鸟声,灿灿之花影,皆领得理想之实相,是所谓哲学的悟道也。于是知理想有本体与现象之别,物心万有者,现象也。现象之于本体,如影与形,须臾不离,谓二者一体可也。故推究万有而体达其神髓者,直可接理想之光,又悟理想之本体,而照观目前之世界者,可觉灵妙之露气,浮于事事物物之叶,三春之花香鸟语,中秋之清风明月，夏木之葱葱，冬雪之皑皑，无非美且妙者，是非理想之真相、自然钟发于外界而何？盖理想本体，为统辖六合无限绝对之帝王，降物、心二大臣于此世界，而使吾人为二大臣之从属。吾人知体之由物、心二根成固已，及一挑心灯，照见天地，而忽知其所谓二大臣者，全不外于理想帝王之现象。呜呼，吾人生此美妙世界，终身不观见其真相而死者甚多，诚可哀也。若其人点一盏之心灯于暗室，而观一大天地美妙之光景，破窗敝屋，忽变为金殿玉楼，众多苦患之世界，忽变为仙境乐园。其初见为妖中之妖，至是而悟为妙中之妙。示此理于人者，实妖怪研究之目的，而所谓拂假怪、开真怪者是也。

拂假怪而使人得超然独立于迷苦之门外，开真怪而使人得泰然安住于欢乐之世界，故研究妖怪之结果，在放真知真乐之光明于心内之暗天地，其功诚不让于铁路、电信之架设也。世人信妖怪者，以为明确而不容疑，排之者则以为无根之妄说。然信之者真之而已，更不证明其所以真；排之者虚之而已，更不说示其所以虚，是亦独断也。否则亦不免怀疑之弊。盖此二种之间，自有蔀障。甲论者曰，实见妖怪。乙论者曰，是神经作用。而甲何故不证明实见者必真理耶，乙何故不说明神经作用如何耶？以故世无论文运之进。而旧来之妖怪，依然不改其形。却张其势。今也余提哲学之利器，而下一刀两断之断案。凡妖怪中有关于物理若生理者，则资诸理学医学以释之。以哲学为础，以理学医学为之柱若壁。而构成妖怪学之一家。

妖怪学之类，先大别为物怪心怪理怪之三种。物怪心怪为假怪，理怪则真怪也。今之讲义，虽从此分类立顺序，而其说多取之于诸学。故更设部门如左：

第一类　总论

第二类　理学部门

第三类　医学部门

第四类　纯正哲学部门

第五类　心理学部门

第六类　宗教学部门

第七类　教育学部门

第八类　杂部门

是不过大体之分类。其中虽有关系于二种若三种之部门者，从讲义之便宜而揭之。例如幽灵有关系于心理学，而揭之于宗教学部门。巫觋有关系于宗教学，而揭之于心理学部门。又如卜筮豫知法间接关系于种种之部门。而以无直接关系之部门，设纯正哲学一门以摄之。如妖怪、宅地、怪事、怪物，以种种之部门混合，设杂部以摄之，皆从其便而已。且如此分类，于学科上，虽非无不规律、不整顿之憾，但本事实以为种目，不得不设此部门。其种目如左：

第一类　总论

第一篇　定义　第二篇　学科　第三篇　关系　第四篇　种类　第五篇　历史　第六篇　原因　第七篇　说明

第二类　理学部门

第一种(天象篇)　天变　日月蚀　异星　流星　日晕　虹霓　风雨　霜雪　雷电　天鼓　天火　蜃气楼　龙卷

第二种(地理篇)　地妖　地震　地陷　山崩　自倒　地雷

自鸣　潮汛　津浪　须弥山　龙宫　仙境

第三种(草木篇)　奇草　异谷　异木

第四种(鸟兽篇)　妖鸟　怪兽　鱼虫　火鸟　雷兽　老狐　九尾狐　白狐　古狸　腹鼓　妖獭　猫义　天狗

第五种(异人篇)　异人　山男　山女　山姥　雪女　仙人　天人

第六种(怪火篇)　怪火　鬼火　龙火　狐火　蓑虫　火车　火柱　龙灯　圣灯　天灯

第七种(异物篇)　异物　化石　雷斧　天降异物　月桂　舍利

第八种(变事篇)　变化　恙虫　穷奇　河童　釜鸣　七不思议

第三类　医学部门

第一种(人体篇)　人体之奇形变态　尸体之衄血　尸体强直　木乃伊

第二种(疾病篇)　疫　痘　疟　卒中　失神　癫痫　诸狂　躁性狂　郁性狂　妄想狂　时发狂　觑脱利狂等　发切病

第三种(疗法篇)　仙术　不死药　炼金术　御水　诸毒　妙药　秘方　食合　符咒　咒咀　禁魔　咒术　疗法　信仰疗法

第四类　纯正哲学部门

第一种(偶合篇)　前兆　前知　预言　察知　暗合　偶中

第二种(阴阳篇)　河图　洛书　阴阳　八卦　五行　生克　十十　十二枝(支)　二十八宿

第三种(占考篇)　天气预知法　运气考　占星术　祥瑞　鸦

鸣　犬鸣

第四种(卜筮篇)　易筮　龟卜　钱卜　歌卜　太占　口占　辻占　兆占　蓍占　御阄　神签

第五种(鉴术篇)　九星　天元　淘宫　干枝(支)术　方本　本命的杀　八门遁甲

第六种(相法篇)　人相　骨相　手相　音相　墨色　相字法　家相　地相　风水

第七种(历日篇)　岁德　金神　八将神　鬼门　月建　土公　天一　天上　七曜　九曜　六曜　十二运

第八种(吉凶篇)　厄年　厄日　吉日　凶日　愿成就日　不成就日　有卦无卦　知死期　缘起　御币

第五类　心理学部门

第一种(心象篇)　幻觉　妄想　迷见　谬论　精神作用

第二种(梦想篇)　梦　奇梦　梦告　梦合　眠行　魇

第三种(凭附篇)　狐凭　人狐　式神　狐遣　饭纲　管狐　犬神　狸凭　蛇持　人凭　神凭　魔凭　天狗凭

第四种(心术篇)　动物电气　告理　棒寄　自眠术　察心术　降神术　巫觋　神女

第六类　宗教学部门

第一种(幽灵篇)　幽灵　生灵　死灵　人魂　魂魄　游魂

第二种(鬼神篇)　鬼神　魑魅　罔两　妖神　恶魔　七福神　贫乏神

第三种(冥界篇)　前生　死后　六道　再生　天堂　地狱

第四种(触秽篇)　祟障　恼　忌讳　触秽　厄落　厄拂　驱

傩　祓除

第五种(咒愿篇)　祭祀　镇魂　淫祀　祈祷　御守　御札　加持　御岳讲禁厌　咒言　咒咀　修法

第六种(灵验篇)　灵验　感应　冥罚　业感　应报　托宣　神告　神通　感通　天启

第七类　教育学部门

第一种(智德篇)　遗传　白痴　神童　伟人　盲哑　盗心　自杀　恶徒

第二种(教养篇)　胎教　育儿法　暗记法　记臆术

第八类　杂部门

第一种(怪事篇)　妖怪宅地　枕返　怪事

第二种(怪物篇)　化物　舟幽灵　通恶魔　辘辘首

第三种(妖术篇)　火渡　不动金缚　魔法　幻术　系引

以上数种妖怪,依学科之部门,而分为八类,著之为哲学馆讲义,名曰《妖怪学讲义》。其讲义照理学、哲学诸科之原理,而为之说明,读之者不但知妖怪之理,亦得借以窥各学科之大要云。

目　　录

《妖怪学讲义》卷之一上

总论

第一讲　定义篇

第一节　余不自揣，尝欲挑一点之心灯，以读天下之活书。常见一大妖云，滃然横于人界，真理为之隐其光，道德为之潜其影，教育、宗教、政治、法律，皆沉沦于其中而无效，茫茫昧昧，天地否塞，是即妖怪之迷云也。此迷云锁东洋之天地，郁而不开，于兹数百年矣。明治初年，我国有一时散灭之朕，而未几欲灭复生，欲散反聚，呜呼如此，则芙峰之真面目，不可得而见耶？东海日出之邦，复不能赫然光被于四表耶？三千年来，长育养成之元气，复不能维持保存耶？一思至此，能不慨然！是忧国之士，不可不共尽心竭力，以图国家百年长计之秋也。然所谓长计者，果由何道耶？惟进社会之道德而已。方今道德大革新之期已迫，殆将一扫社会，而东洋各国之人民，犹彷徨于妖云妄雾中，不知道德光明之新天地在于何处。夫真正之道德，不可不待健全之智识，故大贤苏格拉弟氏曰："知识之光如日，道德之光如月，月虽因日而明，而两光相待，天地始现美妙之光景。"故吾人不可不为国家拂妖云妄雾，开智德之二光。儒教谓之智仁,佛教谓之悲智,其意一也。今欲开显此二光于社会之上,诚教育家、宗教家之事,欲救此两家之沉沦,而为之前驱,夫非妖怪学研究之事欤?

且夫妖云锁天心,而智日隐其光者,非独一般人民之罪,学者亦不免其责也。世之学者,概遗迩而求之远,舍卑而取诸高,岂以寻常卑近者,其理既明,不复待解说欤?实则不然。寻常卑近之理,尚多不明,随处有使人眩惑者,顾未闻解说之者何耶?是非谚所谓灯台基暗,又古贤所谓道在迩而求诸远者耶!罗大经《鹤林玉露》所载曰:"尽日寻春不见春,芒鞋踏遍陇头云,归来笑撚梅花嗅,春在枝头已十分。"今日之学者,得毋多是背枝头之春、踏陇头之云之类耶!虽然,学问之道,固贵穷高远,不可以卑近自画,要之登高自卑而已。今夫灯之用在照远,而亦不可不照近,使其光朦胧而不能照其基,宜用反射镜之力,学亦似之。然则于寻常卑近之事,为学术界之反射镜者何耶?曰妖怪之研究是也。其事虽似卑近,其理颇高远,多世人所不能明者。且使学者知此卑近之事,胚胎于希有之真理,决勿度外视之,则所以计学问之普及,而开道德之新世界于真理之月下者也。

第二节　妖怪与不思议之异同　今所谓妖怪者,非限于通俗之所指。而主要问题,实在天地之起源,万有之本体,灵魂之性质,生死之道理,鬼神冥界之有无,吉凶祸福之原理,荣枯盛衰之规则,天灾地变之理由,迷心妄想之说明,贤愚资性之解说。其幽灵、狐凭、天狗等,不过附属之问题。而其解释,则皆本于学术之道理,其目的则在于应用之,以进国民之福利也。

夫通俗所为妖怪者,何义耶?即一切不思议之义。不思议者何耶？人智所不可测者是也。然则妖怪与不思议之意义全同乎？曰：否。征之通俗之言，不思议者，未必皆为妖怪。若天神，若宇宙，称之不思议，未闻称之为妖怪者也。然则世间之所谓妖怪者，果何物耶？有啸于梁，烛之无所见；有立于堂，视之无所睹。或若动物之化石，死者之现形，是皆妖怪之属也。然则以未知为妖怪乎？曰：否。凡宇宙间之事，有可知者，有不可知者。不可知者，则人智所必不能知，所谓不可思议者属之。而可知者，则人智所得而知。其既知者，谓之既知；未知者，谓之未知；而未知亦未必为妖怪也。凡人虽或不知水由何生，火由何成，而不以之为妖怪者，日接于吾人之耳目，虽未知其理，亦不妖怪之。

第三节　妖怪与异常变态之关系　夫不思议者，未知者，未必妖怪之。然则妖怪者，异常或变态之义欤？曰：通俗所谓妖怪，较近此义。凡世人于平生耳目所不惯接者，多谓之妖怪。例若狐狸之化人，或死者之仿佛现形是也。虽然，徒异常变态而已，则亦有不妖怪之者。何则？有人遇生平未见之外国人于街衢之间，不呼之为妖怪也。然则妖怪者，异常变态，而其道理不可解，属于所谓不思议者。约言之，兼不思议与异常者也。

第四节　妖怪之标准　妖怪之定义，既为异常，而且不思议，然则何以分不思议于思议、区异常于寻常耶？曰：是决无一定之标准。何者？通俗之所谓妖怪，随人与世而变迁，甲之所妖怪，乙不妖怪之；昔日之所妖怪，今日不妖怪之。则妖怪之有无，非在物而在人，非在于客观，而在于主观。妖怪之为物，实无一定之标准。妖怪之标准，即人之知识思想是也。夫下等人民之所以每多妖怪者，以知识浅而经验少，所见闻异常者多也。是蜀犬见日而吠之类耳。其人而智识进,经验富,则以其明事物之理,而所谓不思议者、异常者难得,妖怪亦从而少,是其所以随人与世而变也。

第五节　假怪与真怪之别　愚民认不真之妖怪为妖怪,学者知其非妖怪而不妖怪之。则今日通俗之所谓妖怪,不外误信,不可名之以妖怪,而宜名之以迷误也。然在学者,其知识明睿,固无迷误之理,遂可谓学者之眼中无妖怪耶?曰:妖怪有假怪,有真怪,若解妖怪之意义为不可思议耶,则学者固不能删抹不可思议之一义。虽如何明睿之学者,犹不能无妖怪。此妖怪者,非由世与人而变,故谓之真怪,而以通俗之迷误为假怪,于绪言中谓妖怪学之目的,在扫假怪、开真怪者是也。要之,妖怪之定义,以通俗解之,为异常变态不思议,由学理上解之,为迷误。盖假怪之义为异常,而对于真怪,则为迷误而已。

第六节　迷误之原因　迷误何由起耶?由论理之误谬起也。论理之误谬,虽有种种原因,不外于误用左二条之关系:

第一　部分、全体之关系;

第二　原因、结果之关系。

论理之作用,在于由全体及部分,由部分及全体;或就原因寻结果,就结果求原因。是故于全体确实者,于部分必确实,演绎论法之所以起也。本原因、结果之关系,而考索原理原则,归纳论法之所以起也。然非原因而误为原因,非部分而认为部分,种种之迷误,由是生矣。

第二讲　学科篇

第七节　妖怪学之所以未设学科　妖怪学者,有科学之资格者也。而世间固无此一科之学,是由学者之研究,不及于是也。虽然,既有妖怪之事实,本此事实,而考究其原理,是不可不谓一种之学。若由今研究之始,而步进一步,则他日现一科独立之学于学界上,盖不难期矣。故予以此为将设之学科,而欲开其端绪也。今欲定其学科之位置于学界上,当先揭学问全体之学科表。

第八节　学问全体之学科表　学问全体之学科表,在昔学者,各异其所见。予今由自定之学科表,而定其位置,其表有二样之别:

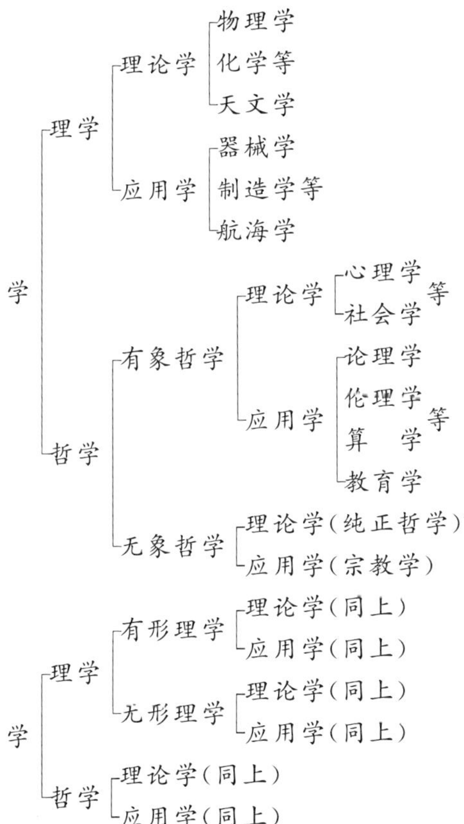

第九节　妖怪学所以为应用学　此二表者,其实同一。惟因分理学、哲学之区域,有广狭而见其异耳(其详见《佛教活论·本论》,第二篇显正活论)。于此表中求妖怪学之所属,则心理学之应用学也。妖怪学实兼理论、应用之二者,就妖怪之事实,而考定其原理原则,为理论学;用既定之道理,以说明事实,为应用学。今之研究,虽亦兼此二者,而以其原理原则,尚待考定,仅借各种科学所考定者以说明之,故属之于应用学也。心理学于学科表中,在第一表,属有象哲学中之理论学;在第二表,属无形的理学中之理论学。故妖怪在第一表,属有象哲学中之应用学;在第二表,属无形的理学中之应用学也。

第十节　心性与妖怪之关系　凡妖怪有属于物者,有属于心者。若天变地异,草木禽兽之变态异状,属于物者也,谓之物怪。又若幻觉、妄想精神诸病,属于心者也,谓之心怪。虽然,物怪亦触于我之感觉而后生,应于我感觉之状态而变化,决非全离心性而存,且如先者定妖怪为迷误,则属于心性明矣。夫心性有智、情、意三种之作用,而妖怪属其中之何种耶?则属于智也。前所谓部分全体之关系、原因结果之关系者,即智之作用。妖怪之生,则由智力之误用,是其所以为迷悟也。虽然,情、意亦非全无关系者。妖怪之起,间有情、意,而作用之影响,于情若恐怖心,于意若决断力,大有关系于妖怪之原因者也。《左传》有怪由人兴之语。要之,妖怪之起,物、心二者中,心理之关系最多,心理中,智其主因,而情、意为之助因也。

第十一节　妖怪学与心理学之关系　妖怪关于心理,则其学与心理学有关系。若以妖怪为心理之变象,则其学为说明心理学中之变象,当名之为变式的心理学也。然妖怪学本心理学之应用,而心理学之应用,犹有论理学、伦理学、审美学、教育学。论理、伦理、审美为心性作用之智、情、意各种之应用,以真、善、美三者为目的;教育学者,智、情、意总体之应用,以人心之发达、知识之开发为目的。然对此等之应用学而言,则妖怪之应用如何耶?今举示应用之别如左:

第一种之应用,由理论向实际。

第二种之应用,以理论中既定之规则,应用于未定及误解之道理上。

此第一种,为论理、伦理之应用;第二种,为妖怪学之应用也。然则妖怪学者,以既定之规则,而应用于未定者,似与论理学中之演绎论法同。而其既定之规则,则由演绎、归纳两法之所定,应用之于误解、误用之理也,即由真正演绎、归纳所论定之道理,而以正误谬之道理也。故比之第一种之应用,为心理学理论上之应用学。

第十二节　妖怪学与诸学之关系　妖怪学虽为心理学之应用,是谓其主要之点耳。若遍举其所关系,不可不为理、哲诸学之应用学。但其应用非在实际,而在理论。例如说明物怪,当应用理、化、天文、地质、动、植等诸学之原理,而为之说明。又发于人身之妖怪,不可不应用生理、若医学之原理。又在心理中言之,心性之本体,固非在心理学之范围,不可不待纯正哲学,前所谓真怪由纯正哲学之应用而得知即是也。又关于死后之冥界、天道、地狱、灵魂等问题,必以宗教说明之。故妖怪学,狭言之为心理学之应用学,广言之则百科诸学之应用学也。而今者以心理学为牙城,理学为前门,纯正哲学为后门,以说明之。

第十三节　第二分类法　由是观之,以妖怪学为心理之应用,不过学科中之一方法,故名之第一分类法。若以其学为诸学之应用,更当设第二分类法。第二分类法者,以妖怪由误用诸学之原理而起,则当知诸学研究之道有二,即论究其正当道理者,及辨说其误解道理者,二者相分,余姑名前者为正式正则之学,或常态学;后者为变式变则之学,或变态学。既以妖怪学为变态学,其学也不存于智者、学者之上,而存于愚民、通俗之间明矣。然则智者、学者之学何在乎?是余所谓正式学也。夫事物有正、变两则,学问亦不可无此两道。而匡正世间之迷误,虽为教育学几分之目的,然今日实际之教育,直以学理上抽象的道理,应用于人智开发上而已,未应用于妖怪之事实,是由妖怪学未起故也。换言之,则今日之教育学者,正式之应用,而非变式之应用也。且今日之教育,其区域甚狭,仅以学校教育为目的,若广对社会,就种种妖怪之事实,而为之说明,非别设一科专门之学不能,是变式学之所以对正式而起也。

第十四节　第二分类表　如此论定,而设其分类于学科上,如左表:

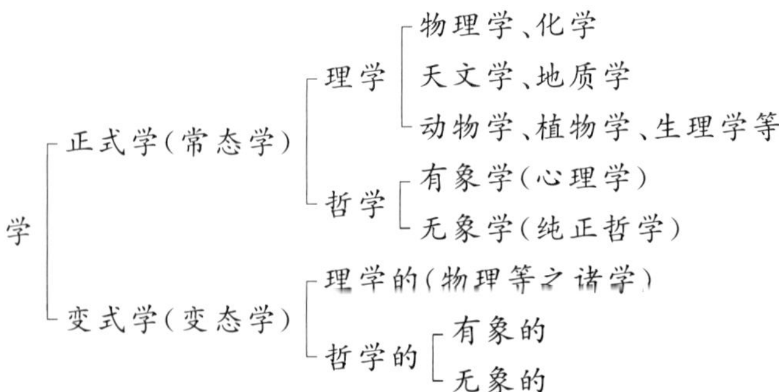

是第二分类之学科表也。此中虽有正式学,关于智者、学者;变式学,关于愚民、通俗之别,而智者、学者,犹不免多少之迷误,故非完全之智者、学者、亦得应用之。要其学以正式学所确定之理则为尺度,而检正通俗民间之诸迷误者也。

第十五节　第三分类法　以上分类之外,更有一种之分类。夫妖怪学者,可以测定人智发达之程度。其于人智也,不问古今东西,苟有言语历史之存,皆得测定之,不仅限于一人一代。盖迷误之多少,关于人智发达之高下,人智未开,迷误之种类甚多,且其去理也甚远,随人智渐进,而迷误渐减,益近于理。由是考之,妖怪学者,与历史学,与人类学,有密接之关系。人类学为人类全体之学,对照动植物而论人类之性质事情者也。对之而有人种学,论人种中之一人种与他人种之关系异同者也。虽然,妖怪学者,非限于一人种,通人类全体而研究其智力论理之发达者,不可属于人种学。至人类学者,不独智力而已,广涉于身心各种进化之事,则以妖怪学为人类学中之一种学可也。又其所以与历史学有关系者,历史学与人类学,异其性质,非考究天地间一种之生物的人类之进化。而就一国民的发达之人类,即成社会,进文明之人民,而考究其社会外界与思想内部之进化者也。论其内部之进化者,即历史哲学。今妖怪学为测定人智程度之学,当属于内部。虽然,亦有所异。盖妖怪学者,就外界所现之风俗习惯上而论人智之程度,非论思想者,故又近于社会学。要之,妖怪学以关于人类社会,与人类学、历史学、若社会学,有密接之关系,而得为一科独立之学。何者?历史、人类等诸学,广成立于人间相互之关系,而于物、心内外相互之关系,及一个人之思想观念、对宇宙万有而变其状态,及就诸现象变化,而异其解释之程度,皆未及考究,而有待于妖怪学者也。

第十六节　学科分类之归结　由以上所述观之,妖怪学之分类,有三种之方法:第一种,为心理学之应用;第二种,为诸学之变式变态学;第三种,关于社会、人类诸学中之一科。而第一、第二分类,于一个人上考定之;第三分类,于社会历史上定之。是故狭言之,为心理学之应用;广言之,为诸学之应用。非徒一人一代知识之发达而已,实就众人数代之发达,而阐究其理者也。

第三讲　关系篇

第十七节　实际上之关系　前讲所载,学科上之关系也。在实际上,则妖怪学于宗教、教育、道德、政治、医术、实业、风俗、仪式等,皆大有关系。其结果也,在增进人类之幸福,图宗教、教育、道德、政治之改良,而进斯世之文明,故其裨益于世,不多言而可知。

第十八节　与宗教之关系　凡世之信宗教者,多为迷信、妄想之所支配,而由是以招弊害。如以神力为无量无限,祈之则不善而得福,为恶而免罚,往往见之。抑世间事变,有人力可左右之与不可左右之者,然人常欲以神力左右其所不可左右者,以恣欲念,偿野心。尝据所闻,有于神社佛阁,喜舍数十金,更不告姓名者。虽如出单纯之信仰,而其中或由盗贼及不正之行为,获过分之金,以畏神罚而舍其一部分者。要之,宗教妄信之害:第一,有使人当勉不勉,而祈侥幸之弊;第二,有增长欲心、强起自利心之弊;第三,有犯罪恶而不自责,反祈神佛冥护之弊。凡此等皆由迷信、妄信来者也。而迷信之时,无非由信天道地狱之赏罚,而因以制恶心、进善道者。然是亦不能无弊。有偏信之甚,而漫然患死,且又妨智力之发达者。加之世间狡猾者多乘之,而以种种之方法,营其私利。故由今以后,宗教之信仰,不可不本道理而除迷信、妄信之弊害,是妖怪学之目的也。纵令今日之宗教,尚无前弊,终未可谓真正宗教之行。何则?今日之信宗教者,大抵畏死后之赏罚,或欲免现世之不幸,是亦一种之迷信也。若告以无此果报,则鲜复信之。夫宗教之目的,非独于死后而已,又非以免现世之灾厄之谓,实以与无量之快乐于精神上者也。此快乐者,在有限相对之世界,决不可望,惟由想定无限绝对之世界,接触而起耳。考之人心作用上,不由有限的智情意、而为无限的智情意之所感。知宗教信仰者,开发此无限性于人心中,开绝对门于精神界者也。然今日一般之宗教,成立于有限相对上,甚至有成立于有形上者。其信仰皆以私利私欲有形上之幸福、快乐为目的,故谓之迷信、妄想。欲除此弊,而开现宗教之真面目,则即研究妖怪者之目的也。

第十九节　与教育之关系　世人多因对目前之世界,而不知天变地异之本于何理,而起种种之妄想,而其心大为之不安,送一生于战战兢兢之中,是之谓万有上之迷误。又人以不知吉凶祸福之本于何理,谓不可以人为左右之,而信卜筮、人相、九星、方位等之妄谈,有益增自利心之弊,是又人生上一种之迷误也。以上之迷误,大妨文明之进步,且害事业之发达。而约言其迷误所生之结果,则为不快乐、不道德二者。然学术上明其道理而医其弊害,虽普通教育者之责,而今日之教育,未得达其目的。故予今尽力于妖怪学,开示此理于人世,以应用之于教育上,于世不无小补。而妖怪与道德之关系,亦准之而可知矣。

第二十节　与政治之关系　曩解妖怪学为解说迷误之学，而今所论宗教、教育上之迷误，不过生于一个人之上，谓之个人的迷误。对之有社会、国家上之迷误，谓之社会的迷误。于此，不得不分个人的妖怪、社会的妖怪之二种。今考社会的妖怪，于政治上，迷见谬论者，即一种之妖怪也。例如，误解权利、自由、平等之意义，而有社会党、虚无党之一种之迷误，即妖怪也明矣。然则妖怪学之考究，亦得排除政治上之谬理。而本讲中要唯说个人的妖怪之意而已。

第二十一节　与医术之关系　在今日下等无知之愚民，以未知疾病之由，乃以宗教上之迷信解释之。人之病也，以为鬼神或妖魔之所为，不用诊断及服药，而欲以祈祷及符咒疗之者颇多。诸病中，如疫、疟、癫痫，其他诸精神病，全信为鬼神或狐狸之所凭依。至其治疗，用种种奇怪之方法，是愚民治病上之迷误。而其所生弊害：第一，不注意于卫生；第二，不注意于治病，本服药可治之病，而一任祈祷、符咒而不顾。医此等之迷误，而除其弊害，亦妖怪学之目的也。

第二十二节　与实业之关系　实业者，农业、工业、商业之义也。既于宗教教育有迷信妄想之弊害，遂延及于实业上。不勉己业，徒祈请于神佛。农夫不事耒耜而望丰年，匠工不善技术而欲赢利，商贾不劳肩背而欲垄断私利，如此迷信，大妨实业之进步，而影响于国力之消长无疑。故对实业而排此迷误，为今日之急务，是亦妖怪学之目的也。

第二十三节　与风俗之关系　社会日常之习俗习惯，仪式礼法，多有由迷信妄想而成立者。如楹帖必书吉语，岁时忌说死亡，其例甚多。民间之常事，社会之仪式礼法，多由此等迷信组织之。迷信之极，遂畏首畏尾，战战兢兢，无一日之平安，以亘一生，人间之不幸不利,莫大于此。故说明其道理,而与人以安逸者,亦实今日之急务,而妖怪学之目的也。

第四讲 种类篇

第二十四节 妖怪之分类 凡哲学上分类万有,常以物、心二者,儒家谓之内外,佛教谓之色心。盖宇宙间之事物,不外有形质与无形质两种。开我目而观于外,为有形质之体,谓之物质;闭我目而动于内,为无形质之体,谓之心性。今妖怪亦照此而分之,例如,天变地异为物理的妖怪,精神诸病为心理的妖怪,是也。若详言之,则由有形的物质之变态异常而生者,名物理的妖怪;由无形的精神之变态异常而生者,名心理的妖怪。虽然,其所谓妖怪者,实非妖怪,而世间误认之为妖怪,予谓之物理的迷误,心理的迷误。是妖怪学所以为解说迷误之学也。

第二十五节 物理的妖怪之种类 物理的妖怪,其种类甚多,有现于天象上者,有现于地壳者,有现于植物上、动物上,水、火、金、石、空气上者,予为从学科而分类如左表:

物理的妖怪	物理学的妖怪	如由光线之反射、屈折等而生变象,当用物理学说明之者。
	化学的妖怪	如由诸原质之抱合、分解而生变象,当用化学说明之者。
	天文学的妖怪	如彗星、流星等属之。
	地质学的妖怪	如化石、结晶石等属之。
	动物学的妖怪	如雌鸡化雄之类。
	植物学的妖怪	如桑谷共生之类。

其他人身构造机能上之变态,以属于生理学,谓之生理学的妖怪。

第二十六节　心理的妖怪之种类　心理的妖怪，其种类亦甚多。有考于事实上者，有考于学理上者。今先由事实上之分类为左三种：

第一种，即现于外者，幽灵、鬼神、恶魔、天狗之类。

第二种，即由他人之媒介而行者，巫觋、降神、术人、五星、方位、卜筮、祈祷、察心(或称读心术)、催眠之类。

第三种，即发于自己之身心上，梦、眠行、神通、幻觉、妄想、诸精神病之类。

其中第一种之幽灵、鬼神等，纵发于精神作用，而大抵信其为外界之所存，不与梦、眠行等，故区别之；其第二种为我身心之事变，有他人考察之；第三种则不待他人媒介，自发于身心上，两者自有所异，是亦不得不区别之。但第二种、第三种者，仅由他人之媒介与否之异而已，其所目的，皆在我身心上，与第一种之现于外界者不同。故表之如左：

- 心理的妖怪
  - 外界　幽灵、狐狸等
  - 内界
    - 他人　巫觋、降神等
    - 自身　梦、眠行等

外界谓我目前之物质，内界谓我体内之精神(即心性)。而外界之妖怪，实皆内界精神作用之所生，外物者，特其诱因助内耳。故心理的妖怪，限于内界所发现，若真存于外界者，是非心性而物怪也。

第二十七节　心理学上之分类　次举学理上之分类，本心理学而随心象之种类以别之，如左：

第一种，表现的妖怪(感觉及知觉上之妖怪，即幻觉、妄觉)。

第二种，再现的实想上之妖怪(再想及构想之妄见、妄想)。

第三种，虚想上之妖怪(概念断定之迷见谬论)。

第四种，感情上之妖怪(由感情生之迷误)。

第五种，意志上之妖怪(属意志之迷误)。

此五种皆属人心之迷误。第一种迄第三种为智力上之迷误，是妖怪之主因也。第四种、第五种为其助因。然以智、情、意之三作用，互相混淆而起，在实际上，决不能分别为三种之迷误。

第二十八节　诸学上之妖怪　心理的妖怪，不仅在心理之现象，不能概以心理一科解释之。例如由精神病发者，不可不借生理学、精神病学之说明。又关宗教上及虚想之妖怪，不可不借宗教学及纯正哲学之说明。故揭左表以示其种类：

心理的妖怪
- 病理的　(属于精神病者)
- 迷信的　(由宗教上妄信而生)
- 经验的　(平时经验、事实上偶合适中者)
- 越理的　(想定为理外之理、在人智以外者)

分配之于学科，得别为生理学的、医学的、宗教学的、心理学的、纯正哲学的，其外可更加教育学的之一类。

第二十九节　理学的及哲学的妖怪　更考之于学问上，前所谓物理、心理二种之妖怪，名之为理学的妖怪及哲学的妖怪则适当。今以学科分配之如左：

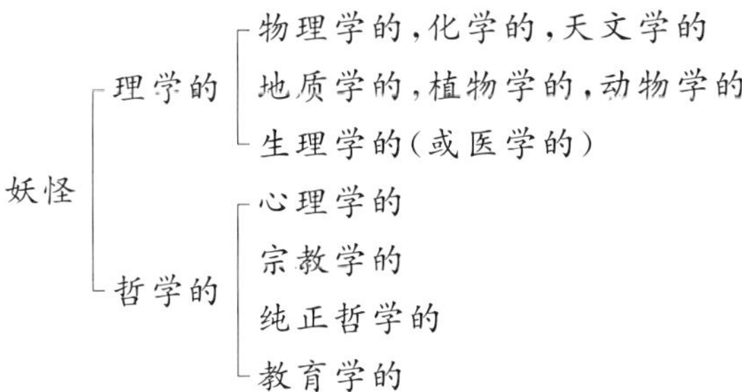

其他若细论之,亦得加论理学的,伦理学的,美学的,社会学的,政治学的之类,今姑略之。

第三十节　真正之妖怪　由诸学理上按妖怪之原理,乃有所谓超理的妖怪,究非人智所能窥则,惟谓之不可思议已耳。盖其妖怪者,极对之大怪,其胎内包有一切之妖怪,世间种种之妖怪,尚不足为其一分子也。然则其大妖怪何物耶?狐耶?狸耶?天狗耶?狐狸天狗,其形可见,其声可闻,可握可搜,是未足称妖怪。而其所谓大妖怪者,师旷之聪不可听,离娄之明不可视,公输子之巧不可奈何,无声无臭,实妖怪之至精且至大者也。此至精至大之体,一动而现二象,一名之心,一名之物,此二者互相交接,而隐见起灭于其间者,不过小妖怪耳。所谓小妖怪者,如波石相激而跃白雪,是睹者之所误认为白雪,非真白雪也。世所信为妖怪者,犹此白雪耳。故余谓其所谓妖怪者,非真正之妖怪,而现出此妖怪者,乃独真正之妖怪耳。若吾人欲接见此真正之妖怪,宜一扫此伪妖怪,而待半夜风波静定时,看取真理之月影于良心之水底,是吾人接触于理想真际之时也。余以此理想之本体,为真正大妖怪,单称之为真怪,对此而名伪妖怪为假怪,如绪言中所述是已。若吾人于外界观察千万无量之物象,而洞达一贯于里面理法之中,想见其实体如何,亦得接触此大妖怪。抑此妖怪者,于物心相对之云路上,遥凌三十三天、须弥山上,尚高几万由旬之处,开一大都城,理想为其帝王,降物、心二大臣于此世界,支配千万无量之诸象,是真妖怪之巨魁,吾人不得不究尽者也。不究之,决不能尽妖怪于世上,而三十三天犹高远,况理想之都城耶?然则何所阶梯而得升之耶?曰:实验与论究,此二者,由物、心二大臣差遣于理想朝廷之使节,若吾人欲升其都城,不可不随此使节。而其使节,不能入关门以内,故吾人不能不以关门为限。果尔,则不能为世界断绝妖怪之根由。吾唯有扫去假怪,开现真怪而已矣。

第五讲　历史篇

第三十一节　妖怪学之历史　由是欲本诸学之原理,说明各种之妖怪,不可不自古代原人蛮民之所解释,以至今日之诸说,次第说明之。兹谓之妖怪之历史。

第三十二节　太古之时代　妖怪学之起原,非与人类同其始。盖太古之人,未知物、心之为何,见万有而不知所以可怪,物心一致,彼我无别,如未满四五岁之幼儿,蠕蠕蠢蠢,徒栖息于两间,实可谓无思无虑之时代。在此时代,安有所谓妖怪耶?凡人之性,智力仅发育,则一种疑念动于内,而刺激思想,遂进而欲说明四围之万象。妖怪学者,人智渐进,而物心内外之别渐生,至于见果求因,知因求果,而始起也。在此时,则万有悉为妖怪,日月亦妖怪,星辰亦妖怪,风雨山川亦无不妖怪,故勉为之究其原因与释解。苟不得其释解,则胸中一种之疑团,终不能散,而一日不能安其心,是百科诸学之所以起于世也。虽然,由今日观之,所说明者,一切迷见耳,妄想耳,未足以为学说,是即妖怪学之起原也。夫如此说明,虽不外于迷误,亦于其中胚胎多少之真理,不容疑虑,盖不说则已,苟有说明,必本就因探果、就果求因之理。如古代蛮民,见罗天数万之星,解为雨零之孔穴。见空气之游动而为风,解为天地一大活物所呼吸。虽不过妄说,亦以原因结果之理解之也。而其说之妄,则由于应用此理之误谬。此等误谬,在今学术发达之日,尚往往见之,何独咎古代耶?而考究其误谬,即妖怪学之目的,所以先解其学为变式学也。

第三十三节　发达之时期　古代蛮民,为宇宙万有之说明,以至今日,因一切智力之发达,其说明遂次第进化,由不完全之说,渐得完全之说。今分此发达之年代为三大时期。尝闻法国哲学者康脱氏,以由古代至今日,分为神学时代、形而上学时代、实验学时代之三时期。余仿其例云:

第一时期　感觉时代(智力之下级)

第二时期　想象时代

第三时期　推理时代(智力之高等)

是本心理学中智力之发达而次第之。不问其何国何人,其实际必由此顺序与否,虽未断定,而从进化论之规则,不可不以此序之。

第三十四节　第一时期　感觉时代,其解释万有,皆以吾人所得感觉之形质上说明之。盖当时人智,未能为无形无质之想,一切事物,皆以为在感觉以内,经验以内,纵令知物心二元,而亦信为有形质,于物质上说明之。彼英国哲学者斯宾塞尔氏所著《社会学初编》,述宗教之进化,唱一身重我说,此说大资研究妖怪学之参考。今略述其大要:古代人智,未能作无形之想,若梦者,人所难解也。夫梦者,我身体在此,而得见远方,晤远方之人,有大不同于平时者,蛮民乃下之以一种之见解,谓我体有二样,其中,一我在此处,而他我游彼处,名之一身重我说。重我者,我有二种之体,二者相合而成此一身之义也。而昼间二我相合而现作用,夜间一我在内,他我游外,以此理解释梦之现象。而又以当时未能想象无形,以其二我为皆有形,遂推此理而及人之死,以为死与梦同,亦由一我在此、他我游彼而起。但其与梦异者,他我所游,比梦更远且久而已。以此在梦境时得随意唤醒,一及于死,虽如何大声疾呼而不苏生,乃由死时他我出游甚远,呼声不能达故也。其他患病、失神、癫狂、狐凭等,皆以重我说为之说明。夫知人一身由甲、乙二我而成,又以甲我在而乙我得出于外,则想此人之乙我出于外,他人之乙我得入其中。即如癫狂者,其人之举动,比于平生,全若别人,则以为当自己之乙我出游,而他人之乙我入来也。又既乘自己乙我之不在,而他人之乙我得入来,则若他人之乙我力强,而能制自己之乙我,虽自己之乙我存在,而他人之乙我乱入,亦无不可。因推此理为诸病之说明,谓患病之人,虽自己之乙我存在,而有苦之者,不能自除,则因他人之乙我入来,而制自己之乙我也。一切之事,皆以有形之道理证明之。是为感觉时代之说明。盖在当时,人既知死后之有世界,而信其世界仍在于我之感觉上,与现在世界相同。其入鬼籍也,如今日现在世界,由一地方移住于他地方,是皆形质上之说明也。由此时代渐进,而想象鬼神,尚以鬼神为有形质,而特较人类之性质为增大,例如雷神具大鼓,雨师携水瓶,电母握明镜之类,是也。

第三十五节　第二时期　及人智渐进,又知实际上不得仅以有形质解说之,自然想象至于无形质之处。而此想象之始,先以有形质者敷演增大,而构造未经验之新影象。盖感觉上所见闻而再现之者,曰再想,彼乃取舍、增减其再想,而构造新影象,则为构想,是所谓想象也。及想象作用渐进,而有形质影象,更变而近于无形质,终至作感觉以上经验以外有无形世界之想。于此,不但物心二元中,以心元为无形之想象而已,鬼神与死后之世界,皆得为无形之想象。在第一时期,则信风雨山川,皆各有其灵,而为有形之多神。至此,其想象渐移于无形,不独以多神为无形,而且想定于多神之上,更有一神。此一神之体,支配物心二者,而一切现象变化,皆其所创造或媒介也。故在此时代,妖怪之说明,皆历之于神力之干涉媒介,或由其启发感通,是虽由重我说进一步,而尚未达学术上之说明。其说明也,属于想象作用,而未为论理思想之作用。盖想象者,不履论理之阶梯而虚构空想,及人智愈发达,而推理力完全,则于其说有不能满足之感,是所以进而至第三时期也。

第三十六节　第三时期　第三时期为智力大发达之时代,不虚构想象,而为确实推理,由卑近及高远,由有形及无形,由感觉以内及感觉以外,是全今日学术时代之解释也。今日之解释,本宇宙万有之天则天法,由精密而又确实之论理,说明种种之现象变化,妖怪之解释,遂至此而一变。其在第一时期,通万有各体内之他元,而归其原因者,重我说是也。在第二时期,通万有各体外之他体,而归其原因者,鬼神说是也。然在第三时期,既不求之于在内之他元,又不求之于在外之他体,而即以万有之固有规则若道理,为其原因。今所讲述者,在用此第三时期之解释法,而为之说明耳。

抑此时期,又有种种之说明法,其第一,理外的或神秘的说明法;第二,惟心的或理想的说明法;第三,经验的或自然的说明法;是也。而第三时期之真面目,即在此三种。各述其大要如左:

第三十七节　理外的说明法　以道理上言之,宇宙间有理内之理与理外之理,又有可知的与不可知的之二者,既为学者之所许。然则吾人智力固非无限者,因是而谓妖怪即理外之理,到底非人智所能知,惟归之神力之不可思议,而属于神秘者。其知之也,不可不用神人感通、天启直觉之理外的说明法,宗教学者之解释多属之。是虽为哲学史上一种之学说,本宇宙之道理而论断者,要为第二期之想象说进一步而已。

第三十八节　惟心的说明法　神之存否,所谓理外之理,虽终不可推知,而吾人心中,有精神思想之存,虽何人决不能非之。且我目前之世界,现于我心面,而为现象,又不容疑。本此理而惟心论者起。据其论,则万般之妖怪,不外精神上之迷误,或精神自作为者,离心界而别无所谓妖怪。而此论进一步,则达于理想论。理想论者之说,理想与精神本一体。理想者,现其作用于精神上,而精神者,理想之一部分也。故顾精神之内部,而究道理之根元,与理想合体可知,即人心者,达理想玄境之门路。其论固不肯论理,而以外界万有,尽不外于心体及理想之现象,则亦信理想实在,而以万般妖怪为精神上之迷误也。然世间之所谓妖怪,存于物心万有之间者,不能以惟心一说,尽妖怪之诸现象,而一一说明之。予是以欲由经验的说明法,而考之万有规则,以示其道理。

第三十九节　经验的说明法　此说明法,乃照万有自然之规则,以解释妖怪之现象者也。即今日之学术的说明法也。而其法也,反对惟心论而根据惟物论者也。予虽非惟物论者,而存于万有间之妖怪,不可不以万有道理说明之。欲由此说明法,以达予之目的。虽然,说明此普通妖怪,不得不达于其极之理想论。一达其论,则曰惟物,曰惟心,皆根据于理想而成。可知就中惟心论者,直接连续于理想论。而由事实上之经验观之,则物、心二元,非各有其体之固有之规则,而共出于一大理法。故物理的妖怪与心理的妖怪,其原理惟一可知也。本此一原理,而举物、心两界上所现之妖怪说明之,是实予之目的。然使达于此理法所不能解明之处,则不可不以最上之理想论说之。予所谓扫去假怪,用经验的说明法,开现真怪,用理想的说明法也。

此经验的说明法之一种,有从来经验上未确知,而用推想原定法,是宜为经验的说明法之附属。今试举其例:第一电气说,第二精气说,是也。自电气说行世以来,一时彼此皆归于电气之作用,苟有难解之妖怪不思议,悉谓之电气作用,是恰如中古以不可知者,尽归于神。神者,不可知之体,电气亦不可知之作用也。故归不可知之原因于电气者,犹之欲说明一不可知的,而仍以他之不可知的说之也。又近世因说明光线之理,假定一精气,即以太之说,若幽冥世界,亦有以精气之世界解释之者。又有以物理学所谓势力之理,证明灵魂不灭者。如彼著名物理学者,苏且脱及铁恩两氏合著之《不可见世界论》,全由势力论证明未来世界之存在者也。或又有势力论及精气论,解释偶合、暗中、前知、豫言及幽灵鬼神等者,将来或有以此等说发见真理之时,而在今日尚未可许为一种之学说。故予谓之经验论之附说,揭于此,以供世人之参考而已。

第四十节　说明法之归结　举以上所述之理外、惟心、经验三论,而考于学科之上,理外论属宗教学,惟心论及理想论属纯正哲学,经验论可谓属理学及心理学,故表示其关系于左:

- 说明法
  - 理内的(学术)
    - 经验的即万有的
      - 物理的(理学,即有形的理学)
      - 心理的(心理学)
    - 理想的即纯理的(纯正哲学)
  - 理外的(宗教)

若考之现象实体之上,理想的者,说明物心万有之实体;经验的者,说明其现象。予今以经验的与理想的之二法,解说物心现象上之妖怪,进而开示理想关内之妖怪。若夫宗教之所谓理外的,不在论理说明之限,则无烦喋喋耳。

第四十一节　妖怪事项之起原及发达　以上言妖怪说明与世之进化共变迁者,不过略述妖怪学之历史,未说示妖怪事项之历史也。而究妖怪事项之历史,亦研究此学者必要之事。妖怪事项者,即妖怪谈也。讲究怪谈之历史,不可不预记主观的、客观的之二种。在客观上,当知妖怪谈者,何时、何地,由何事起,其后发达如何。今日传于民间之妖怪,多本古来之风说旧话,新发见者甚稀。盖吾人由幼少时,养育于妖怪谈之空气中,构成先入之思想。成长之后,接触于暧昧不明之事物,由思想之专制,而生豫期意向,至现示种种之幻觉、妄见。如狐惑、狐凭之属,其初为偶然之事,其后相传,而为世间之风说,为先入为主之观念,遂于其心自造之。其果然与否,虽未可知,而妖怪原因之主要点,在此先入之思想,有可断者,何则?如赤儿白痴,其心中不记臆狐惑之说,未闻受诳惑于狐狸也。故研究妖怪,先搜索妖怪谈之起原,虽为甚要,无如多不传于历史中,惟散见于小说,不惟难判其真伪,即究其起原,及发达之顺序,亦颇难也。次在主观上,随人智识思想之发达,而迷信、妄想,因之以为变化。及妖怪谈之影响于精神上者,此则当由精神之历史上发达,而考究其状态者也。此考究法,今日已由进化学、社会学等之进步而易施。吾人虽不能知古代历史上之情态,而于现时世界,固有可实验者,即下等之愚民,或幼小之儿童,固有可研究者。今所为妖怪学历史,即以此为由主观的研究法而已。

第四十二节　妖怪历史之分类　要之,述妖怪历史,有说明与事项之二种。事项者,妖怪谈;说明者,妖怪学也。事项者,事实;说明者,道理。事项者,客观的;说明者,主观的也。揭示其全表于左,宜与第三十三节之表参看之。

妖怪历史
- 说明(即妖怪学历史)
  - 第一期重我说
  - 第二期鬼神说
  - 第三期学理说
- 事项(即妖怪谈历史)
  - 客观的关于妖怪事实之传说
  - 主观的关于妖怪事实之观念

而妖怪谈主观的处,虽可就妖怪学之历史而知之;客观的处,则不能详说惟于各科之部门,摘载普通历史上所见者,以备参考而已。

第六讲　原因篇

第四十三节　迷误之原因　妖怪者,与迷误同其意。而迷误之所由起,不可不说明。其原因之第一,在古说旧话之存于记臆,而为先入思想,固无疑,然是属于历史之考究,及教育之事情,故略之。欲专明妖怪之所以增减生灭,应于人心之智愚、世之开否者,分左之三段:

第一,传于世间之妖怪,不可尽以事实而信据之。

第二,随智识学问之进而妖怪减少。

第三,由论理作用之误谬而生出妖怪。

以下从此三段之顺序而论明之。

第四十四节　妖怪谈话之真伪　古人言,尽信书则不如无书。古书所传,决不可尽信。不独古书,即今日世间所传谈话,其中不可信者甚多。征之每朝之新闻杂报,其记事不合事实者甚多,世人所熟知也。故无古今之别,传说风评,决不可尽信。而其所以与事实相违,由种种事情而起:第一,人之性,一有见闻,必传之于他人,而有修饰敷衍之倾向,是由人皆有小说的思想,望其语之有兴味、且完全也。又欲使闻者感之或悦之。是故由甲传乙,由乙传丙,随辗转流传而益近于小说的荒诞失实。第二,人有好奇之情,偶接平生未见闻奇异之事,而自张主之,务欲成其事实于世间。以是传怪谈者,大抵立于辨护者之位置(辨护者,即我国所谓讼师,言谈妖怪者之意,必欲以辩给之口争实其事也),以失其实。第三,妖怪者,至稀有之事柄,千百事实中,有二三在例外者,虽亦不免,而世人于寻常一样之事,轻轻看过,更不记臆,偶属奇变,则大为之注意,长把住而不忘,以是古今远近之传说,杂然相聚,恍若数多之妖怪,一时并起也者。犹之观沿铁道线路之电信柱,虽各柱之间,相离颇广,远望者不见其间之事物,遂若各密接而并立也者。五井兰州之《琐语》下卷曰:世人言三百六十日,雨不出七十日,验之多然。但十日晴不觉晴,一日雨便觉之,盖晴常而雨变也。古人曰:治日少,乱日多;善人寡,恶人众。是不然,治日、善人虽众多而常,乱日、恶人虽鲜少而变。常则无事,变则多故,亦是雨晴之说。妖怪亦与之同,其事虽稀少,以其属于奇变,使人有多数之感以失其实。

第四，人有好恶情。其听言也，以其适情与否，而解之之度大异。又记臆之而他日传之于人，不知不识，牵合附会，或夸张之，或省略之，以失其实。第五，谚云，先入为主，无论何人之心，不能不受先入思想之支配。幼时熟闻怪谈，及长而存于记臆、以支配其心，每接怪事，自以意逆之，而民间儿童所受之谈话，十中八九皆怪谈。又如小说演剧，无不加怪谈者，成长之际，自然以怪谈为先入思想无疑。由以上诸实事观之，则世多意外之怪谈，而又传之如实事者，其实决不可信，可知也。

第四十五节　知识与妖怪之关系　妖怪之现也，大有关于人智之程度何如，盖不容疑。夫世之传怪谈者，虽如彼其多，自经验于其身者甚少。苟逢人而问实验妖怪耶？否耶？数百人中，当未得一人。而其偶言实验者，大抵非学者而愚者，非男子而妇人，非都会而山野，非上等社会而下等社会。日本有所谓犬神病者，土佐一地为多，是皆限于平民之家，无作于士族者，故士族皆知其为妄，又今狐凭、犬神等之例已甚少。阿州三好郡池田村，亦为多犬神之地，而近年小学卒业者，未闻罹之。且无论何地，凡狐凭病等，多下等无知之人民，否则妇人，皆人之所知也。由是观之，明道理，富经验，长思想，心意强者妖怪少，否则多，可知也。然则妖怪之有无多少，关于人之心意如何，其妖怪不在客观上，而在主观上也。所以通俗之妖怪，迷误而非妖怪，假怪而非真怪也。自今学问愈普及，则谓不出数年，通俗之所谓妖怪者，将全扫地，岂空想耶！

第四十六节　妖怪与论理之关系　如今所述妖怪者，不在客观上，而在主观上。然则何如而在于主观上耶？欲论明之，当就心性诸作用现象变化而一一讲述。兹姑让之次讲，先即论理上推理判断之误谬而生妖怪者说示之。抑论理上误谬之起,由种种之原因,先就第六节所举考之:第一,部分、全体之关系;第二,原因、结果之关系。第一者,演绎论法之所本;第二者,归纳论法之所本。由第一生迷误者属演绎,由第二生迷误者属归纳。而其所谓迷误者即妖怪,名此二者为演绎的妖怪,归纳的妖怪。

第四十七节　演绎的妖怪　演绎的妖怪者,即演绎的迷误,由误认演绎法原理原则,所谓部分、全体之关系而起。夫论理规则,于全体真者,于部分亦真;于部分真者,未必于全体亦真。然世人往往将部分与全体混合,或部分与部分混合,甚至见甲之一部分,而以定全无关系之乙部分者甚多。是论理上、所谓虚伪过失所由起也。而妖怪之起亦本之。例如万有之一部分人间有灵魂,遂以论定其他万有,若日月,若星辰,若山川草木,尽有灵魂。或见宇宙之一部分人界有变异之论,他之一部分人界亦有变异。或见今日某月某日有灾难,遂论定与之全无关系之来年同月同日亦有灾难。是皆属演绎论法一种迷误。世间所谓妖怪,多是类也。或又以既定神有自在力为前提。而论定妖怪非人力所能为,即是神所为。或乂引大道幸善祸恶为前提,而应用之于天灾流行,以死者为天罚其恶,是亦愚民常用之论法也。其他属于论理上之过失,类此者殆不暇枚举,可参照论理学而知之。

第四十八节　归纳的妖怪　论理之过失中,由原因、结果之关系生误谬者,即所谓归纳的妖怪,种种妖怪之主因也。抑原因、结果者,相对性之关系,此为原因,则彼为结果;此为结果,则彼为原因。以此考定其关系,多易生迷误。又原因、结果者,不必单纯,或有原因异结果同者;或有数多之原因,相合而生一结果者;或有一原因而同时生诸结果。且原因有近因，有疏因，有主因，有属因，结果有直接，有间接。而事物之变化，由错杂之因果，联络结合而生。故虽智力发达者，犹不免陷于误谬，况于无知之愚民也。愚民者，非因而认为因，非果而认为果，属因而认为主因，以事物性质中一部分相似，遂以为同种类而比较之，世间往往所见也。例如，前次大乱之前，有慧（彗）星出，当时人民以慧（彗）星为兵乱之先兆或原因。甲之人杀乙，其后自罹病而死，归其原因于被杀之亡灵。或甲之梦合于乙之所思，而信为乙之精神所感通。此类殆不暇枚举。乃由愚民者，不能明察一事物与他事物之间之关系。惟于时间之上见前后相接而起者，以前者为原因，后者为结果。又于空间之上，见远近之间同时并发，以为两处互相感应。凡人智程度尚低，不但事物内部所包有之理法，不能考察，即时间、空间上，推究外部关系，其区域甚狭小，其论理甚浅薄，见一日间之原因，不知前日之原因，见一部分之结果，不知他部分之结果，是以所用论法，易生大谬。及智力发达，其思想之范围大广，其论理之考究亦深，始得确知因果之真正关系也。今举愚民论理极疏之一例：距今四五年前，日本山形县内，一夕，有一种之怪光，由鸟海山向月山而过，其声轰然如雷鸣。其地方之人因说之曰：是鸟海山灵为国会事，欲与月山灵相谈而诣之也。盖其时当初期国会之将开。是虽非论理的之妄谈，而亦应用因果之理以解释之，但其应用之不合事实而生误谬耳。又清夜勉氏所著《归纳法论理学》，引彼司氏药剂书所载，以由一因生两果而误认因果之一事，颇解颐。其言曰：事有由一因生两果，其两果互为对峙而无关系者。圣脱枯拉港者，船舶到，则使该港一切住民患冒寒之疾，是说为大众所深信者。学士奇痕铿蒲氏苦究其事,知此事者实有简单之因果。盖其港之地势,非有东北风时,则外人不能由船舶而上陆,而其冒寒之疾,即在此东北风,而非在外人。此类误谬,盖世多有之。

第四十九节　因果与妖怪之关系　此原因与结果之关系,妖怪所以起,亦迷误所以起也。是实可谓真妄正邪所由分之歧路。夫虽如何无知之蛮民,苟见宇宙之现象,而欲说明之者,无不由因求果,由果寻因。而其生谬误也,其应用判断之不得其当。盖因果之形式,与外界之事物互不应合也,故非原形之误,而应用之误。然其原形,当人知之未明,茫然存于心中,而未能判然,从而生误于应用上。而此因果之思想,先天性耶?后天性耶?属于别问题,虽可不论。惟我心所有之原形,待经验而愈明,外界事物之讲究,由因果之应用而愈进,内外相助而互发达,不可疑也。且此因果之理法,尤说明妖怪现象之所必用者。妖怪、非妖怪之所以分,亦由此理法之明与不明。故其理者,妖怪学之所以为经纬者也。

第五十节　事实考定法　由是不得不就因果之应用,而促世人之注意,即论理学所谓归纳法是也。其法有五种:曰契合法,差异法,合同法,残余法,共变法。例如,于此有欲考之一现象,其所显在二次以上,其时皆有同一之事情,则其事情,即该现象之原因,是契合法也。然世人论妖怪之原因者,仅于一二回之经验,见一现象与一事情之前后续起,直以甲为乙之原因或结果。或于二回以上之经验,见其二三回显同一之结果,而有一二生反对之结果者,直以其间有因果必然之关系。如以天变与人事间有因果之关系,是学术之所不许也。今宜于数回经验,不见同一因果之现象者,不可径以甲为乙之因或果。次差异法者,于甲际起而于乙际不起之现象,其事情于甲乙两际,异者惟一,而其他皆同,于是断其一事情之异,为甲际特起之现象之原因。次合同法者,合并契合法与差异法之谓。次残余法者,有甲事情与乙现象,由甲之中除去其所知之原因,而考定其所余者,为乙现象中之原因。次共变法者,于甲与乙之中,增甲而乙亦增,减甲而乙亦减。考定其互有因果之关系,其详宜讲究归纳论理学。今本此法则,而定左之条项,望今后遭遇妖怪之人自试之也。

第一项　若人自实见妖怪(例如幽灵)时,不可以自己之感觉为定,随其时地而多使虚心平气之人实视之,必其各人所见者果一致,而后判定妖怪之真伪。

第二项　若人际会奇异之变象(例如天变)时,不以一回而定。俟数回经验,而考定其现象与他事实(例如国家之变乱之间),果有必然不变之关系否?而后以一现象为他之事实之原因。

第三项　若人由一原因(例如神符)而得不思议之结果(例如病愈),试以由他之原因(例如代神符以全与之无关系者),而招同一之结果否?而后考定原因、结果之关系。

第四项　若于一时代(古代),由甲原因(例如杀害)直来乙结果(例如神罚若祟),于他之时代(近世),更不由甲原因来乙结果者,必详其何故。前后相违如此耶?而后考定原因、结果之关系。

第五项　若于一地方,由甲原因(例如狐狸)来乙结果(例如狐惑、狐凭之类),于他地方,不由同一之原因而来其结果,寻究其何故不同耶?而后论定其关系。

第六项　若众人数回试同一之事(例如卜筮),其多数虽得所要之结果(例如预定与事实之符合),而少数得反之之结果,考究其何故不一致耶?而后论定为原因、结果。

由此等注意,且虚心平气以察之,而后所得妖怪,必为真正之妖怪。虽然,犹不可不于此存疑。何哉?自己一人所考定为确实者,或他人试之而发见不确实;或今日断定为真正之妖怪,后日更考究之而发见其误。故妖怪之考定,要不任自己之专断,而考证于各科之学说。

第五十一节　妖怪总体之大分类　兹将第四十一节以下所述之妖怪,先参照第四讲所示之种类,为妖怪总体之大分类,如左表:

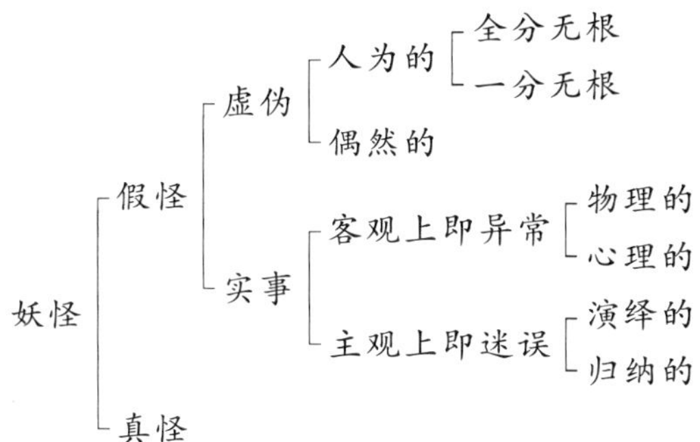

表中人为的者,由人故意作为而生出妖怪之义。或由好奇心伪造,或为占自利,或为博人喝采,或出于小说的兴趣与辨护的作为。而其中有全分无根而不可信者;有以小事敷衍铺饰而大误其实,非全无根者,凡二种。偶然的者,谓非故意造出,而偶然传妖怪于世。例如,乞丐于夜中,忽入路旁空屋而就眠,过其前者,不知屋内有人,闻鼾声而认为妖怪。或曝衣于庭前之树枝,昼悬而夕忘取之,夜中经其树下者,以为幽灵现于树间之类。予闻一奇语,某年某城,于每朝鸡鸣之前,有声如当天下者,意鸟之声也。其语虽不可解,然其声似云“当天下”。一城之人,咸谓妖鸟告天下有大变动,盖将有当天下之人出也。然有一人欲探知其原因,迎其声之来处而行,乃知不在城内,而在城外,更出城外寻之,市有锻冶之所,每朝三点钟,即从事于锻工。知“当天下”者,即其打铁之声云。如此者,皆虚伪而非实事,世间所谓妖怪,多此类也。若以事实分之,亦不可不设主观、客观,即迷误与异常之二样。客观者,于第四讲种类篇既详述;主观者,论理的妖怪,即本篇所说明者。而论理的、亦为心理的一种,属之心理学可也。今之目的,以心理学为中心,而说明物理的、心理的之妖怪。以下所述,心理学之讲义也。夫心理学者,外面与理学相关,内面与纯正哲学相关,而位于内外两界之要路之学,故得以心理学为征伐妖怪之元帅云。

《妖怪学讲义》卷之一中

总论续

第七讲　说明篇第一

第五十二节　心理学上之说明　于前讲虽说明妖怪（即迷误）所由起之原因，而未说明妖怪现象所以生之理由，本讲则以说明其理由为目的者也。抑妖怪既有物理的、心理的之二种，物理的妖怪者，关系于诸科之理学；心理的妖怪者，关系于诸科之哲学，即心理学、教育学、纯正哲学等，而其中妖怪学所尤要者，心理学也。何则？物理的妖怪，究亦成立于心理现象之上；物理的说明，亦半由心理学讲述而后可也。而诸科之理学及哲学，待于各部门讲述。本讲就心理学之原理论明之，当知斯篇为总论中最重要之部分。心理学有正则、变则之二样，正则心理学者，说明常态之心理现象；变则心理学者，说明变态异常之心理现象，即前文所谓正式的心理学、变式的心理学也。今先述正式的心理学，次论变式的心理学。

第五十三节　物心相关之说明　正式的心理学者，于普通之心理论之，在既读心理学者，如属无用，今因讲变式的心理学，有不可不参照者，故于此略述其大要，乃先述物心相关，次及身心相关,次论神经组织。夫物心者,互相待相对而存,物无则心亦无,心无则物亦无,故谓之相对性之存立。而以物、心二者之体,并存立论者,谓之二元论。以一为主,而一不过副之,以此立论者,为之一元论。于一元论,有唯物、唯心之两论。又有想定物心本原,为非物非心之体,而物、心二者,不过属之之现象,是亦一元论也,即如理想者属之。今者非述理想论,非论物心之本体,唯说明二者现象之所以互相关而已。而其现象上之关系,不可不谓离物无心,离心无物。难者曰:离物无心,虽无疑,离心无物,其意难解。何则?纵令我无心,而此天地万有之实存,不可无也。应之曰:甲某今死,而其心灭,天地依然存者,乙某之心存故也。乙某死而其心灭,天地依然存者,丙某之心存故也。犹之一茎草枯,而他草尚存,不可谓草全灭也。又有难者曰:譬有暗室于此,其中点灯,而壁间所陈列之书籍可知,及灯灭时,复为暗室,其室内之书籍,不与之俱灭。今宇宙间万有如书籍,心性如灯,安得谓心无则物亦无耶?应之曰:是其譬喻既误,其论理岂得正当耶?夫以物喻书籍,以心比灯,物心二元,全异其体,犹灯与书籍异其体,如此考之,不但离心有物,亦得谓离物有心。何哉?无灯而有书籍,即得谓无书籍而亦有灯。今以物心为有相关相对性者,乃离物无心、离心无物之意,书籍与灯之喻,不可同一论也。且其所谓离心无物者,无其意识上所感见诸物象之义。其所谓物象,指色、声、香、味、触诸象。除去此诸象,岂吾人所谓物,尚得谓存耶?要之,明物心两象互相待而存,则其关系之密接,固不须喋喋矣。以是物理的妖怪之说明,待心理的;心理的妖怪之说明,待物理的,可知。而说明此二大种妖怪,既以心理学为中心,则必详论精神作用之影响于物象上何如。古代精神学心在物外之说可不论,惟本物心相关之理,照经验学派之心理论而为之说明尔。

第五十四节　身心相关之说明　物心虽互待而存,要其性质全异,不可同一视之。物者存于外,谓之客观;心者存于内,谓之主观。故物心相关,即内外相关也。而在此二者之中间,则吾人之身体是也。身体者,虽有物质组成,而心性现作用于其上,以示物心一致,故身心有密接之关系,不问可知。请先举身体诸事之影响于精神上者以为例,如血液、荣养、消化、呼吸、体温、劳动、疾病、康健等是也。盖血液分量之多寡,成分之适否,及其循环之迟速等,皆使精神变动其作用,或过敏,或迟钝,甚至有全停止者。而食物之荣养,肠胃之消化,呼吸体温之事情,皆准之而可知。又或劳动手足,伤害身体,必于精神上感几分之苦痛。身体强壮健全,则大觉爽快,人皆所经验也。是亦劳动、疾病、康健之影响于精神上可知。而精神上之变动,又必示其事于外貌,喜者笑,悲者泣,羞者面红,怖者冷汗,或以手颤足战发声音,是亦人所熟知也。虽然,以上之关系,皆间接者。若举直接之关系,则神经系统中之脑髓也。例如神经健全时,传感觉如常,若生而组织不完,或由疾病及他事情而受障害,则传感觉亦不完也。或神经一部分受强压于外,及疲劳非常时,更有不传感觉,虽以意志命运动而不从者。次述脑髓与精神之关系,第一,脑髓大小,与智力之发达有比例,野蛮人之脑髓与开明人之脑髓,其大小甚异。在动物中见有应精神发达之高下,而差异其容量者。且脑髓之表面有盘曲,与智力高下有多少之关系,是无他,盘曲多者,面积广也。第二,由外部贻非常之刺激于脑髓,或由高坠下,脑与他物冲突者,忽昏迷若失神,而精神作用为之停止。第三,过劳精神,其后必感头部疲劳或苦痛,是由第二之里面证者也。第四,罹白痴症、失语症、其他诸精神病者,检之于脑髓之部分,见有多少之变状。第五,使用精神过度时,见排泄物中多混入所以组织脑髓之成分。第六,施动物以种种之试验,得证明脑髓与精神作用,有密接之关系。由以上之理由,而身心中心脑之关系亲密可知也。

第五十五节　神经系统　神经组织论者,属于生理学之问题,兹不详述,仅述其大略。神经系统有二种之部分,一谓神经纤维,一谓神经细胞。纤维者,白色,主传导作用;细胞者,灰白色,主中枢作用。而传导作用有求心性、远心性之二种,以神经末端作起之刺激,传向中枢者,谓求心性神经,或谓感觉神经;又以中枢所起之兴奋,传向末端者,谓远心性神经,或谓运动神经。此二种神经相集合,而形成种种之机关,分其机关为传导器、中枢器之二类。中枢器者,由神经细胞成;传导器者,由神经纤维成。属传导器之神经,于求心性、远心性二种外,又有联络中枢与中枢间之中间神经。又中枢器有脑髓、脊髓、神经节之种类,其表如左:

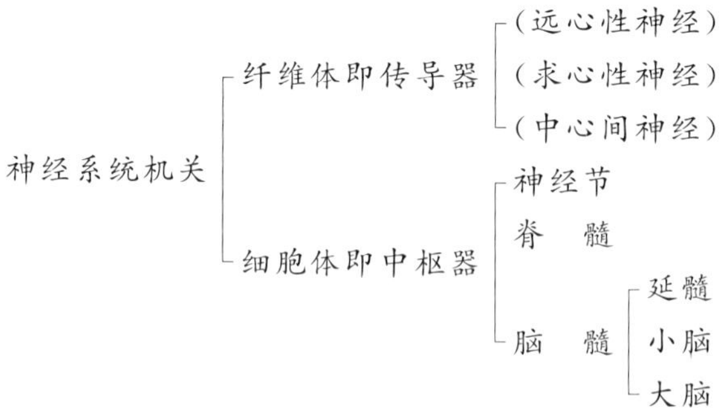

其中神经节者,中枢器之一种,由神经细胞成,论精神作用,此

非紧要，故略之。脊体存于节骨中，为一种之中枢器，有反射作用，例如熟眠而手足动者，由脊髓之反射作用也。而脊体者，联络手足等部分于脑髓之间，以为感觉运动二作用之媒介。次脑髓者，存于头盖骨中，为中枢器之主要者，有延髓、小脑、大脑之别。延髓者，在脊体与大脑之间，联络上下二者，主生命最要机关之反射作用，例如心脏、肺脏等之反射运动是也。而为精神作用之本位者，独在大脑，心理学所谓智、情、意之作用，全在乎此，关意识之作用，皆由此部分发也。而大脑中亦有反射作用，当于后说明之。心理作用，有反射作用（即无意识作用）与意识作用之二者，此两作用之关系，亦于后述之。次小脑者，于规整运动之外，别无特种之能力。以上诸机关，呈人类活动之诸作用，其附属之者，则有五官器筋骨等。其各部之关系如左：

精神作用
- 主体　神经系统
- 属体　诸有机机关
  - 运动器（筋骨）
  - 觉官器（五官器）

其他有机机关中，虽有消化器（肠胃）、呼吸器（肺）、行血器（心脏及血管）等，以仅关于生活作用之机关，不加于此中。若又分之为动物性官能与植物性官能，则关于精神作用之机关，谓之动物性；关于生活作用之机关，谓之植物性可也。

第五十六节　感觉及知觉　神经系统论者，属生理学之问题，未入心理学之部门。心理学之部门，以感觉为初级，故不可不就感觉而一言。夫感觉者，在内外两界之间，联合物心二者之媒介也，故其义解当由内外两面考察之。先由外面（即客观上）解时，感觉者，不外于求心性神经末端所起之物质的刺激、及神经系兴奋，而其刺激之主体,由外界之物质,刺激于其物质而起神经之兴奋,由此相传而达脑髓,始生一种之感动。虽然,感觉者,非独恃物质的解释所能说明,若由内面(即主观上)解之,可谓心性作用之直接于外界而最单纯者,是实智力之起原也。而其知觉,有普有性感觉(即有机感觉或体觉)及特有性感觉二种,视、听、嗅、味、触五感觉,为特有性感觉;普有性感觉,即身体组织间之感觉,随消化、营养、呼吸、行血等,而感饥、渴、体温、疲劳、爽快等是也。此感觉关于人间之有机作用而起,非有一定特种之部位,故谓之普有性,或谓之有机感觉。视、听等五感,人所熟知,故不与解释,是为心体中有一定特种之部位之感觉,故谓之特有性。其他属感觉者,有名筋觉之一种,是即运动之感觉及抗抵之感觉而名之,非离所举之普有及特有两种而独立者,似不必别设一种。然其性质与两种大有所异,以别置之为善。何则?普有、特有之两种,其性质皆为所作用(被动),不过感受外物所与之刺激。而筋觉者,以手足筋骨之运动,得施其作用于外物之上,属于能作用(主动)也。次感觉又有四种之性质:第一,事物之度量,第二,事物之性质,第三,时间,第四,位置,是也。例如,由视感见色,知其浓淡之度,赤白之别,又由手足触外物,知其物之距离及位置、速度、时间之类也。其详细之说,以见心理学(《心理摘要感觉论》),故略之。夫由感觉进一步,达于知觉。知觉者,感觉之稍涉复杂,且认识外物为一个物体之作用也,即合其得于外物各种之感觉而生者也。而感觉中形成知觉者,力各不同,大有强弱之差,乃若视觉者,构成知觉之力最强,嗅觉、味觉及体觉,其力甚弱。其说明,亦让心理学之讲义,兹略之。

第五十七节　再想及构想　较知觉更高一层者,有再想及构想之二种。名此二者为再现的,对之而名感觉、知觉为直现的或表现的。即其与外物之关系,有直接、间接之异同也。再想者,再生的想象之义,非直接感知外物,乃一感知之而留其影象于心内、其后再起之之谓。夫知觉者,直接外物而起,然必一知觉留其影象于心面,而后日再起,始谓之再想。故再想所由生,在知觉及记臆。而又有一事情,则联想也。联想者,观念相联合之义。观念者,成立于主观上事物之思想。凡客观上有数种之事物,主观上亦必有对之之数种观念。故经验于外界之事物,互联合而存,则于内界亦必有观念联合而存,此观念实再想之起所不可缺者。吾人观一物一事,每必有与之联合之感念,唤起于心内,而记臆作用,赖此联想之事不俟论。次构想,谓构成之想象,诸再想之一部互结合而稍变其形之谓。盖取再想上一影象之一部分,与其他影象之诸部分,取舍结合之,生一种之新影象。例如构成一鸟翼人身而飞行空中之新动物,是谓构想。而吾人普通所谓想象,皆此类也。

第五十八节　虚想　再想及构想,皆就其特种之性质,而想见个个之事物,可名之为实想。反之,离其特种而考出普通一般之性质者,谓之虚想。其作用为思考作用。例如见云而判其黑白,见木而知其大小,属知觉之作用,至后再现之,属于实想。若道德、良心、权利、义务,或宇宙、世界、人间、国家,无形无质,而涉于普通一切者,不可由知觉,又不可由实想,不能不由虚想思考之。其他若禽兽之所以为禽兽,草木之所以为草木亦然。而此思考作用,由实物实想、种种抽象概括而得之,为实想之所发达,分此作用为三种,概念、断定、推理是也。概念者,虚想作用中最单纯者,汇类比较实想,而抽象概括以得之,凡涉于普通一般事物之观念是也。此概念互结合而为一相联之思想,名之曰断定,故断定为虚想之稍复杂者。此断定又互结合而生推理,是论理之所以有演绎推理、归纳推理之二种。以上之说明,亦让于心理学(《心理摘要·虚想篇》)。

第五十九节　感情及意志　以上智力种类,由其初级感觉,次第进而至于其高等推理,既各摘示作用之大略,对之而有感情及意志,是亦不可不略述其大要。夫智者,以识别思量为其性质;感情者,以苦痛快乐为其状态;意志者,以行为举动为其目的。此三者,单称为智、情、意,是实心理作用之三大种也。而感情者,又分为感觉与情绪之二种:感觉者,智力之一部分,又感情之一部分也。是故感觉有二种之性质,其一,识别事物性质之作用;其二,感起苦乐状况之作用也。其识别作用,属智力,其感起作用,属感情,是其所以跨智、情两部也。次分感情为单情、复情之二种,若喜怒哀惧,属单情;若求真理,欲道德,属复情。复情一谓之情操,例如,父母爱子,单情之爱;学者爱真理,复情之爱也。父母之爱,不待智力之发达,自然而有之;真理之爱,非有高等智力者,不能感。以此,禽兽犹能爱其子,而不爱真理,不但禽兽,即人间亦有多数不知爱真理者。故单情、复情之别,以心性发达之程度为差。单情渐进,诸作用结合愈复杂,至于由近及远,由有形及无形,而复情作用始生也。

次意志,亦有单意、复意之二种:应单纯之冲力而起者,谓之单意;由复杂之动机而生者,谓之复意。例如,置一果饵于小儿之前,直以手取之,是由果饵之影象,映于心内,而出此冲力。然至大人,见果饵于目前,犹豫迟疑,不敢取之,是不但果饵影象之单纯冲力,起于内部,又考出种种事情,而起种种动机。要之,小儿乏克己作用,其冲力单纯;大人有克己作用,其冲力复杂。故意志中之克己作用,属于复意可知。而今若详论此感情、意志两作用,非本讲目的,故略之。惟举心理作用中之与说明妖怪有直接关系者,特揭而说明之,即第一、意识论;第二、主(注)意论,第三、习惯论,第四、联想论,第五、信仰论,第六、恐怖论,第七、想象论、第八、愿望论,是也。

第八讲　说明篇第二

第六十节　意识论第一(定义)　夫为心理现象之根基、诸知识之本素者,意识也。故曰智、曰情、曰意,皆得解释之。独至意识,不能施义解。何者?一切解释,皆在意识内现也。若强欲解意识,则云意识耳,意识云耳。或有解意识为感情者,为知识者,是皆意识中之一部分,而非意识之解释。盖意识者,总括此等诸现象之名称也。然全不解释,则不知其为何。故今假据心理学上大概之所用,或解之为自知。自知者何耶?即自知其心之形态。吾人今思之,所谓自知者,想象耶?将感觉耶?不过心自知心之意,故心能决断而知其决断,愤怒而知其愤怒也。由此意义,吾人除自知之外,无一知识,一言语,仍不能与意识以何等之定义。虽然,通常吾人所谓意识者,惟反对无意识之谓,乃人之熟眠而动手足者,属无意识;醒觉之时,以意志动身体者,属意识作用也。又或醒觉之时,不觉出手伸足,此亦无意识作用也。对照此无意识而考之,自不难默会其意义。故或以无意识为直接之知识。直接之知识,何则?以理明之,如吾人偶忆起往年与亲友俱游地,是非突然构造于吾心中,实于数年前一经验于我意识之上,而今日再忆起者,其在数年前,亦不得谓往时之知识全消灭。何则?真消灭者,无再忆起之理,然坐而随意忆起往年之壮游,四边之风光,跃然如睹于目前,是数年之久不消灭,而能蓄藏于心内也。如此,则知识者,得不消灭而蓄藏。意识之范围,惟限于直接现在之觉知,而其蓄藏之知识,则属之于记臆,即潜伏之知识为记臆,而发现之知识为意识也。故存于记臆中之知识,苟再现而想起于心中,始谓之意识内之知识。若记臆者,由尝经验以来,徒蓄藏而已,未再现于心中,其果记臆与否,不可得知,而吾人既以一知识为记臆,则其事不可不再现于意识上,而为现在直接之知识,是所以解意识为直接现在之知识也。又或有解意识为心性之生命者。何则?有意识始知有心,无意识亦无心。意识者,其犹心内之光明欤?心内虽有种种之观念,意识不照之,则知识不能现。譬之暗室内,虽有种种之物品,灯光不照之不能见,是皆意识与无意识之所以区别之义解也。若夫知无意识之为无意识者,意识也;知意识之异于无意识者,亦意识也。至不能离意识之范围而出一步,吾人亦谓意识即意识也而已。故当知意识有绝对的、相对的二样之解释:绝对的意识,包含意识、无意识之二者;相对的意识,此二者对立并存。而今之所讲,非绝对的,而在相对的。欲以经验学派之论,说明意识之所以起者也。凡论意识之起原,有惟心、惟物之两论。惟物论者,归其原因于脑髓内部之造构机能;惟心论者,离组织脑髓之物质,而唱心性之存在。今对照此两论而判其是非优劣,固非容易,且非本讲之目的。姑立两论中间,而取身心一体两面说,谓外面有物质的组织,内面有心性的作用,互相待相伴,其体一也。而由惟物论论之,有物与力之二者,此二者,不可不由一体两面之关系;又由惟心论论之,心者由物而现其作用,精神者,伴身体之发达而开显其性质,皆不可疑者。故不得不调和两论,而唱身心一体两面说。二者既有两面之关系,则论究其体,不可不于一处照客观上之事实,又于一处考主观上之思想。而心之为物,在实念思虑外,虽不可奈何,而探究之,则有二法,即其一,考于诸动物及他人之上;其二,考于社会国家之上也。此二法虽不外于比较推测,而离之别无可探之道,不可不以其近真理而许之。而欲由此方法证明者,更不得不讲述动物学、社会学等诸科,是亦颇难事也。今本从来诸家研究之方针,而立私见以证明之。

第六十一节　意识论第二(意识、无意识之别)　心内既为意识之光明,其光明者不可不谓心性固有之本性(即先天性)。若解之于惟物论上,则为包有于物质内部之真相,其真相伴外部之发达,而次第开显,脑髓之造构机能愈达完全,其光辉愈至圆满。故意识之光明,虽谓之先天性,而其发达,必伴于外部之组织。虽然,若独光明而无触之者,其光明之有无,且未可知。犹吾人虽具耳目,无触之者,不知有视听之感觉,故五官所感觉之影像,即触于意识光明之物体,照于其光明,而知个个观念之存。又由此观念,而知意识光明之存。譬之暗室有灯之光明,而知有室内所陈之诸品。又由其诸品而判光明之明暗。而其光明,虽先天性,其个个之观念,则由外界经感觉而入者也。且意识光明中,又有分合诸观念,以构成组织知识之作用。何者?非有其作用,则知识无能生之理也。是犹有材木,而无构造之工匠,不能成家室也。然则意识有原形与材质之二者:原形者,先天性之光明;材质者,感觉的影象。此二者,相合而见意识及知识之成立。其为之基础者,记臆保持之力也。非有此力,不能使感觉的形象,留止于心内,而是亦意识中所固有之先天性也。然对意识而为无意识之存,何理耶?意识者,虽先天性光明,当其未发达也,心内全为暗黑之世界。如太阳未升,四面尚暗夜耳。故若动植物者,未见意识之光明,而在暗黑之世界者也。而动物中之高等者,现一部分之光辉,犹鸡鸣旭日未升,而东方仅渐白。独至人间,悬意识之日轮于心天高处,光辉赫赫,遍照四方,尚因智力发达之程度,觉其光辉有厚薄深浅之差。在光辉之浅薄者,设令种种之影象,由外界入来,而接于意识之光明者实鲜,且不分明。故无智下等之人民,考定一事一物之因果,其所见甚狭,其论理极疏,犹以光辉微薄之灯,照于室内。是以动物及野蛮人种,无意识作用多;而高等人种,意识作用多也。而其无意识,即反射作用。反射作用者,应外界刺激所起之感觉,不待意识之命令,直向外界而现反射应对之义,为生活体所固有之物理的或机械的作用,而非可属于精神的者,虽然,精神作用与反射作用,互连结而存其间,决不可立划然之分界。或反射作用一变而为精神作用;或精神作用一变而为反射作用。由是观之,意识与无意识,其间决非先天性之分界也。例如发于脑髓中之作用,有要意识与否者,今有人于此,吟诵诗文,非用心力于字字句句之间,而不能读下者,有不知不识,任口舌而得读下者,其一意识作用,其二无意识作用也。无意识而得吟诵者,其始盖由意识作用,及反复吟诵,而变为无意识;无意识而得吟诵者,久不反复之,则复须意识。观僧侣之诵经文,始也用意识记臆之,既而朝读夕诵,数回反复,随自变为无意识。其后久不读之,经数年欲背诵之,复须意识作用可知。然则意识作用之变为无意识,由反复习惯之力而变为机械的也。此习惯性者,不独存于肉体上,心性之诸作用,亦皆由习惯性。故意识由习惯而变为无意识,及其习惯一已,仍有复其始意识作用之倾向,自然之理也。若至习惯形成确然不动之天性,则为本能性,遗传之于子孙,无复变为意识之虞。故无意识之变为意识者,由其习惯未全熟也。今欲说明其理由,复说示如左。

第六十二节　意识论第三(心力与意识之关系)　据惟物论者之说,人之心性者,物质固有势力之一种。故人类之思想力,与动物之感觉力,植物之生活力,皆同一种。即据惟心论者之说,今日亦无有如古代学说,所谓人类之心与禽兽之心为全别种者。即惟物论者所谓之生活力、感觉力、思想力皆同一种,惟应发达程度之高下而生此差别耳。然则谓惟物、惟心两论,皆假定动、植、人类有同一种之心性,固无不可也。然同一种之心性,有意识、无意识之别何耶?夫意识既解为先天性之光明,而其光明之明不明,全在发显之心力分量如何。其力积集于一点而得多量,其光愈明;若其力不积集于一点,其量从而少,其光亦不明,殆现无意识之状态。而心力之集于一点与否,在于抵抗之者如何。如此有一抵抗者,非心力多量不能胜之,则自然向其点而积集,以现意识之光。若反之而无所抵抗,则无心力之积集,意识遂不发其光。譬于此有一条之流水,当其水路,横岩石而抵抗之,水自然集此而忽大增其量,终越其石而上之。否则无抵抗之者,无碍其势而溶溶流去,其量不增。谚所谓无对手不相扑者,稍近此意。故心者接于需大心力之事,则其力忽积集而现意识;若无发显之对手,则虽谓心内已有意识之光明,亦不能奈何之。而其所谓对手者,会从来所未习惯之新经验事,及心内种种之观念错合,而于其中发见适应之难者是也。此二者,皆于心力有多少抵抗之事情也。抑斯宾塞尔氏别意识、无意识而归之经验之多少,与习识之有无,虽予所同意,而氏者以意识为非心性内包之力,其论颇觉浅薄。予则谓无意识之诸作用,皆于其内部包有意识之光明,而未进于外发之程度。其无意识之变为意识、意识之变为无意识者,由心力积集于一点而发其光明,与放散而失其光明也。虽然,予意非谓动物与人类积集心力于一点,同能发意识之光明。若动物者,神经组织未达于发显意识之程度,意识光明之外发甚难。譬之地球内部之包有火气,虽不问何处,皆同一样,非喷火口处,不能喷出火气。又设令有发显意识之造构机能,而不接心力会集于一点之事,亦不示意识之光。如有喷出火气之火口,而由晴雨气压等事,异其喷火之有无多少。要之,意识之有无,一关于神经组织之造构机能如何,一关于心力积集之事情如何,而就其事情如何,予新谓与斯宾塞尔氏之论无大差,氏不示先天性意识之内包于无意识中,予说所异也。

第六十三节　意识论第四(意识之范围)　夫下等动物之反射作用,从物质的(即器械的)习惯性而生。人类精神中之无意识作用,则由精神的习惯性而生。二者均为习惯。惟在下等动物,身心两面之发达,尚未能开显其内包之意识而已。予以是谓意识作用与无意识作用,生活力、感觉力与思想力,其体本一,惟随发达之高下,分量之多少,而见其分别。例如取一块之冰,至某温度为水,至某温度为汽。意识之变为无意识,无意识之变为意识,亦如是也。既身心发达而至内包意识之开显,若遇未经验且错杂之事情,则心力会注于其一点而感意识,及数回反复之,以养成习惯,变而为无意识时,更见他部分之须意识,而为心力所注向,如此其部分又有习惯之力,而变为无意识,又转而向他部分以集合也。譬之一条水路,有岩石障其流,水激而集其点,既越之而流,更向他岩石而集矣。是乃大助智力思想之进步,心理发达上不可缺之事情也。例如读书学文,初由一至十,均要意识之作用。以习惯熟练之功,渐至于无意识,更得进而察高等之事情。意识者,让其既达成功之部分于无意识(即反射作用),而自进而向未经验者,以用其力。于是不可不考意识之有限与无限。意识果无限耶?何要让其一部于无意识耶?而其让之,则有限明也。予既定意识之发达伴于身心两面,设令内包之意识无限,而外包之意识固不得不有限。且其有限之范围,应发达之程度,而大异其大小也。然则以意识为有限,不能尽内界所存之观念,而容于其范围内。故观念之部分,有在意识内与在意识外之二种。以是记臆力范围,大于意识之范围,可知也。虽然,意识之光,非限于一部分而照之,或照右方,或照左方,或于前部分,或于后部分,得以次第移转,记臆中所存之诸观念,得顺次而浮现于意识中也。譬之以灯照一室,不能照全室,于一时携之,而由一部分分移于他部,四边所陈列之诸品,得一一照见也。虽然,亦竟有不能使诸观念尽入于意识中者,乃诸观念中自然有一种之优胜劣败。观念之明且强者,早浮于意识中,否则非用特殊之意力不现。又有极用意力而终不现者,犹转灯于四方,而至微细者仍不能照。是意识力发显之有限,亦不得已之事情也。

抑吾人之所称自己(即我)者,惟心论者中,虽如一种特殊之灵魂,其实属于内界意识之范围。所谓我之本位,不外于由诸观念之比较结合而生之中心,犹之一块物质有重力之中心也,而以意识时时转其中轴,我之本位随而得变更。是以所谓我之观念,幼时与成时不能无多少之异。又醒时之我与醉时之我,喜时之我与怒时之我,皆不能同一,是人之所以起悔悟也。虽然,意识之移动,非能使我全变为别物,惟仅少小之变动耳。其平常精神不激动而保水平时,意识守正位,其所谓我之本位,必立一定之中心。更欲明其理,不可不就观念论而一言。

第六十四节　意识论第五(意识与观念之关系)　内界中个个之观念,有现于意识中者,有不现者。例如甲部分之观念在意识中,则乙部分之观念在其外,而为无意识之境。乙部分之观念来意识中,则甲部分之观念又出其外,乃内界记臆上所存诸观念,新陈代谢,而意识则有内外隐见起伏之状。由是观之,观念之数,比之于意识之范围,其量过多,不能同时并见于其中。今以图示,大圈表内界之全面,小圈表意识之范围,甲乙丙之记号者,表个个之观念也。此小圈者,得由一处移动于他处,意识外之甲乙庚,有忽入于意识内者。譬之一个之灯,无照见全室之力量,移动之,得依此而照见四隅。而其意识内与意识外者,非必其间有判然之分界。是又如以小灯照广室内,近处明而远处暗,其明处与暗处之间无判然分界也。然则意识者,不外乎包有于心性之内部,若脑髓实质中一种之光明伴身心之发达而发显者,可知矣。而其光明之不能平等照及内界全面者,以内界所存之观念,及内外相关之事情,常不能平等同一也。如于心性之海面起高下之波澜,意识之光,由其各波之关系,相一定之中心而发。故

其关系异者,从而其中心上起多少之变动,不独道理上然,亦实际上经验之事实也。是予所以谓我者由内界之事情而变动也。而意识之由一隅移他隅,由于观念与观念间之联合,习惯、遗传等之事情,及内外两界相关之事情,可知矣。故意识与观念之关系,由内界及内外两界之关系,如何而定,可知也。

第六十五节　意识论第六(意识与社会之比较)　更欲明观念与意识之关系,可比喻于社会之组织而知之。夫内界有个个之观念,如社会有个个之人民,其人民结合而组织政府,可比之观念结合而开立意识之范围。意识中有智、情、意之别,如政府中有内阁、诸省之别。有意识内之观念与意识外之观念,如有奉职于政府之人民与退居于民间之人民,而由观念结合以组织之政府,非君主政体而共和政体也。其所立于意识之中心之观念,不但得新陈代谢,且有由一观念移行于他观念者,若甲观念立意识之中心,与甲有亲密关系者入于意识内,不异于一国中甲党之首领立政府,而与之同主义者入政府;乙党之首领立政府,而其同主义者亦入政府也。而通常立于其中心者,本于遗传,应于习惯,大抵一定,即令有内外一时之事情而有小变动,犹有同主义之观念相续于其中心。故先所谓我者,于内界中自然有相续一定之位置,能于身体变化意识移动之中,保持一定之中心也。至于罹精神诸病,而判断思想大有变动,全有其中心之变动,而别主义之观念入于意识之中心而代主作用。譬之政府有大革命,而别主义之党派占领政府也。狐凭、神凭等,皆准此例而可知。是为后心理学部门所讲必要之说,豫置一言于此耳。如此以内界比论社会,虽若非属于论理的,然今日既以社会为一个之有机体,凡就个人发见之规则,可应用之于社会之上,将社会比例于一个之人体而与之说明。故谓欲从其反对之方向以为证明,以社会上所存之关系事情,考之于内界之上,亦不可谓全非道理也。且社会不过一个人之增大,一个人中之微细者,就社会上比考之,与以显微镜观微物,同一理也。则以社会为观一个人之显微镜,岂谓无理耶。

第六十六节　注意论第一(注意之义解及性质)　与意识有密接之关系者名意向,即注意也。注意者,精神合注于或一点而强其力之作用。故解之为意识之集合。若合注于一定事物上之心力,其种类有无意自然起及有意起之二种。又起于无意自然者,有由身体上活动起及由感情上愿望起之二种。例如强大之音响触于耳官,不觉起注意于其处。腹中感苦痛,自然为之注意,皆由身体上活动生者,不能由意力制止之。又如欲锦衣玉食,望名誉快乐,虽自然注意之所向,则有意力能制止之,或不能制止之。二者以外,由有意起之注意,全由意力得左右之。至于寻注意所由起之原因,则由意志愿望活动,其他内外种种事情,不问而明也。但其强弱之度,一则由刺激之事情,如感觉上之刺激强,则注意之度亦强。二则由身体及精神之状况,如身体衰弱或精神疲劳,则注意之力弱,反之,而其力从而强。三则由动机及感情之事。夫动机者,在心内而刺激精神,是意志所由起之原因,即注意之起因,固无待论也。次就注意之发达言之。儿童之注意,多反射的(即无意的),由渐发达而生有意的注意。盖儿童之注意每归向于刺激之强者,然年龄渐长,刺激之弱者亦得注意。及更进,能抗抵激刺及唤起反之之注意,是全有意的注意之力也。又就注意之区域,有古来一疑问,乃同时得注意二物耶?否耶?是也。二物论者曰,吾人能辨别同时所发二种之音响,同时得注意二物之证据也。若同时不能注意二物,则比较作用及辨别作用,无可起之理。何则?比较辨别者,不能不照对二物也。一物论者反之曰,吾人于实际上同时感得二物者,由注意之由一物移动他物之时间,非常骏速,故若有比较辨别,于时间上实有前后之别,因其移往极瞬间而不能见其别。此两论孰真耶?虽未易判定,注意之全力集于一物一点,与分于二物二点,数理上已有分量之别。惟注意一物时与同时注意二物时,其所感得明确之度,觉大异也。例如,定注意之全力为十,集之于一物,其力十也,分之于二物,其力五也。且吾人于实验上欲同时注意二物,自然减少其力,注意一物则其力得完。以是观之,二物论者似有理。何者?若同时不能感得二物,则注意一物与注意二物,其力固无异同之理也。

第六十七节　注意论第二(注意与意识之关系)　注意种类虽有无意的、有意的之别,二者共属于意识之范围也。而意识之范围与心界前面之关系,观揭于第六十一节之图而可知,乃意识之范围小于心界,即注意之范围更小于意识,是注意者意识之合注于或一点,换言,则意识光明之向某一点而集者也。夫注意者,研究事物之所必用,由注意而研究事物,犹由显微镜而看细微之动植物。古来大家若牛顿者,实为最富于此意识力之人,不但富合注意识于一点之力,且能永保持其力于一点者也。非如此之人,决不能看破造化之机密。盖世所谓天禀者,即富此力之人。余尝论性理之有经济,于此论有关系,特揭出之。

假有甲乙二人,生来有同量之心力,其心力之量,姑以便宜定为三百。其分量从成长而次第增加者,恰如财之逐年而生息。而

其增加之分量,虽由教育经验之得宜与否,余姑假为其量无增减,

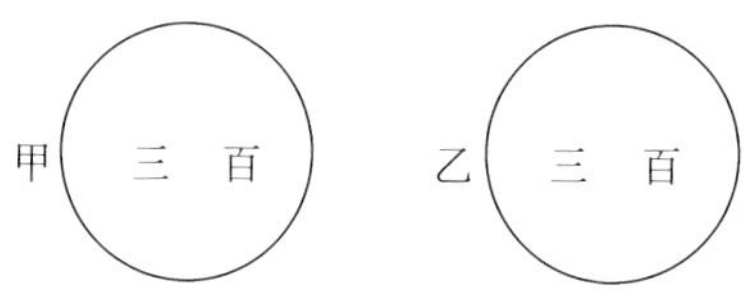

即定为三百之分量,终始不变,以便于示用之得宜与否,而分贤愚之理。以人之心力分为智与情与意之三种,不可不平分其全量于此三种。然则三种各得百之量,若使人而智、情、意共有如此同一之分数时,甲乙共有同等之才力者,理也。然心力之全量虽与之同一,而以经济的利用其量,得使甲有倍于乙之才力。凡人之用其心,智、情、意三者,非要同一之作用,时而要智力之多量,时而要情力之多量,时而要意力之多量。故智、情、意三者中,要其一者之力多量,固不妨减他二者之力,以加于所要之部分。且智、情、意者,一者增其力,而他者常随之而减其力谓之抗排性。例如,人用智力

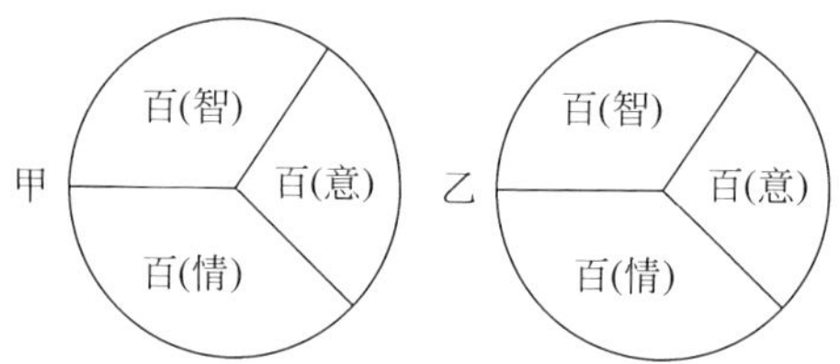

过其度,情意二者至共减其力,是无他,心力全量有一定之限,不能出其定限外也。然观其力有一时之增减,知得融通运转其力于智、情、意各部分间,余谓之经济的利用法。由此利用法,使得甲有倍乙之力。例如甲者当其要智力时,减情、意二者之力之半,加于智之上,从来所有之百力,忽至有二百之力。而乙者当要智时用百之力,甲者可增倍乙之作用。若又当要情时,甲者减智、意二力之一

半以加于情之上,乙者仍续同量之割合,是又使甲有倍乙之力者也。意之场合,亦准之而可知。今以图示甲智倍乙之例。

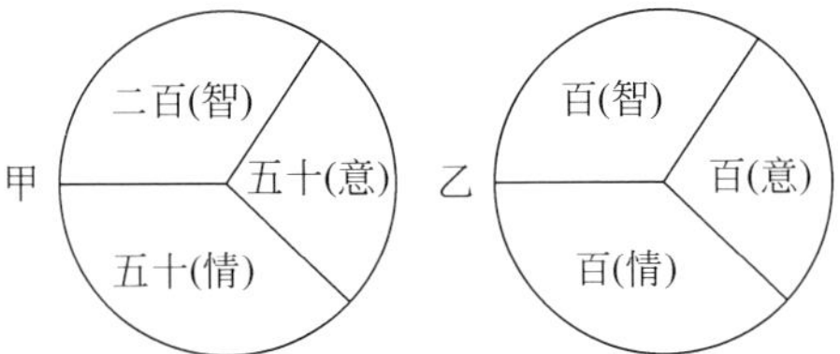

若使甲倍其情力及意力时,则如左:

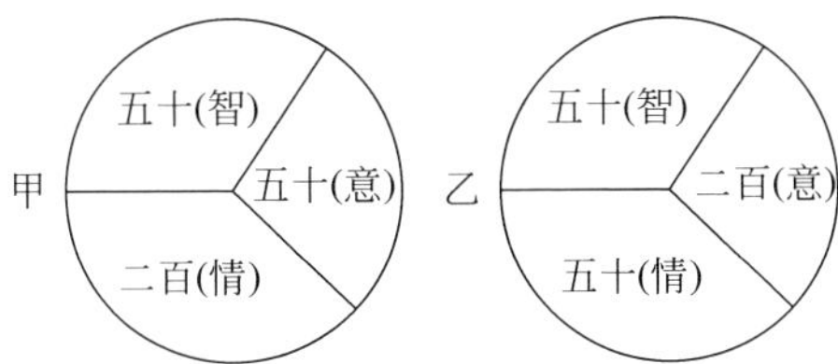

由此利用法,则虽通常心力少量之愚者,亦得示倍于智者之力。例如定甲有二百四十之心力,乙有三百之心力,而示其比较如左:

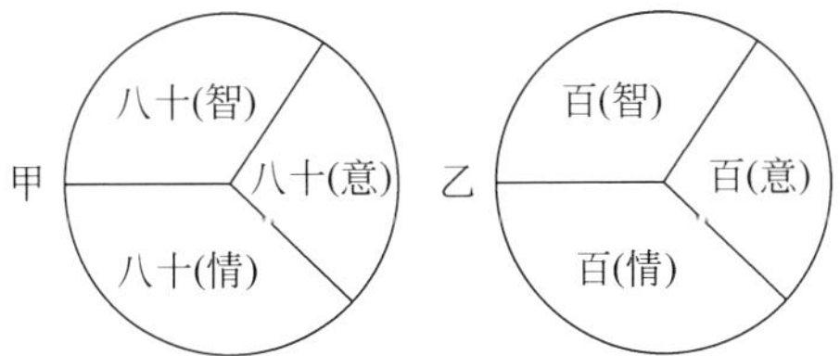

即甲之愚于乙可知。虽然,若使甲行融通运转之利用法,而乙不之行,则可使甲为倍于乙之智者,其图如左:

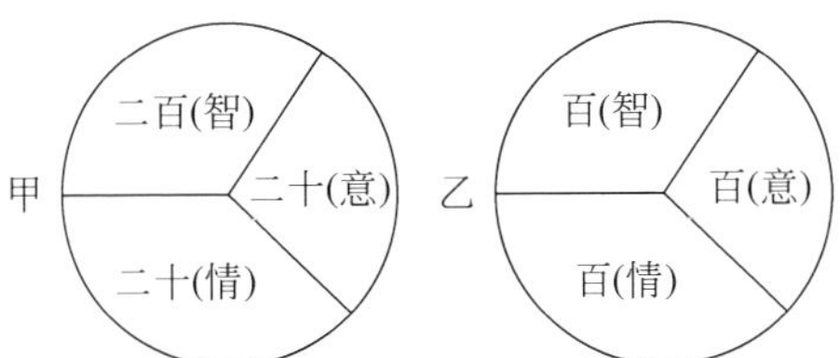

其他准之,而甲之情及意各得使倍于乙也。减一处力而加于他处之利用法于心理学上,本心性集合之作用,而使精神全力集合于其所要之部分是也。盖观人之富学才,长世才者,非必其生来之力常倍蓰于人,唯由此集合力之强。虽然其集合偏着于一方而不能转运于他方,则于一二专门之事业,或为之有益,而多数之人,因之而为偏僻人若顽固人。世所谓英雄豪杰,为能以此集合力,应于时地而适用运转之。故使人为英雄,必要集合心力之力,与应合时宜而运转适用之之力,明也。

此图中所示之情、智、意,总括意识作用而举之。其所谓集合力者,谓注意力也。凡通常之注意,虽得随意由一点移动于他点,若由一事情,固着于一点,至于不可以意志左右之,在其点为观念思想之中心,而支配精神全域,将来精神作用,将变而现狂人之状态,将于变式的心理学中讲之。

第九讲　说明篇第三

第六十八节　习惯论第一　余先分说明篇为正式的心理学与变式的心理之二段。其正式的心理学之讲义,亦分总论、各论之二段,即第七讲之说明篇第一,可称正式的心理学之总论。由身心之关系,讲述心理之种类作用。次由说明篇第二,移于正式的心理学各论,揭心性中特殊之作用,专有关系于妖怪学。今已讲述意识注意之二论。此二论者,可云各论中之总论部分,论述妖怪所关诸作用之根基者也。其与妖怪学有如何关系耶?当于变式的心理中讲之,姑不著于此。而由此所开陈者,为各论中之各论,直关系于妖怪之心理作用,不惟解说其性质,且论其缘此而生妖怪之所以然。

伴于意识注意而不可不先说明者,为习惯性。习惯性者,物理上、心理上虽皆说之,今所述为心理的习惯性,单名之习性。习性者,由反复经验而生于身心上之一种性力也。其种类有二:一身体上,即动物的习性;一心性上,即精神的习性。此精神的习性,又有道德及智力之二种。如避恶就善、克己复礼诸习惯之力,谓之道德之习性。若夫习惯上识别思量之力之发达者,谓之智力之习性。夫习性与本能,其起原虽异,其性质则同。本能者,人生而已有之能力。习性者,生后所得之能力。二者皆不用意志思想,而自然得示其作用。换言,则习惯者,第二之天性(即本能),本能者,不外于遗传之习惯也,谓之精神中之物理的能力,或器械的能力。又有分习性为能作用、所作用之二种者。所作用者,关于智觉理解之习性,如闻言语而自然了解其意味,是也。能作用者,关于意志行为之习性,如自然以其心所思,发于言语,示于举动,是也。而习性之影响于身心上者,第一,于感情上有关系,例如美食,习惯之则减其味;恶食,习惯之则不感其苦。又溪流之喧耳,激浪之惊梦,劳役之艰难,病室之幽郁,皆由习惯而减其感觉之苦痛,皆人之所经验也。第二,于智力上有关系,如读书解字,由习惯之力得进步,是亦人之所知也。第三,于意志有关系,观言语、动作、道德、品行之发达,由习惯可知。今更考习惯之所以起,由求心性神经所传之感觉,非必直传于远心性神经而示运动。其波动之入脑髓也,或散失于其中而不知所往。然一由脑髓中经远心性神经而示运动于外界,反复之再三,则终由习惯而见一种联合于感觉与运动之间。又在脑髓中,一观念与他观念间所生联合强弱,由习惯之事情如何。而习惯愈达完全,则有意作用变而为无意作用,意识变而为无意识(即反射),故注意与习惯自然为反比例。习惯强者所需之注意少,须注意多者,习惯未完也。要之,习惯者,第二之天性,使人为智者,为德者,无不被其影响,实于教育上有重大之关系,可知也。习惯于吾人有重大之影响,今更详述之。第一,人之学问、职业、技艺之发达,皆由习惯。近世经验学派之泰斗洛克修吾诸氏,以智识思想之发达,全归于经验习惯之力。又支那学派中之荀子,即习惯论者,其言有曰:注习俗,所以化性也。又曰:圣人者,人之所积而致矣。今且措先辈之说。而于实际上考之。儿童在家,受父母之教育,进而入学校,或读书,或解文,或受讲义,以进其智力,高其思想,无非反复数回积习之功。例如读一卷之书,反复熟习之,自然得暗诵,从而用意力,即全卷亦易读下,即习惯之力也。既如前述,依习惯而意识变为无意识,有意作用变为无意作用,事初难而后易,此学业之所以进步也。职业技艺,其理同一,或学音乐,或习书画,皆依反复积习而进步。至于习惯之外,又依天禀之有无而异,则亦不容疑之事实。殊至技艺,其差最甚。如古来有名之乐人画工,亦由天才,不独依勉强反复之功。虽然,其才能非习惯勉强则不发育,大得习惯之力亦明也。凡事业,以其种类有难易之别,有专依习惯而得致者;有习惯之外,又要天禀者。又世间寻常一科专门之学者技士,虽专依习惯勉强而得达,至其得拔群绝伦之名,则必要天禀加之。余尝闻之棋客,无论谁人,由幼时勉强积习于围棋,得使进初段。虽然,至初段以上,非有天禀之棋才不能。其他学业技艺,皆同此理。习惯有功于学业进步,既如斯矣。第二,当述习惯与幸福之关系。如前所言,虽如何之苦痛与不快,得依习惯而减之,而人之幸福,多依习惯而得者也。例如人皆爱其乡里,又皆慕之。谚称住者为都,虽如何僻壤偏境,住久则生爱慕其地之情,不喜去而之他。又或出游他乡,亦辄有每夜梦见乡里之事。又雨晨风夕,际不幸灾难,或及老衰病弱时,思乡之念更甚。去羽州酒田港海上数十里之处有孤岛,名曰飞岛,其周围不出数里。而住于兹者,以其地为都,若人生快乐,离其地即不可得者。故在其岛者,小儿泣时,叱之以当遣逐酒田,使小儿恐之而止其泣。又距伊豆之热海,海上三里有小岛,名曰叶岛,其周围仅一里,户数仅四十二三户。虽有由其地出游于他乡者,数年后皆归其村。如此以小岛为极乐,是皆住者为都之谚之理,无非习惯之力。然则谓习惯增进人之幸福,可也。既知爱乡里之情之依习惯而生,则世间所谓爱国心,亦由习惯不待论。小之为爱乡心,大之为爱国心,皆由所住土地之习惯而生一种之爱情。又在一家之中,亲子夫妇相集而互感快乐者,亦无非习惯之影响。每日惯见惯闻间,自起和亲之情,而于其间感幸福者也。日本国之女嫁于他家,有与其家父母同居之风。虽往往家庭之间致起不和,然同居数年之久,则自然依习惯而减其不和。其初不愉快之家,至后而感其愉快。然则一家之和合快乐,亦依习惯而生,可知也。次就习惯与道德之关系,是亦大有影响者。凡道德之发达,良心之形成,不外于使人养成良习惯。人在一家,由幼时得于父母之良习惯,即形成良心。及长,至虽欲为恶而不能生其动机。语云,近朱者赤,不外此理。长成于风习严正之家者,自严正其品行;生长于风俗善良之乡者,自善良其心质,是亦习惯之力,不待论。故在教育上,不可不注意于付与儿童以良习惯也。次述宗教与习惯之关系。人之信仰心,虽生而有,其发育之,则全由习惯之力。幼时养于热心宗教之父母,而入宗教学校以受教育,自然为宗教之信徒。又一村一乡之人尽宗教信徒,则自然化其风而为宗教信徒矣。是非谓之习惯之力而何耶?日本本愿寺势力之所以大,要不外于习惯。其在信者竟以本愿寺法主为活佛,由其幼时受如斯之教育。故耶稣教家,专由学校教育,宏布其教于他邦。依是观之,教育上最有重大之影响者,习惯也。人幼少时所得之习惯,其力最强,故教育上不可不以家庭教育为最要。今更举近例示习惯之力。如吾人一二周间,每朝养早起之习惯,则后每朝至时而自觉;反之,而二三日不起,忽为习惯,至每朝不能早起。恶习惯易得,良习惯难得,大抵如此,是亦人之不可不注意者也。其他如嗜酒、耽色、游惰、放荡,皆积习惯而至是者;反之,如堪忍勉强,能卒其业,成其事,亦无非积习惯之功也。

第六十九节　习惯论第二　以上述教育上当注意之处而已。若考习惯与妖怪之关系,则知世间所谓妖怪者,多由习惯而生。盖世人见闻经验上奇异者,称之为妖怪。换言,则接触于经验上从来不习惯者,称之为妖怪也。反之,虽如何奇异之现象,每日接之,至见惯闻惯,亦不以为奇异。例如奇草异木,或妖鸟怪兽,人所指为妖怪者,因从来无见之之习惯。又如彗星,人皆谓之妖怪,由其不常见。而如太阳之不妖怪者,每日见之耳。若以二者比较,何者真妖怪耶?则太阳较彗星,实更可称妖怪也。又在天地间,其真妖怪不可思议者,非奇草、异木、彗星等,而人类也。人类者,实可谓宇宙万有中之最大怪物,皆不妖怪之,何耶?是依我平生所熟知故也。其他一滴之水,一片之云,一根之草,实皆妖怪也。然皆不妖怪,是依平常惯见而已。由是考之,妖怪与习惯大有关系可知。次举教育上之影响,及于习惯上之妖怪者。幼少时在家庭,被怪谈之教育,于性质上有一种之习惯,长而见不妖怪者,辄唤起妖怪之观念于其心,而生妄想幻觉,然又与以反之之习惯,则得改变其习性。如幼时养于信妖怪之家,既得恐妖怪之性,长而住不信妖怪之家,自然减其恐妖怪之度。但幼时习惯,其力最强,长而变之甚难。以是妖怪学上,大当注意者,在家庭教育如何。其理由参看教育学部门而可知。今日日本之家庭,以怪谈充之,其口说十中八九,无非怪谈。是以日本与西洋较,而妖怪独多之一原因也。以既有幼时之习惯,或夜中步行过柳荫墓畔,种种妄想起于心内,至微音小响,能现妖怪。虽然,若数回经过其路,或久居住其处,旧时之习惯一变,而至不恐妖怪。故其不恐,亦习惯之力也。要之,妖怪与习惯大有关系,若欲减妖怪,不可不注意习惯云。

第七十节　联想论第一　与习惯性有密接之关系,而与妖怪有重大之关系者,联想也。联想之义,为观念联合,甲观念与乙观念互联合之谓。而其作用,可为习性之一种。何则?甲乙两观念之互联合,由于受反复数回之经验,而于其间生习惯也。既于诸观念间生联合,则一感觉或一观念起,联合之之观念,即伴之而生,谓之联想之规则。其伴生也,有以感觉为原因者,有以观念为原因者。换言,则其原因有在外界与在内界之别。例如现见一物而唤起联合之之观念,可谓其原因在于外界;反之而由一种之观念联起他之观念,可谓其原因在于内界。而伴外界原因而起者,必内界观念也。凡联想之起,必要有从来之经验。其经验有数回,以至于其间养成习惯性,则联想之力渐发达,而遂至无意识。以是分联想为无意的与有意的之二种。又有其种类附近上、类似上及背反上之联合。例如海与船彼此相附近,鸡鸣与日出前后相附近,于思想上亦皆互生联合。又酒与水性质上互类似,酒客见水而想酒。冰与火性质上全相反,有由冰而却想火者。或分之为时间上联合、空间上联合之二种。或分之为原因结果之联合及全体与部分之联合等。例如思杭州而想及西湖,为空间上之联合;接电光而想起雷鸣,为时间上之联合。或见云而想雨,见病而想死,为原因结果之联合。闻英国之名而思及伦敦,见一牛之角而思及全牛,为部分、全体之联合。要之,观念之联合,伴外界之事情于内界,甲乙二物间有附近或类同之关系,内界上即有与之相应之联合。约言之,内界者,不外于外界之写影,是即经验学派之论。而罗枯氏所以云,人心初生如白纸也。至于联合力何在之问题,则不可不在内界,而且为生而已具者,是所谓先天性也。故联合之原因不可全归之后天性。是先天论者对后天论者(经验学派)之说,亦有一理也。次论联想与心性发达之关系,其影响之大,固不待言。虽谓智力之发达,全由联想之规则,亦无不可。今日经验学派者,以观念联合之理,说人之思想之所以由感觉而发达甚详。又若平常之谈话记忆,无一不基于联想。例如两人相对坐而交言语,虽移种种杂多之谈,而连络其间者,联想也。又记忆事物更要联想。例如读书,而记忆其文字其意义,大抵由性质语音之类,似与他之观念联合,而把住于脑中。若以桃之夭夭,而记忆逃之杳杳,以不亦乐乎,而记忆不亦落乎,皆语音类似之联合也。联想与记忆之关系,于后讲教育学部门时,当详述之。

第七十一节　联想论第二　凡世所谓妖怪,依观念联合而起者最多,故兹不可不就联想与妖怪之关系而讲述之。第一,就感觉上联合述之。外界所现之事物之色及形,或非平常惯见之性质,则人心中起妖怪之观念。例如见外界所存之木骨而认为鬼形。木骨非真鬼形,薄暮夜中,形不判明,我心中呼起妖怪的观念。世间斯例最多,如幽灵者,什中八九,皆此类也。是全为视觉上之联想。其联想也,所谓类同联想也。其起者必于前有经验上妖怪之观念。其观念当实际目击之事物现象不明而有怪状,则忽焉发动而起类同之之观念,至于生鬼神幽灵之幻觉。故视觉上妖怪之起,由外界之事物与内界之观念,联合伴生而起。在外界多于薄暮或暗夜物象之不判明时,又在内界多于精神上有多少之变动豫期时。故白昼物象判明时及精神安定时,见妖怪者少。且外界虽见奇怪之形象,其人心中无妖怪观念时,亦不见幽灵鬼神等之妄象。其例就小儿可知。二三岁幼儿,虽有如何奇怪之形象触其目,并不惊为妖怪。是妖怪之起,依于我从来所有观念之联起明也,而其观念,由于经验而得者,不如幼时依人之谈话传说而得者多。予前言日本家庭为妖怪之空气所充,此观念联合之所以起也。次就听觉与妖怪之关系,举其原因联想之例。曾有妖怪观念之人,夜中坐空室或过深林中时,自己之足音,水之流、木之动声,皆为联起妖怪观念之诱因,至于生种种之幻听、妄觉。是其原因,依心内之观念与外界之现象联合,又由幼时保有之观念应内外事情而联起,皆与视觉同也。次就触觉与妖怪之关系述之。例如深夜过林下,有木枝触于手足,忽感为怪物甚至失神绝气者。又有际夜中熟眠,物由上落(鼠属)而触手足,梦忽惊觉,如感幽灵亡者之触其体。是其原因虽在外界,而伴之之妖怪观念,自必先保有于心中。次就嗅觉、味觉考之。依此二觉而联起妖怪观念,其例尚少。虽然,如感死人之嗅气,而呼起幽灵之妄想者,即嗅觉之所起也。以上五种感觉,其于妖怪观念,不独直接联起而已,间接联起者,其例实多。今兹举直接、间接之别。接触奇异现象,直呼起妖怪观念,见种种之妄觉幻象者,直接的联想也。今所述之诸例皆是。反之,而并不接触奇异现象,曾闻此地此场合,若此家素有妖怪,至其所,则外界并无诱因,而由心内联起种种之妄觉、妄想,若实际目击妖怪者,谓之间接的联想。此间接的联想,与其属外觉,不如属之于内想。又诸感觉不惟于各范围内同种观念间互为联起伴生,而依一感觉与他感觉之联合,有由一方刺激生妄觉于他方者。例如闻奇怪之音,起妖怪之观念,又同时于视觉上现种种之妄象者,是也。盖不惟一感觉与一观念互联合,一感觉与他感觉互联合,又有感觉与运动互联合,依一原因而联起种种妖怪者也。

其他就感觉上之观念联合,而不可不一言者,文字及言语之联合也。文字言语皆表示事物之符号。其符号各与对之之观念联合,有依言语之音声相似,及文字之形画相似,而联起种种之妖怪的观念者。如闻昔时文部大臣森有礼子爵之名而想起幽灵;以四与死音相通而厌四之数之类。又如咒术即基于文字言语之联想者。其他称妖怪联想之事者,有属内界、与属外界、与内外两界之三种。属外界者,薄暮暗黑深林深更之类;属内界者,由记忆中所保持妖怪的观念之恐怖,或豫期专制等而发动者;属内外两界者,柳阴墓畔或从来传有妖怪之场处,有联起妖怪观念之事情,而加之之以宿昔传说之存于记臆中者,有形成妖怪观念之倾向,内外相合而生妖怪也。

以上依感觉上之联想,略述妖怪所由起之原因,由是而说明内界所起之妖怪联想。然感觉有体外感觉(即视听等五种感觉)与体内感觉(即体觉)之别,由是就体觉联想而一言。体觉者,诸感觉中最难定其位置,故因之生幻觉甚易。其例于精神病、狐凭病、犬神病等多见之。狐凭病者,以为其体内某部分有狐居之,其实有多少感觉联起幻觉,或实际无些少之感觉,而自以妄想唤起其感觉。盖外部感觉,得明知其位置状态,以之自欺而又欺人也。难至内部感觉,己与人共易欺也。因而精神病者于体内感种种之妄觉,亦联想之作用也。心内之观念,互相联合而存,既已无疑。而一观念之发动,有于外界有诱因,与于内界有原因之二种,前既述之。然则妖怪观念之起,非必依外界之感觉,有依内界特殊之原因,而于静坐闭目之际,自然于想象上联起妖怪之观念者。联起之观念,虽依渐次发动之思想、精神之状况,而不能一一明示其连络。又以心内依一时之事情,而特发妖怪之观念者,是亦不能明示其事情。虽然今日心理学上确定一切心象,皆依原因结果之联络而结合,无并无原因而得联起观念之理,则决无偶然起妖怪观念之理,我等所不疑也。斯一观念起,而由之与第二、第三、第四种观念前后相续,联起伴生,至构成极复杂之妖怪想象于内界。要之,一切妖怪无不关系联想,可知。

连接于妖怪与联想之关系者,记忆也。抑一度见闻经验之妖怪的现象成心内观念,经过若干时日后再起再生者,是由记忆中保持其观念无疑。然其保持者,或为意识而发显,或为无意识而潜伏,不可不知妖怪的观念,有无意识的记忆与意识的记忆之二种。而意识内再现其记忆,必依内外之诸事情,亦明也。凡吾人之心海,依外界之风缘,波动而不止,心面常不能静定,而见高低之动摇。其降于低处者为无意识的观念,如全不存于我记忆。至其点一变而浮出于高处,则为意识的观念而再现于记忆上。故平常之无意识的观念,不浮于记忆上者,决非消失于心内,而常保持之无疑,其或显或隐,惟依所值之事情如何而已。

第七十二节　信仰论第一　有关系于联想者,又有信凭(即信仰)作用。信仰者,竟于感觉之内外及于时间之前后者也。例如食时见肉,而谓我信此肉为豚肉,以其质柔而多脂肪者,此感觉以内之信仰也。又如论死后未来,而谓我信灵魂之不死,信天堂地狱之必在者,此感觉以外之信仰也。又若由记忆想起过去之事实而信之,或推出将来而信之,此时间前后之信仰也。有名将来信仰之一种为豫期意向者,是由自所信仰,而豫期可有此之作用也。其作用之说明,让次讲。又有分信仰为单信复信之二种者。单信者,信凭单纯之现象事实;复信者,信凭种种原因事情,相合而起极复杂之现象事实。而又以此单信,有不变化性与变化性之二种。如有因必有果,有生必有死,以其事柄本于必然不变之道理而信之,不变性信仰也;反之,即如明日的晴雨寒暖,易变化者而信之,变化性信仰也。次举复信之例。天气晴雨,虽多少复杂之现象,比之于人事社会之现象,犹为单纯。社会上之事,不但推量他人之意志思想而置信仰于其上为难,定自己之价值亦至难也。故自推量其身之价值,而以居如此位置为信凭,犹且由他人之眼视之,有或过于自尊自大,或过于自卑自逊者。要之,信仰作用由种种之原因而起,决非单纯作用,或由习惯,或由联想,或由感情。由习惯联想,重以反复经验,观念与观念之联合益强,其信仰随而益坚。又由感情之例,适己之情者易信仰;不适者难信仰。次较信仰与知识,二者其范围不同,由普通所解观之。例如有酒器于此,不知其中有酒否,惟以推想断定之者,信此中有酒,而不可谓知有酒;若窥其中实见有酒,始得谓之知有酒,是其知与信之所以不同也。而推究信仰之为何,不得不论定为思虑知识之根基。何则?一切推理断定,由信仰而成立也。例如断定人者,一种之动物也,自信其如此。又见西洋诸国之富强,而思白色人种者,优等人种也,亦自信其如此。古来哲学上有独断、怀疑之二论派。虽为独断派偏信仰,怀疑派反信仰,然怀疑派者,毕竟信其所谓怀疑,明也。吾人之思想,必成立于信仰之基础,可知矣。

第七十三节　信仰论第二　此独断、怀疑之二论派,大有关系于妖怪说明,不可不论述之。凡宗教家者有偏于独断之弊;哲学家者有偏于怀疑之弊,是皆失其中正也。今考之于妖怪之上。旧来之妖怪论者多偏于独断,不问何理,惟臆定妖怪而不动者多;反之,而今日论者之弊,或彻头彻尾排斥妖怪谈,目为虚妄为无根,或断言一切妖怪皆不外神经之作用,更不示其理由。如斯者,似怀疑而实独断之甚者也。何则?独断为一切妖怪,皆神经作用而不动也。又极端独断论者之所言,反有陷于怀疑之倾。何则?独守所闻,其他不问何理,一切不信之。例如宗教家固执自信之教,为彻头彻尾之确实,其他宗教虽有如何明确之道理,不问是非,彻头彻尾排斥之而不之信,是不可不云独断甚,而同时怀疑亦甚也。然则独断之极为怀疑,怀疑之极为独断可知。故不偏于独断,不倾于怀疑,而取其中庸,妖怪学研究之要事也。予之妖怪论,由从来迷信者见之,似亦偏于怀疑论者之一人,而决非目世间之妖怪谈,为彻头彻尾妄谈无根。由极端之怀疑论者见之，将又以予论为偏于独断矣。若果一方评为独断，他方评为怀疑，则其论或稍近中正，与先试为怀疑家之一人，以排斥从来独断论者之所信。世间论者曰：世有妖怪，决不可疑。何则？藉口于古书所传之事实也。然此极薄弱之论理，若欲成立其论，则必证明传于古书者无不确实。然不但无其证明，由吾人征之于从来之经验，见古书传说妄谈无根之例甚多。又论者有曰，世实有妖怪。何则？吾闻之友人，数年前实见之。是亦薄弱之论也。比之信古书者，则此得诸生存之人，似较为确实，然于友人所谓决无虚妄虚构者，须证明也。若其人平素正直，未曾一回食言者，于此特殊之事，亦未必无虚构于偶然。何则？所知世间平素正直之人，或有为虚言于特殊之场合者也。纵使其人于此事真告事实，犹未可信据以为确实。何则？其事非论者自实验，而属于传闻也。纵由生存之友人传闻，而传闻于数年前及闻传于二三日前，其于我记忆亦大有所异。若其传闻在数年前，纵今日记忆为确据，而其记忆不能无几分消失。传闻于二三日前者，以其人之感觉思想与自己之感觉思想，不能无异。非熟知其人之性质，其传闻又不可信。纵熟知性质，而不知其人以如何事情、如何感动之时见此妖怪，亦不可信。要之，由他人传闻者，必不免几分之虚妄误谬混入其中，不能信凭其事之全体也。果然非其身实验之事，不可谓确实；而其身实验者，亦尚难确信。何者？前时之记忆，经时日而略有消失变更，又或依其当时内外前后事情而起妄想妄觉也。又或有两人而接见同一时事者，是亦未可为确实。何则？人若其思想，且豫期处同一，则由是而生同一之幻觉妄觉，一人由豫期思想，于妄觉上得见幽灵，与之有同一豫期思想者，亦可于妄觉上见同一幽灵之理也。推此理考之,三人四人以上,有接见同一妖怪者,亦未可信凭。又依数回之经验,而遇同一之妖怪者,亦未可以为确实。盖我心全注思想于或一事,其所豫期前后同一,亦于有数回经验,生同一妄觉者。且纵依数回之经验,所实视者非精神上之幻觉妄觉,而为客观上成立之事实,亦决不可以之为必然之关系存其间。例如有生者必有死云之规则,虽为必然之理法,而得确信为一种之真理,然亦不过如今冬多雪、明年丰穰之成言,未可为必然之规则也。纵古来之经验上,数回认其事实,是止可谓之偶然或盖然,非古来经验十十百百,悉能证明此规则之确实也。又如明早太阳出于东云,是实必定而十百不反其豫定。虽然,若依极端之怀疑论究之,则未云确实也。何者?如一夜之中,生变动于太阳系中,则难保无至其时刻而太阳不出也。若推此理而考之,则知有生必有死云之规则,亦未可确信。何则?其云规则确实者,照从来之经验而定耳,不保将来经验上无如何反变之起也。如此,则是合一与二为三,三角之总和与二正角,同为数学之规则,然亦未可为确实。何则?斯亦依我今日感觉上之经验而定,其果确实耶?不可保也。由斯而论,不但世所谓妖怪,无一可信,今所谓真怪将亦不能认其为实在。但予非赞成如斯极端之怀疑论,其论之非理,依从来学术上研究既已证明于妖怪学研究上不必更提论之。特以世之妖怪论者,过于信凭,偏于独断,固执读书闻人自幻觉妄觉者,以为确实,予故排斥之,并论破独断学派之偏见而已。

次见排斥妖怪论者之所述,全是浅薄及极端之怀疑论。一切妖怪者虚妄而非真实,人之实视之,依神经作用耳,是怀疑之极而独断也。何则?独断一切妖怪为神经作用,而更不与之说明也。

若归妖怪之原因于神经作用,则何故神经组织起此作用耶?当说明也。且神经之为物如何,与外界有如何关系,不可不说明。又纵令神经有现出妖怪之力,固无无原而偶起之理。例如鼓虽有发音之力,无打之者,其音不发;水虽有波动之性,不动之则不生。世之多归妖怪之原因于神经,更不说明其神经之原因,不啻以其为浅薄之怀疑论而排之,实以其为极端之独断论而斥之。盖世人所谓神经作用,即精神作用之义,由是生妖怪云者,即幻觉、妄觉之事。然幻觉、妄觉之起,必有其原因,决非发于偶然。而其原因大抵在内界偶见有原因于外界者,亦不过为诱因也。若寻其内界之原因,则有思想之专制意向之豫期等。若更究其专制豫期之原因,则其一部分在外界可知。盖吾人日夜接触外界诸象,而生长发育间,形成相关之种种观念于内界。又有联合其间,而直接、间接于外界诸事,以唤起观念,而惹起他观念者。由是甲乙丙等种种观念,互联起伴生,而植妄觉、幻觉之原因于心内。或又有由记忆旧闻妖怪之事,应于数年后内外之事情,而再起说明此等原因者,实心理学之研究,余谓之心理的说明法。故若依心理学的说明时,妖怪之现出,纵令依幻觉、妄觉,皆有必然之原因,决非可单评为虚妄,是予所以不赞成怀疑的妖怪论者也。予之为说,在折衷于独断、怀疑两派之间,而保持权衡中正之理而已。

第七十四节　惊情论第一　以上皆就智力诸作用而论,其与妖怪显象有关系者,由是而及感情作用。其中恐怖之情,既揭之矣。然恐怖情外,有惊情者,是亦与妖怪大有关系,兹揭其一节而论之。抑惊情者,非独谓惊愕之情,或新奇之情,或变化之情等,皆摄于此中,而总为相对性之情。相对性者,甲乙二者相对比,而现其作用之谓。一切知识,一切感情,虽无一非相对,而其中有特别依相对成立者,兹名以相对性之情。今如惊愕、新奇、变化之情,作用似异,而实基于同理,即相对性是也。凡人情于平等一样继续者,其感苦乐之力渐减,至不见何等之感动。如何快乐,永以同一状态继续者,遂至不感快乐;亦如何苦痛永接之,遂至不觉苦痛。例如风月之美,衣食之美,音乐之美,每日朝夕与之相接而不离,遂至不感其美。或又久呻吟病床,若忧郁狱中者,至不感其苦痛。若反之而接触时时种种之变化,常一新耳目之场合,无何而感愉快。以是知人有好变化之情,即变化之于人情,增快乐而与趣味;反之而不变化者,与人以多少之不快也。人之好旅行,以喜风景新奇,好转地移居,亦不外此理。又人旅行时,其途上风景变化少者,虽近若远;其途上风景变化多者,虽远如近。乘奥羽铁道之汽车,常觉无聊;驾东海铁道时,终日不觉其倦,亦此理也。人栖息于天地间,有春有秋,有寒有暑,四时变化,而使人终年快乐。若春夏秋冬同一之气候,同一之风景,必使人大感不快。世人往往为言曰,春秋二季之气候,不寒不热,若望终年如斯者,果其终年如斯,将不免减人之愉快也。盖人在天地间,送五十年前后之生涯,无论不幸患难多出于其间,而使人生感相应之快乐,同有不愿去此世间之情。固以四围现象,自然的,社会的,共变化不止,能与人以快乐也。以是知好变化,厌不变化者,本于自然之性,是即人所以有好新奇之情也。夫新奇者,接于平常见闻不惯之事物而起,依变化相对而生者也。至食物、衣服、居所、器具、风景、人事、社会之现象,苟有异于平常,必接之而惹起新奇之感情。今惊愕之情与之同理,由所接之现象变化,反于我豫想而起,故名之惊情。有苦痛、快乐以及不苦不乐之三事。例如,旅人知在乡父母之无恙,毫不豫想其死,突然接讣音而惊者,苦痛性之惊情也。反之,远游他乡,数年间绝音信之乡友,忽邂逅而惊者,快乐性之惊情也。其他偶然惊愕之场合,有不苦不快者。故惊情与变化新奇之情同其性质,际会于异常状态之变化而起,是皆与其平常接见之事比较对照而起者,故总名之为相对性之情。有加此情以抑制及自由之情者,抑制之情,例如心中有一种之情,而又有反对之之情,乃以一情抑制他情,其时所感之情态,所谓苦痛性者也。总之,人之性情,常不能以一种支配之时,而有二三之情并起,竞争抗排于其间,至于其力强者压弱者而感起制抑之情。其时虽感多少之不愉快,若制其中之一情而得从自由,至心面之竞争静定则仍感愉快,是谓自由之情。即自由之情与抑制之情反对,而除其排性抗之情,则又起快乐心之情,以此情者与抑制之情相对而起,其情之强弱,又伴于抑制之情之强弱,故名之以相对性之情。

第七十五节　惊情论第二　前节既述惊情之性质种类,今就惊情与妖怪之关系而述之。抑惊情者,大可为妖怪现象之原因,就中新奇变化之情,必连结于妖怪现象而存。既余解妖怪为异常变态,其所谓异常变态者,全变化新奇之义。世人若不见异于平素之事物,不惹妖怪之观念。例如古代以彗星之出天界,虹霓之现云间,流星之落,夏日之雪,谓之妖怪等,皆以见异常现象。又如见奇草异木,奇鸟异兽,谓之妖怪。又如平常见惯之动植物,其经年甚久,其生长繁茂非常,则见之亦以为妖怪。例如老松古杉为之神木而祭之,日本多所见也。果然则为妖怪之一部分,依惊情而起可也。今寻其为快乐耶?苦痛耶?妖怪之情,大抵属苦痛性之情也。

然则新奇变化之情与快乐性之情,此二者将异其性质耶?抑新奇变化之情,虽不与快乐性之情相违,而达其极端则反生苦痛。虽如何快乐之情,超其适度,皆不得不为苦痛,是苦痛与快乐,所以不得不异其种类也。斯宾塞尔氏谓同一之心象,过、不及之两端为苦痛,其中间为快乐。故人虽好气候风景之变化,若其变化失适度,走极端,则感不愉快。今如妖怪,盖变化之稍走极端者,是以超愉快之程度而起苦痛。又妖怪现象之使人不安者,由其原因之不明。凡原因不明而道理可疑者,辄使人起危惧不安之情。人之接妖怪现象而感不安,固当然之事。盖妖怪现象之所以起惊情者,不独其现象在豫想外,实其原因在智识以外,故尤感惊愕也。例如智识浅小者,接智识以外之事必惊愕,而又同时起恐怖之情。故依妖怪而起之惊情,非快乐性而苦痛性也。然以人有好新奇变化之情,知妖怪之可惊怖,而又有好之者,以是世人于普通之谈话,不如妖怪谈话之可喜,有非妖怪事而敷衍增饰以假装妖怪之倾向。且人者,生来有多少辩护妖怪之癖,由他人传闻之妖怪,而更语于他人,则自立于辩护者之位置,务望完全其事而若可信,全依人好新奇变化之情而假构妖怪事实。凡民间怪谈颇多,皆依此情而起也。又如家庭小儿,亦有普通谈话,不如闻妖怪谈话之好,是无他,人者,由幼时既有好新奇之情。以是,如日本者,以怪谈充家庭,或又如芝居小说,新闻寄席,有依怪谈以引客之风,无非依此情之存于人而已。以妖怪情之为苦痛性,而人反好之,其理虽甚难解,是非独妖怪谈然。人之恐地震或喷火,依之而闻压死之状态则不厌,其理亦同。谁其喜震灾者!就之而表同情于我心,随而画种种之想象于心中,闻其事,充其想象,却所以与人满足,遂得感几分之快乐于其间,是安心所以即快乐也。且人者，无苦痛性快乐性之别，自喜见闻未经验之事实，其情全由好新奇之情发也。人之见演剧而喜，其理亦同之。演剧所见者，多示人人世之不幸苦难，现苦痛之状态，见之者实不堪其苦痛，或含泪而表同情，而喜看之，其理似难解，是亦以满足人之想象而使感快乐也。虽然，若一身之上，直接感苦痛，谁则喜之耶？

第七十六节　恐怖论第一　惊情之外，或爱情，或怒情，或我情、力情、行情等，皆多少与妖怪有关系。例如亲爱子也切，而呼起种种之妄想幻觉，不幸而其子死，如见其亡灵，此依爱情而生者也。又人大忿怒时，精神多少错乱，感觉事物之现象，不能辨别其道理，恰有呈一时之狂态者，是亦可为妖怪现象一种之原因。又人以有利己之情，有故意作为妖怪以营私利者，是余所谓人为的妖怪之所以生。世多虚构之妖怪，全依人有此情。又有好胜好名之情，随而至故意的作为妖怪之多。盖英雄以权谋术数作为妖怪之例，古来多有，全被支配于此情。而如斯之情，心理学所谓我情，换言则名利之情也。又为力情、行情，要不外我情之一种。人与人互较其力，胜则喜，负则悲，名之为力情。自欲为一事，达其成功而喜者，名之为行情。而人为的妖怪，依此二情生者亦不少。盖人者，皆有胜人之情，世间事不如意，一片之迷云，忽锁心天，欲依赖鬼神魔力以达其目的。商法家与工业家，皆祈愿于神而望致富，或祭福神祭疫神以祈一家一身之幸福安全。又自期计画事业之大成，而仰神佛之助力，或绝酒而祈念，或绝食而祈愿，或用御礼御守，皆由力情行情之刺激。要之，今世之迷信者，不得不坐以为力情行、情之奴隶，而逞自己之私情，以使役神佛之罪。至此行情，往往以结果成效之不可必而迷之。如矿山事业,如投机商,最人易迷之事业也。知如斯结果之难,必定非人力可达,祈愿之于神佛,犹以为未足,或依卜筮,或人相,或御阄等,求卜定其结果。彼卜筮、人相家者,乘人有如斯投机心,而遂设种种之方略以营私利。果然,不得不云我情、力情、行情三者,大与妖怪有关系。虽然,单情中最于妖怪有关系者,恐怖之情也。故余特揭恐怖论,而细论其性质先之。情绪者,如前述,分为单、复二情。单情有惊情、爱情、怒情、惧情、我情、力情、行情之七种。其中特与妖怪有密接之关系者,以惧情,即恐惧若恐怖之情为第一。抑恐怖之情,苦痛性之情也。由前知将来之灾害苦难而生,例如恐震灾、恐火灾、恐水灾、恐病患,由想象其所来之灾害苦恼而生也。如未有想象之小儿,虽如何灾害将来,更无见恐色者。然小儿者,却有恐两亲、恐大人之事,是不必由前知灾害,而由自感其力之微弱。彼动物之恐人类,奴仆之恐主人,与之同理,皆由身心若权力之薄弱而生恐怖也。又有依道理之不明及结果之不定而起恐怖。学生恐试验,人民恐法庭,田舍者恐出他国,不学者恐有知识者,皆依道理、结果之不明不定。又凡人从事于未经验之新事业,必生多少恐怖,其理同一,由其人自疑惧能堪其事否。而所最恐者,以死为第一。世间一般恐天灾,恐病患,或恐战争与航海,要当由于恐死。而人之恐死,由于恐一生快乐志望之绝灭,而前途暗不知何所归向。要之,考恐怖情所起之原因:第一,危难之前知;第二,良心之薄弱;第三,结果之不定;第四,道理之不明;第五,前途之冥暗;第六,快乐之减灭等也。而其勇气,依于体力、情力、智力、意力之四者而发。又要有自信之力,惟体力而已。其力虽足以扛鼎,非智力意力伴之,仍不免恐怖之生。

又虽有智力，而眼读万卷之书，若欠意力，临事仍犹豫踌躇，不能为果断之行。又虽富意力而有果敢勇断之风，若体力薄弱及智识想象不明了，仍不能无恐怖。虽然，是等之原因，非可独依教育而养成，又非可独依意志而左右。人有生而有多少恐怖心，其情触机临事，自然发动，决不可随意抑制者。例如道理上，深夜通过墓畔，虽知毫无可恐，而夜中至其处，不知不识，恐之之情动于心不能自制。又昼间意气堂堂，挟有天地之风，而夜无灯不能出外者有之。故吾人之恐怖心，为遗传性或本能性所存。可知彼之宗教信者，信未来有快乐之世界，虽更不疑而犹若厌死者，全由一种恐死之遗传性也。以是知人有恐怖之情，为人间自然之本性，不能依教育经验之力而改变。虽然，依教育之力得多少变化其性，即养成体力、智力、意力、情力。而其结果，恐怖心之得灭，亦不可疑也。然则何故而人之遗传性有恐怖心耶？此问题者，妖怪说明必要之事。今聊论述其道理。抑吾人至于为今日之生存者，无非极永年月之间，加种种之竞争而能保持生成之结果。即其目的者，不外于追生存保全之途而进行。此之生存保全，有自己生存与种属生存之二样。向于害自己生存或与之不利之方而进，固不能见今日之生成。又向于妨种属生存之事情而进，亦不能达今日之结果明也。吾人者，今日既有如斯繁昌之社会，则古来吾人之道路，曾通过多许助自己生存及种属生存之事情也无疑。即加种种之竞争，而占胜利以至此也无疑。果然，则吾人自然避害其生存之事情，而就利其生存之方向而进化，是即恐怖情之所以起。而有害生存，如天灾、地灾、人灾者，不免恐之。又其力强且大者，且恐之而欲避之，以至养成此情也。故人有恐怖之情，起于保全生存之所不可缺。其发达者，决非依一人一代之事,经数世数代而为遗传性者也。果然,则固难依一时教育之力而变更之。虽然,进化规则,有遗传与顺应之二法,吾人性质非独依父祖之遗传性而成,亦半由顺应而适合其一代之教育经验。故如人性固有之恐怖心,亦几分得依教育而改变者,理也。殊如由无智而生之恐怖心,依教育上智育之进步而得除去。然人之恐妖怪,依恐怖而生者少,由无智而生者多,医之之法,亦依教育而足矣。

第七十七节　恐怖论第二　既说示恐怖心之性质起原,由是而述其情与妖怪之关系。既恐怖心之生有种种之原因,则恐怖之为物不可无种种之类别。今就妖怪之恐怖,如或恐幽灵,或恐鬼神,或恐狐狸,欲依祈祷禁厌而避之。或恐天变地异,或恐病患失败,或依卜筮人相等而前知吉凶。虽云共出恐怖心,亦自异其种类不容疑。由是与妖怪有关系之恐怖心有何种类,不可不考也。凡世所谓妖怪者,虽称幽灵、狐狸等,而接之而起之恐怖情决非限于一,由种种之恐情相结而呈妖怪现象,遂生豫期意向,专制思想,从而生幻觉妄觉也。今举其恐情之重者,或以恐感,或以怖感,或以气味恶感,或以物感,其所见者之容貌及体力非常强大,自知不能敌之,自然于其身想出危难以生恐者,普通之恐怖也。然又有不于一身上豫想危难,见其状貌之异常,与感其气味之恶,是虽不外一种之恐怖心,而与豫想危难所生之情异其性质明也,是实由事柄不明而其理难解而生者也。例如见鬼而恐、见大人迹而恐者,由豫想危难而生。至如见幽灵而恐,见阴火而恐,由其心有所怪而生疑惧之恐怖也。或深夜过森林中,逢小儿若妇人而恐怖,是决非豫想危难之所生,实依其理难解而起者也。又俗所谓气味恶感者,其意亦异。例如当食,而米饭之中见味噌一片存时,或汁中见一粒之米饭时,谓之气味恶感。或见如虱、如蛆、粪虫不洁虫多集时,亦谓之气味恶感。是等决非由道理不明而生,实由人之好清洁、厌不洁之情而出也。虽然,若更寻何故而人有厌不洁之情,亦由关系于其身之健康而起也。盖吾之欲维持身命,必择清洁之地而就之,选清洁之食而取之。是以古来进化变迁之际,自然有厌不洁而好清洁之情,从而见清洁与不清洁相混,则生气味恶感也。虽然,其中有多少怪其状态异常,与恐其结果难定而起者。故同一气味恶感之中,含有种种之恐情可知。又所云物感之中,或见幽灵若阴火之青白色而感,或见荒茫之景色若极幽邃之山水而感,决非一样,而亦非仅由恐怖之情而生妖怪。又有由所伴之种种观念思想而起者,殊如幽灵者,最有关系于精神作用,由精神之事而大异其恐之之度。若其人曾苦他人或害之而有怨恨者,其恐妖怪也甚。或有自依之而惹起精神病者。反之,而心中并无害人之事,则其人虽见幽灵之现,而恐之也不甚。由此观之,恐幽灵者,与其人心中之状态大有关系。且如妖怪者,多出于薄暮若夜中,而白昼见之者甚稀。是由白昼者,吾人视觉判明,其所判种种事情,道理明了,是恐怖情之所以少;而夜中,如暗夜深更之所以尤多也。然又有一种异其性质之恐怖情,例如虽在白昼,而独坐四邻寂寥之空屋,或于广厦而终日闲居,有无端而生气味恶感者。此之恐怖,与旅行无人之境而生恐同理,由人之自然性而发也。而其发之原因,由于知人力之微弱,难以孤独生存;反之,而他有所依赖时,人意添力,恐怖自少。故多人相结旅行,或多人相集而居住,更不生恐怖也。由斯自然之情,如白昼独居广厦而生恐怖,则夜中住此,恐怖尤甚。此大名华族之

家,所以多出妖怪之例也。今试举妖怪所关之恐怖情而分类之,先大别为阴阳二性,而又各分为有体、无体,如左表:

```
              ┌ 阳性 ┬ 有体(阳性)
              │      └ 无体(阴性)
妖怪的恐怖 ──┤
              └ 阴性 ┬ 有体(阳性)
                     └ 无体(阴性)
```

阳性者,妖怪力强,能为我害,故恐怖之情亦强;阴性者,妖怪力弱,故恐怖之度不强,而其量要大于阳性。是故阳性强而小,阴性弱而大。今举其例,如遇膂力胜人之怪物而恐之者,阳性之恐怖也;见幽灵之附于柳枝鬼火之游于空气而恐之者,阴性也。至于有体无体,则在目见与否之异。如见大怪物,阳性之有体者也。夜中闻覆屋之声,或石由窗入,或物由上落,直有祸及其身之恐,而不见其形,阳性之无体者也。幽灵鬼火,阴性之有体者也。独坐空室而恐,阴性之无体者也。以此有体无体,亦有阴阳两性之别。阳性无体者,为阳性中之阴性。阴性有体者,为阴性中之阳性。又此阴阳两性,有平日并非妖怪,而以时以地,忽发妖怪之恐者。如妇孺力弱,白昼见之而不恐,遇之于深夜深林之中,则有大恐者。以此考之,即仅此妖怪学,已得为完成一科之心理学也。然则妖怪之恐怖有种种,而其情多有自然发动,而不可以意力左右之者,是由其情经数世之进化发达以为遗传性。而其发达也,本进化之大法,从生存保全之规则,无疑也。即其所恐之物而一一解剖之,其各部分关系于生存上者如何耶?是不可不考怪物之性质,如美学家必考美之性质是也。世人知美之为美耳,以学术考之,必分析其所谓美者,而一一示其成分,如美丽宏壮适合一统等是也。然则妖怪之为物,亦由种种之性质而成可知。即以幽灵言之,其色其形及其他种种之性质,不可不一一分解。今此以问题非独关恐怖者,姑略之。

更有关于恐怖之要点,则同情是也。凡一人之恐怖,感传于他人而起其同情,则感觉倍强。故有一人恐怖,而忽使众人同生恐怖者。于是知有个人的恐怖与社会的恐怖之二种,于是不可不先讲复情。

第七十八节　复情论第一　抑情有单复二种,前既述之,而未明复情与妖怪之关系。今先述复情之性质。凡复情者,有单情种种相合,而加之以智力之混,遂有一层复杂之状态。又单情者,自己的(即个人的)之情,有直接于自己之利害者而起。复情者,非个人的,而由社会或世界之观念起,此其别也。夫同情者,社会的情操之根基,而各种复情所由起之本源也。例如人之爱他人爱国家,皆由同情生,而道德之情多由同情成立,是为复情之初级。次之有智情,即智力之情;美情,即美术之情;德情,即道德之情;宗情,即宗教之情,是皆复情也。智情者以得真理为乐,其目的可谓在真。美情者,其目的在美,不待言。德情者,以道德上得善为乐,其目的可谓在善。故以上三者,以真善美为目的者也。对之而宗情者,以真善美相合而一为目的。求之佛教,盖以悲智圆满之体为目的,而余欲以妙字统之者也。故曰,宗教之目的在妙。至于妖怪之情,如惊情、惧情,谓之单情者,以为愚俗之情耳。其或参之以智识,则亦复情之一种,其异于普通复情之点,在于非快乐性而实苦痛性。盖智情、德情、美情等为积极的复情;妖怪之情,则消极的复情也。其情为宗情之反对性,而与之有表里之关系,故谓之怪情。

第七十九节　复情论第二　抑复情的怪情者,非独以恐怖之情成,又以好奇好勇之诸情相结,加之以智力作用,而形成一种之复情。其情虽个人性,至其复杂而加多少之同情,遂有含非个人性者。盖人之精神,具有智、情、意三作用,其三者互相连结,一作用起,则他作用随之而起。然其作用之中,又有因关于智者多,或关于情者多,而生差别。智力与妖怪之关系,前既详之。至情绪与妖怪之关系,观吾人接触妖怪而必诱发苦乐之情,可知也。其情也,虽大抵苦痛性,而又非无含快乐性者。若考之单情之上,怪情者由惊情与惧情成。惧情虽苦痛性,而惊情则苦痛性、快乐性兼有之。至新奇之情,则全快乐性也。故单情的怪情,可谓兼有苦乐二性者。至复情的怪情,则当分妖怪为假怪真怪之二种而论之。盖假怪之至于复杂者,其情为美情之反对。如长身、青面、一目、三目,皆反对美性,因之而起苦痛性耳。俗所谓幽灵,凡成于画工之手者,一见而知为不美。如彼地狱变相之类,虽称妙画,然谁观之而以为美、因之而感快乐也耶?西洋之幽灵,四肢五体虽存,其容色决无示美者。故怪情者,大抵美情之反对,而于复情中为苦痛性之情也。虽然其中亦非无含美性者。自幽灵亡者以外,一切奇奇怪怪,不可思议,亦有含美丽宏壮等之性质。例如奇草异木,嘉祥奇瑞,虽妖怪而非苦痛性。又如入深山而遇完全无缺人界不见之美人,虽谓之妖怪,而毫无丑性。由是观之,怪情者,非独美情之反对,且写之于美术,转示美性而生几分之快乐。故人多喜妖怪之小说及妖怪之绘画。要之,妖怪有苦痛性、快乐性二种。其苦痛性者,考于想象上,亦有快乐性可知。然则谓复情的怪情之要,即单情中惊恐二情之发达可也。其他怪情,又或为智情之反对。夫智情者,喜知识,厌无识,妖怪既生于迷误,则必现于无识之上。可知佛教之解妖怪也，谓不外于人之迷妄，其结果不得不谓之苦恼，是其教之所以以脱生死苦界、达涅槃乐岸为目的也。然而人之喜闻怪谈而愿明其理者，由智情之作用。有智情渐进、怪情渐衰之倾向，是无他。普通之怪情者，假怪之情，是以智识进而妖怪自退也。又以德情与怪情比之，实有正反之关系。何则？一切道德皆以善为目的。妖怪者，关系于不善，例如天灾地变，天地之大妖怪，害于人类生物，是实不善性之作用也。或如幽灵怪物，多与罪恶怨恨有关系。道德家之生灵死灵，谁则恐之？惟大恶大奸，若有怨恨者，当其死而有幽灵怪物之恐，故怪情多关于恶性。然其中又非无善性者，且其恶性，或亦为惩戒恶人之方便。其目的全在于达道德之所谓善，则虽谓妖怪与道德相合可也。

以上示假怪与复情之关系而已。若论真怪，则全与宗情相合，何则？真怪者，不外于宗教，所谓无限绝对不可思议之体，而与假怪反对者也。如左表：

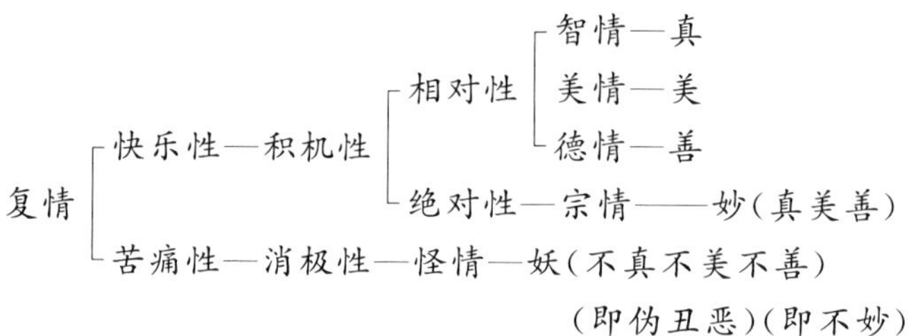

第八十节　复情论第三　上来所述之情绪论，不过本培恩、衰未等诸氏之心理学，从普通之分类而说明之，且辩明其各作用与妖怪之关系。惟余于复情之一部分设怪情之一种，而论其与他诸情之反对，此普通心理学所未说也。又于先辈分类之外，设妖怪学上一种特别之分类，为从来心理学家所未唱者，即常情、怪情二种是也。盖一切事物,有常态、变态之二种,吾人之精神作用,亦有常态、变态之二[种]。故于第二讲学科篇,分学问全体为正式、变式之二科,又先于理论之应用,述其有内外二途,并于心理学述其有正式、变式之二样。盖客观的事物,主观的精神,物理心理,皆有常变二态。照事实,考道理,甚明也。然则心理作用皆有常变二态(即正变二式),而其中感情作用,必当有常情、变情之二种无疑。变情者,即怪情,抑变情之义,属于精神病状态时与属于妖怪时,自有二样之别,其分类如左表:

情绪
- 常情
  - 单情
  - 复情
- 变情
  - 病情
  - 怪情

病情者,是亦不外于一种之怪情,前已以精神病为属于妖怪可证也。虽然,病情者,例外之例,与普通之妖怪又稍异其性质,则暂除之而独论普通之怪情,可也。凡人者,其自然之性,接触于异常或不可思议时,必怪之。而且求知其理,既知其理,更进而求于他之异常或不可思议者。以此人情常向妖怪而走,不能安于既知既明之地位,而向于未知未明之境遇。故俱好怪事,乐闻怪谈,又有即妖怪事实,而润饰之、回护之之情,是余所以言人本有怪情也。世间有可知的界,不可知的界,其一有限相对之境遇,其二无限绝对之世界也。而在有限相对界,观情绪之发动,即常情之作用;对无限绝对界,视情绪之进向,即怪情之状态。推究此二者之别,知情绪之所以有常、怪二种。然而由此有限进向于无限之情,是宗情而非怪情。盖怪情与宗情,其所归虽一,其范围又有所异。抑宗情亦有通俗的与理想的之二种。余独即理想的宗情而述之,则所谓宗情者,即向于真怪而发动之情操也。而余所谓怪情者,即合称假怪、真怪之情,而惟举其对于假怪者,其方针则在于进向真怪之途次,由有限者进行于绝对之情而已。及假怪极而达真怪,真怪者,即宗怪二情相合之一点。此点者,实诸情之最上也。故妖怪极而宗教始现其真光。然照达此之途次者,教育之灯台也。盖拂假怪者教育,而开真怪者宗教。故宗教、教育二道进步,世所谓一切妖怪者,云消雾散而不留其形。然而宗教、教育者,外因而非内因,其内因即吾人所有之怪情。怪情虽迷误之情,而其里面有进向真怪一种之蒸气力。其外部示假怪之迷情,其内部含真怪之实相也。以此观之,怪情者,实位于常情之上,若更扩充此情之意义,谓一切常情皆由怪情之真相发现,岂不可耶?

以上所论妖怪有假怪、真怪之二种,其怪情亦有假情、真情之二种可知。即外部所发动者为假情,内部所含有者为真情也。以假情关于假怪;而与教育关联;真情关于真怪,而与宗教关联。故更分情绪如左:

- 情绪
  - 常情
    - 单情
    - 复情
  - 怪情
    - 假情
    - 真情

若举此理而推究之,则妖怪学者,为体达于宇宙机密之一种门径,可知也。

第八十一节　想象论第一　想象有再想构思之二种,前既言之。抑构想有三种:智力的构想、感情的构想、意志的构想是也。

例如学者欲究明真理,发见新说,必先有想象构成假说,由是而施研究,是智力的构想也。小说家、诗人、画工,描出未尝见闻之风景人物,以满足人情,是感情的想象也。吾人当言语动作,预想定其目的及达之之方法,而使其言行适合之,是意志的想象也。而此三种中,最与妖怪有关系者,为感情的想象。其想象也,从喜怒恐怖等情而起,非皆合理。然其最高等者,不但合理而已,亦能合体于理想。至其最下等者,或全反于经验上之事实,则谓之妄想迷见而已。或又分想象为分解的及创设的之二种。分解的者,分解种种之再想,甲之一部分与乙之一部分,互相联合而构成新想象之谓。例如想象人身鸟翼飞行空中之怪物是。创设的者,全创造一种之新想象,其各部分皆以未尝经验见闻之新影象成之之谓。而细验其各部分,虽亦由从来经验见闻事物之观念,种种结合而变成,惟比之于分解的,则较为参互错综,不能一一详其各部分之所出而已。盖分解的者,单纯之构想;创设的者,错杂之构想也。或又分为增大的及幻妄的之二种。增大的者,实际见闻事物之再想,增大其形状,而现出于构想上之谓。若以其构想与实物较之,惟数倍其形状之增大而已,非失实物之性质。例如普通人类,其身长虽不出五尺乃至六尺,于构想上得想见有金身丈六人。虽然,人犹是人,惟有大小之别而已。次幻妄的者,构成全与实物实际相反之想象,经验上人人不得见闻者之谓。例如夜叉,如幽灵,如一目三目,实际上不可目击之构造,是即心理学中幻象妄象之所以起,而感觉上之幻妄,盖即以此想象为原因也。对之而增大的想象,即变觉变象所起之原因。以上皆感情的想象,而欠智力意志之裁制者,其甚者,至呼起一切幻妄之想象。然而终不能构成十分无理之想象,例如一图形而终不能同时有圆形且有方形,又如想出此世界除去时间空间以外之状态。凡此皆不可得想象者。故构想上之幻妄,得想见实际上不可见闻者,而不能想出思想道理之不相容者也。又想象有有意的与无意的之二种。有意的想象者,吾人以意志豫画于想象上之计画。例如小说家、画工、诗人,以种种工夫思考而构成想象是也。无意的想象者,吾人不待以意志左右而自然想出,即吾人平常见闻经验之际,种种想象之非由意力而自生自变者也。由是当述想象与妖怪之关系。

第八十二节　想象论第二　抑智、情、意三种想象中,感情的想象正与妖怪关系,亦可名之为妖怪的想象。凡妖怪虽即外界实见之现象以立名,而十中八九,依于我精神作用之影响而生。例如幻觉妄觉,皆依我精神之激动变态而生,甚明。又世之妖怪谈,大抵皆增大润色其事实,而以小说法构造者,是亦由妖怪的想象之故。又妖怪有人为的与自然的之二种。人为的者,吾人以意志工夫造出一种之伪怪,是全依有意的想象者也。自然的者,依于有意的、无意的两想象者也。然其自然之妖怪,又有真怪、假怪。假怪者,依志(智)、情、意三种想象之有限性;真怪者,依无限性。于是分想象为有限、无限之二种,而有限性又有合理与否,更分为合理的、非合理的之二种。其非合理的,又有属于感觉想象与属于情绪想象之二种。其表如左:

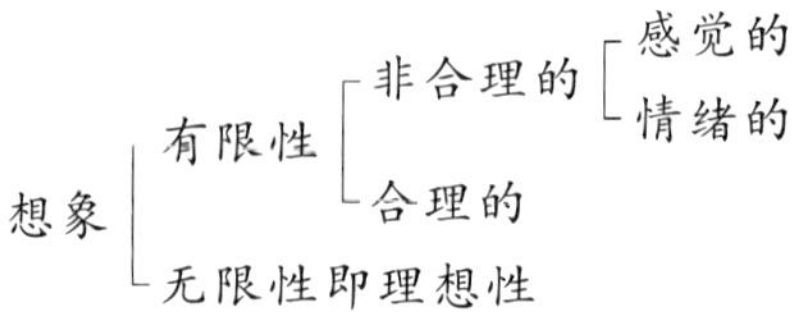

此中感觉的想象,其互感之欲,即应于体欲而起,为最下等想象。其不合理,盖不待论。情绪的想象,应喜怒之发情而起,亦往往有走于妄想者。如妄得富贵之想象,又妄得名誉之想象,其一例也。此感觉的、情绪的二者,先所谓感情的想象也,次合理的想象,即智力的想象。依吾人之智力以制限想象,且依于道理而构成各部分者,故名之为合理的。然道理又有有限性、无限性之二种。普通之智力的想象,基于其所谓有限性道理。例如哥仑布于发见新世界前而想象之,或如牛顿于发明引力前而想象之,皆有限性合理的想象也。何则?是皆就有限相对之事物而推理者。若于想象上想出无限绝对,超有限之范围而达其外,则为无限性想象。然达之之阶梯,有用道理与否者。若不依道理以妄想的想出,则虽云由有限达,而终属于不合理感情之想象。若彻头彻尾,依道理而达观于无限绝对,是所谓无限性合理的想象,可名之为理想的想象,或单名之为理想。此理想中智、情、意三种想象相合而为一体,并与所谓无限者合体也,是谓真怪。抑吾人之生息于此世界也,有喜有忧,有悲有苦,或笑或泣,浮沉出没社会人情之风波间,不得不渡一生之浮桥,故此世决非绝对的快乐之世界,无限的幸福之国土。于是吾人者,望开立无限绝对之别乾坤于想象之界里,游朝夕欢乐之花园,住不死之仙境,是皆想象之力也。呜呼,生息此不幸世界而多患之人,所与满足幸福者,实可云想象之赐。然若其想象陷于不合理的,走于感觉的,则不但不得真正之快乐,却至于不幸而更不幸,多患而更多患。何则?依是而想起者,总是有限相对一苦一乐之状态而已。反之,而依无限性道理起理想的想象,而依之以达观绝对世界,开发真怪之灵光于吾人之心中,乃可于方寸界中现立极乐净土。呜呼,此不幸多患之人,愿驾理想之舟游绝对之世界,而能到此之要道者,亦不外于其心中排假怪之迷云,以望真怪之明月,是研究妖怪学之所以为要也。

第八十三节　愿望论第一　连带于想象及感情而有关系于妖怪者,愿望也。愿望者,我精神上所有之欲望,由想象而实行,不相侔而起者也。凡人心无不欲快乐厌苦痛,当其想象快乐而无达之之力,于是愿望起。故其目的易达者,无所谓愿望。例如亲子同居,朝夕聚首,不起互欲相见之愿望。一朝远离数百里外,则不堪倚闾陟岵之情是也。人力必不能为之事,亦无所谓愿望。例如乘风游月世界,是必不能遂者,故亦无起此愿望之人。是愿望与想象之所以异。想象者,有由人力以内走于人力以外之倾向。愿望者,吾人经验上力所能及,而现在事势所不许者,感之尤切。是愿望者,由感情及想象而起也。要亦有由愿望而更增大其想象者,又有由想象而稍满足其愿望者。例如在贫贱之中愿望富贵,想象他日得富贵而满足,或想象死后升天国,得无上快乐而满足,是也。反对此愿望者,曰嫌恶。愿望由欲快乐起,嫌恶由厌苦痛起,故一为快乐性,一为苦痛性也。然而此二者,非必由苦痛快乐而起,实就关系苦乐之事物而起。例如名誉富贵,非其物之快乐,而为使人快乐之要具;若反对之恶名贫贱,非其物之苦痛,以依之而引起苦痛,故人皆嫌恶之耳。人有愿望与嫌恶同时起者,又有种种之愿望或种种之嫌恶同时起者。例如愿望名誉,同时愿望金钱,愿望富贵,同时愿望智识,愿望妻子财宝。同时而起嫌恶之心者,然亦自然起选择作用于其间,而后向其力最强者而定意志。于是意志与愿望有密接之关系,二者其性质亦颇相似,所异者,愿望为精神上之欲望,更不问其实行之之方法如何。意志则有关于实行之作用,不惟向一种目的之欲望,而指定达此目的之方法。愿望为想象的,意志则实行的也。例如欲富者,不过掌握万金之愿望而已。意志者,向得此万金之目的,而实行其方法之所关也。而意志作用,即以愿望为原因。然则愿望与动机,同一耶?否耶?动机者,意志诸原因之总名,愿望则有时亦为意志之原因。而二者之间自有所异。何则?动机者,直接意志之原因之名,必有发现其结果于行为上之性质,其目的之生快乐与生苦痛,更非所关。愿望者,非必为意志之原因。又其性质,非必有发现于行为上之倾向。而其起也,必向快乐而发动也,是动机与愿望之异也。

第八十四节　愿望论第二　然则愿望与妖怪之关系如何耶?抑妖怪有苦痛性与快乐性之二种,前既述之。如幽灵,如鬼物,唤起人之恐情者,苦痛性也;反之,如凤凰麒麟引起奇情者,快乐性也。又天灾地灾者,苦痛性;瑞气祥云者,快乐性。其既有快乐性者,对之而起愿望。有苦痛性者,生嫌恶,而其苦痛性,苟不在直接苦痛自身之限。有奇情者,却有愿望之倾向,是则愿望与情绪互有关系。情绪既有常情怪情之二种,而愿望亦不可无之,如左:

常态的愿望(即伴于常情之愿望)

异态的愿望(即伴于怪情之愿望)

人人有多少异常的愿望,欲见妖怪之现象,欲开妖怪之谈话。虽然,比之常态的愿望,愿望中自混嫌恶,有好恶参半之状。例如幽灵谈,怪物谈,人虽欲闻之,决不欲遇之。惟动一种奇情,而欲闻其谈话而已。虽然,人既有多少愿望之倾向,乘之而人为的妖怪之虚构者起于世。又以人有愿望嫌恶之两性,乘之而卜筮人相等之诸方术行于民间,且专业之者起于世。

以上示伪怪及假怪与愿望之关系而已。若至真怪,非最高等之愿望,非所与知,固非普通的愿望之所关。其所谓愿望者,由有限向无限所起之愿望也。抑吾人之智识者有限性,吾人之世界亦有限性也。吾人所愿望之富贵与财宝、与名誉、与妻子、与锦衣玉食,皆有限性,对之而起之愿望亦皆有限性愿望也。然吾人者,非以有限性愿望止,而进而问无限绝对之境遇,而求达之之愿望,谓之无限性愿望,是即对真怪之愿望也,今表示如左:

- 愿望
  - 有限性愿望
    - 常态的愿望
    - 异常的愿望
  - 无限性愿望(即真怪的愿望)

此所谓真怪的愿望者,即宗教所由起。下等宗教依有限性愿望,高等宗教依无限性愿望,不问可明。虽然,普通宗教,亦在向此无限性而进之途次,故谓此真怪的愿望,与高等及普通之宗教,直接关系可也。例如信宗教者,望生于死后之世界,其意在舍此世之有限性愿望,而兴未来之无限性愿望甚明。彼愚民所想象死后之世界,虽以有限性成,而其目的在于无限性,亦了然也。既宗教所谓极乐世界,在不生不灭之世界,绝对的快乐之世界以上,则对之而愿望,所谓无限性愿望也。反之在此世,得富贵财宝之愿望,或得康健安宁之愿望,依赖卜筮人相等之方术者,必属有限性愿望。故余谓卜筮人相基于有限性愿望,宗教基于无限性愿望,前者属假怪之范围,后者属真怪之范围也。

第八十五节　意志论第一　人之心性作用中,智情二者直接关于妖怪。意志殆若与妖怪不相关者,然亦有多少之关系,不可不一言之。意志有单意、复意之二种,前既示之。而意志又有有意、无意之二作用。意志者,意识内所起有目的之作用。无意而偶起者,不可谓意志。然有意无意之间,难引以界线,关系于有意作用,不可谓无意作用。人为的妖怪,固限于有意作用,至自然的妖怪,见无意有意两作用之相混。例如以自己之意志,豫期而见妖怪,是亦依有意作用而起者也。抑意志之变动,有依智而起者,有依情而起者,或有依体欲愿望而起者,或有依自然之活动而起者。其原因总称为动机,其动机有种种同时并起者。然时而各动机间,起进化学之所谓生存竞争,其结果成优劣胜败,而力最强者制胜,自然之势也。若举其动机之种类,得分为第一感觉的动机,第二情绪的动机,第三思想的动机。感觉的动机者,起于身体状态之所关,如肠胃不与食物,则由其自然之状态,而欲饮食之动机生;身在暗室而无所见,则求光线之动机生,是也。情绪的动机者,起于苦乐状况所发之感情,例如怒时欲打人之动机生,恐时欲避之之动机生,是也。思想的动机者,起于利害得失之计较,例如见利多于害而实行之之动机生,是也。依此等原因所起之诸冲力,即于动机间优劣相较,经多少思虑之后,现选择及决定之作用,而在意志上当专论者,行为之善恶也。是道德之行为,所以属于意志作用。盖克己修德者,属于意志作用之问题。而一切道德无不基于克己。克己者,意志之制裁,当下等动机之起,更依高等动机制止之之谓也。

第八十六节　意志论第二　意志亦有常意、变意之二种,与情绪同,如左:

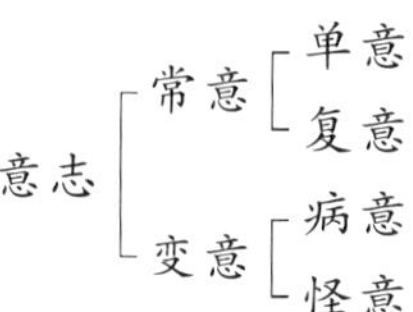

常意者,诸观念平等一样,现出于意识内,而各部之比较关系毫无冲突之状,吾人平常所现之意志是也。然吾心之意志观念,常不能保其平权,或有殊特事情,起大变动于内界,失精神作用之权衡者,于是意志骤失其常态,或滞积一隅而变其中心,如由洪水而一变其河底,或妄动摇而不止,如激动盆中之静水,是谓变意。变意分病意、怪意二种。病的意志,不外于妖怪的意志,可云变意即怪意也。虽然,寻常之怪的与病的稍异其性质。区其二者而言之:病意者,依病的事情而呈违和于意志作用之上,原因虽去,结果犹存,遂为一种之痼疾。怪意者,虽依一时之激因,精神失其常态,意志不保其平均,其原因去,而早晚即复其元。例如躁性狂者,一种之精神病,至有破坏物或杀害人之举动。其起也必有最初之原因,原因既去,尚留狂态于精神上,遂为一种之病。而异常意志,永有继续之倾向。假令躁性狂与郁性狂交代而发,其浮沉之波动,有不易静定而永继续者。怪意则大异之,如或惊愕,或恐怖,依一时之原因而走一时之变态,或意志全失其力,或判断大误,或举动大异于平常。其原因既去,而经过一时,精神亦复其常态,意志亦静定而保其权衡。是怪意与病意之所以异,有前者久时性、后者一时性之别。今案此怪意所起之原因,亦有内外二种。外因者,就外界所现之怪事怪物,而于吾人精神上引起意志之变动,是也。内因者,由精神内部一种之事情,或来思想专制,或生豫期意向,其结果呈异常于行为举动上,是也。就中豫期意向者,关于变意之作用,因之而生不觉筋动,亦变意作用也。此不觉筋动者,依精神之变动,而意志失其权衡。在病的与在怪的,皆有多少所生的现象,而讲妖怪学者不可欠之问题也。而其事于精神病最多,即精神病者,时时刻刻之行为,多出不觉,且此状态,在平时吾人之所经验,依一时激因而生者,姑勿论。常有并无原因,而一举一动不自识觉而为之者。由是观之,病意与怪意、与常意,决非可判然分界于其间,惟比较上立此三者之别而已。盖此三者,非异其种,惟异其度,故余谓变式的心理学非离正式的心理学而存,二者基于同一之规则道理也。虽然由外面观察时,常意与变意异其态,以便宜分之。故其异,非规则之异,而应用之异;非道理之异,而事情之异也。是余所以于正式的心理学之外,唱设变式的之必要者也。

今更举变意之状态。以图式示之,可参观第六十七节之诸图。

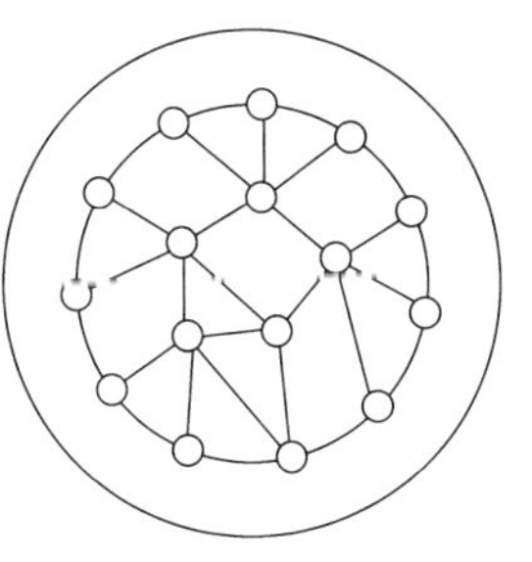

此图大圈示心界之全面,小圈示心面上所存各种之观念,其小圈与小圈间之连络,即观念之连络也。若一原因生于观念之上,由其连络而随起各观念之结果,生一种之动机,依之而呈意志作用。由其所结合观念之种类与数之异同,以为其动机及意志上之异同,自然之理也。若变动既生,各观念之中心,一变而至于变自己之位置,以是精神上有变动时,不惟感觉知觉之上生幻妄,智力推理上生迷误而已,且至行为举动上起异常,而呈变意作用也。

第八十七节　意志论第三　然则病的及怪的意志所生之行

为举动,可论善恶耶?否耶?凡于意志行为上论善恶,以其作用起于意识内及基于自由意志而起者为限。若依不觉无识而生,与识觉之而意志不得自由而生者,其行为虽善不足赏,则虽恶亦无责之之理。以此道德论者,主唱自由意志论。若意志不自由,依物理的必然之理法而被支配者,不可论道德上之责任也。然则时而于常意上虽可论恶意,于变意上有不可论恶意者,明矣。例如罹精神病者,其行为举动虽起于意识内,以其意志无选择取舍之自由,则虽恶而不可为罪;如狂人多失其辨别善恶之良心,或欠其作用,于法律上不问其罪恶。妖怪的意志作用虽不可与病时同视,而由精神之变动生者,其善恶之辨别与选择,固不能完全,故其行为不可与寻常之行为同论善恶。虽然,世所谓妖怪者,有人为的与自然的之二种。人为的妖怪出于故意,固不可不问其罪。惟自然的妖怪,由精神之变态异常而发,不问其罪可也。然而人为的与自然的不易辨。虽人为的亦必故为自然的,而甚难发觉其实状,是鉴定妖怪的行为之所以难也。以上就妖怪中之伪怪假怪论之而已。若至真怪,在善恶之范围外,非可以相对性之善恶论。若强欲于其上判善恶,以其对真怪之意志行为,称为绝对的善足矣。对之而伪怪假怪上相对的善恶,不可不云绝对的恶也。

由以上所述观之,世所谓妖怪中,非人为的之限,可云全无道德之关系。虽然因之而起种种之事,关于世之教育德义者颇多,以其为教育学部门之所论,兹姑略之。

第八十八节　情意论归结　本讲为正式的心理学之各论,于精神作用中专揭其与妖怪有关系者而说其性质变化,然不止说各作用之平时状态而已。其所讲述作用与妖怪之关系者,即次讲所讲述变式的心理学之准备,谓之变式的心理学之前论可也。今即本讲中所讲述而约言之。智、情、意三者,共有常态与变态之二种,以论其变态者为变式的心理学。而智力作用之变态,于前数讲既所论明,如先解妖怪学,为由人之迷误生,是全以妖怪学为论智力变态之学也。故至此篇专说明情、意二者之变态,以补前数讲之欠,即情与意共分之为常、变二种。情有常情,有变情;意亦有常意,有变意。若考之于智力之上,亦当分常智、变智之二种以论之。先所谓依迷误而生者及感觉上之幻妄,皆属变智。而其变智,亦如情意二者,不可不分病智、怪智之二种。今示其分类如左表:

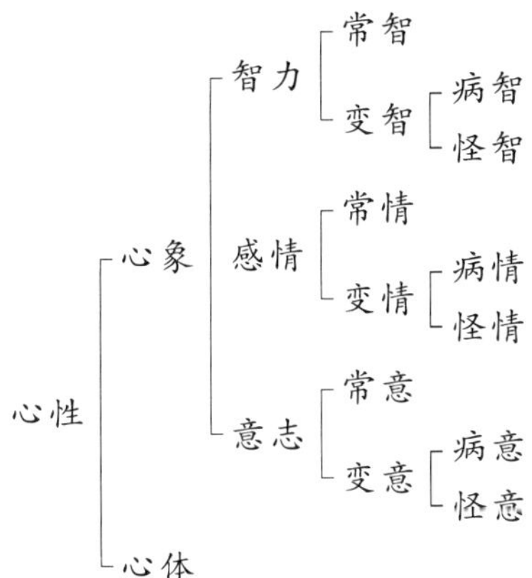

讲此表中之常智、常情、常意者,正式的心理学;讲变智、变情、变意者,变式的心理学也。其变式的心理学之论病的智、情、意者,为精神病学;论怪的智、情、意者,妖怪的心理学也。虽然,余所谓妖怪者,合病的智、情、意而言,直以变式的心理学为妖怪的心理学也。若至心体,独真怪之所关,非可属于心理学之范围。而其分类,照先第五十一节所揭而定之者,不可不为左表。至左表与第五十一节之表之所异,在置伪怪于假怪之外,是余于种种工夫之末,所以感假怪与伪怪区分之必要也。

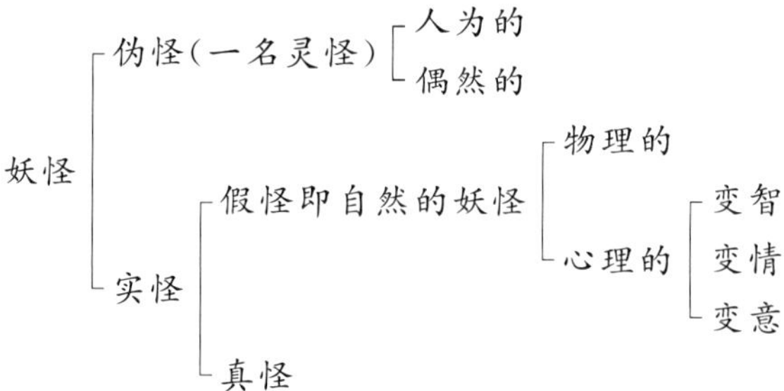

先于第五十一节之表,设客观上主观上之分类。兹所举与之异者,以智力作用为中心而分类也。

以上已于变式的心理学之前讲,略述心理学上与妖怪有关系之诸作用。由是移于变式的心理学本讲,而于内外两界说明妖怪现象之所以起。

《妖怪学讲义》卷之一下

总论续

第十讲　说明篇第四

变式的心理学第一　总论

第八十九节　妖怪的现象　身心内外所生种种变态异常之现象，谓之妖怪的现象。讲究其理者，谓之变式的心理学。前解妖怪为迷误学，是谓民间不知妖怪之原因，真以妄信为妖怪而已。若夫寻理学上妖怪之所以起，其中有一贯道理，妖怪的与非妖怪的，决非别物。而说明此理者，实于今日理学哲学之应用中为心理学之应用也。其所以名之变式的心理学者，惟以区别于普通之心理学。至其原理，则变式的、正式的，决非有二致。抑世有所谓例外者，以世间一切事，非尽从同一之规则，有十中一二或出规则外者。例如人类以有言语为一般之原则，而哑者不有之。又人类以有解道理之力为常则，而白痴者全无之。雪降于冬时，而有夏日降者。樱开于春时，而有秋天开者。如此之类，是谓例外。然则例外果在规则外耶？谓之规则外，则是宇宙外别有天则天法之二样也。虽然，由学术上考之，无所谓例外。其所以为规则外者，即存于规则内可知。是余所以欲应用正式的心理学之道理于变式的之上,而证明妖怪的现象者也。

第九十节　变态之起原　凡物心二象上变态异常之起,其原因固在物心二者之上。心理作用,由有形上考之,不可不用生理之研究。既如第五十五节所示心性作用者,以外界所与之刺激,经求心性神经而达大脑,由是经远心性神经而向外界,呈运动为常然。亦有未达大脑,而直由脊髓反射以示运动于外界者。又有不待外界所与之刺激,由脑髓中自发之动机呈运动者。又有外界所与之刺激,入脑中自然澌尽消灭,更不示其反动于外界者。

大脑——脊髓〔求心性 / 远心性〕外现

以是心理作用,必非常守一辙。又通常外界所与之刺激,虽有经感觉而达思想之正规,亦有思想中之观念发于感觉上,而向外界示幻觉妄象者。例如无声闻声、无形见形,是也。是实精神上之变态,狂人中所以生幻妄的感觉者也。外界之现象,经感觉而形成于观念思想中,虽何人不以为怪。至思想中之一观念,现示妄象于感觉上,则概指之为妖怪。虽然,深察其理,则何者真妖怪,何者非妖怪,不易判定。惟世间一般所目为妖怪者,不外于妖怪的现象。既名之现象,其为假怪,不待言矣。

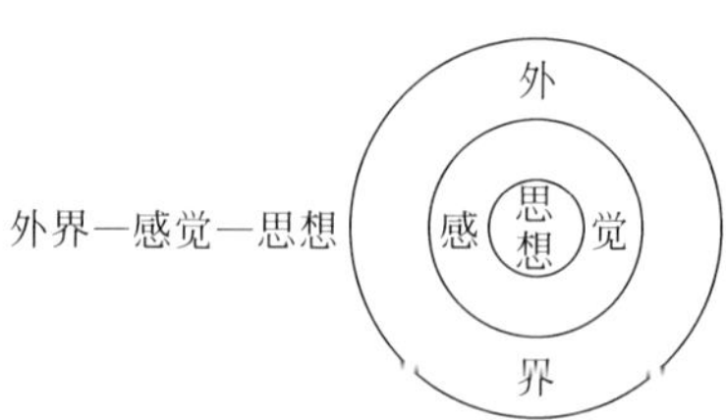

第九十一节　妖怪之要素　今当说明妖怪的现象,不可不先于内外两界之上而考其原因,此之谓妖怪之要素,其表如左:

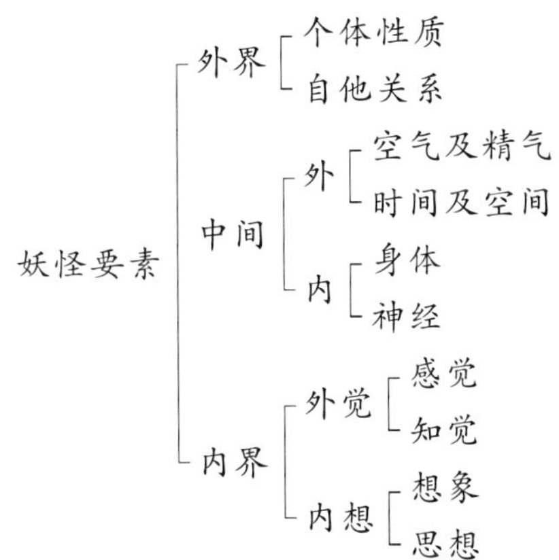

斯外界者,当分物质自体之性质及其与他物之关系之二者而论之。内界者,于心理学上虽常分智、情、意之三者,而兹则以智力为主,故独揭智力作用,而分之为外觉、内想之二者。其立此两界间以为二者之媒介者有种种,对外界有空气及以太(即精气),又有时间及空间,对内界有身体及神经。若分之以物理、心理,则外界及中间之要素属物理的,内界属心理的也。

第九十二节　外界之要素　要素中所谓个体性质者,谓物质固有之性质,如水有水之性质,火有火之性质,养气轻气、元质分子、动物植物,亦各有其固有之性质。若细分之,不可不分有机无机、动物植物、物理的化学的等。而此等诸物质,虽非无多少奇异之性质,当其一性质孤立独存,未至于现示纯然之妖怪。及其有他物之分合关系,而始现种种之变化有奇异之现象者,谓之自他关系。乃由种种之元质,互结合,互分解,而生化学的变化。由种种之物质及势力之相互作用,而生物理的变化,是也。今夫合养气炭气则发火,加湿热于水为蒸气,而其间自然生奇变特异之现象,如此之类。对于心理的妖怪,而谓之物理的妖怪。若欲知此妖怪之道理,不可不先详个体之性质,次明自他关系,而是皆诸科理学之所研究也。理学中有天文学、地质学、动物学、植物学等之科目,皆为究明妖怪现象之所要。其中尤要者为物理化学。先依物理学,知运动及势力之性质,应物质之诸事情,而究变化之状态,明光热音响电气等之性质状态,以说明妖怪的现象,则从来不思议异常而一般妖怪视之者,必将非复妖怪。又依化学,究知元质之性质,明其化合分解之状态,以说明妖怪的现象,亦且举昔日不可知的视之者,而得依他(化)学以说明。其他现于天文之妖怪,依天文学究之。关于地质之妖怪,依地质学讲之。动物的妖怪,依动物学说明。植物的妖怪,依植物学说明。现于人身上之妖怪,依生理学说明。于天地万有之上,从来视为妖怪之现象,必尽非妖怪,是学术与妖怪之所以不能并行,学术明则妖怪渐绝其迹也,是谓妖怪与学术为反比例。虽然,其所谓妖怪者,即余所谓假怪。假怪绝其迹,同时真怪愈开显其实相,是谓学术与真怪为正比例。既学术与妖怪有如此之关系,然则妖怪之讲究,一任诸科之学,不必别置妖怪学之一科而讲究之与?然外界之现象,有常象(即普通的现象)及变象若异象(即妖怪之现象)之二种。今之学术专究常象。兹欲别于讲究异象者而组织之。抑常象与异象,其道理虽一,而于外见上示常异之别。专研究异象,而开示其内部所包有之常理,亦不可谓非学术之目的也。今物理的妖怪现象,虽要照物理、化学等诸科而讲究之。余专修哲学者暗于理学诸科,其讲究让于专门之人,兹惟揭外界要素之名称而已。至理学部门之说明,亦仅摘示其一端。而外界之妖怪,必待我感觉思想而呈现象者,余特以心理学说明之。

第九十三节　中间之要素第一　外界之妖怪,有必由内外两界中间之要素而始起者,不可不知中间要素之性质。其中对外界之要素,有空气及精气。空气本为物质,似当属于外界之要素。然事物之变化,媒介空气而起者最多。且人为栖息空气中之动物,其四围现象必经过空气而后起。吾人之感觉,且必依空气之状态而生异同,兹实中间之一要素也。既以空气为中间之要素,则水亦变化之媒介,似不得不加其一种。然吾人非生息于水中者,举空气而已足。今姑就音响与光线之媒介,揭空气、精气之二种而已。夫音响相传,由空气之波动。光线相传,由精气之波动。吾人之听声视色,皆以此二者为媒介。此媒介物如有变动,随而音响光线之上亦示异象。其他物质中立内外两界之中间,而为诸现象变化之媒介者多,今不遑一一举之。

次之中间之要素,有不可属物,亦不可属心者,时间空间也。而属之物质,为惟物论者;属之心性,则惟心论者也。今无暇评二论之得失,问本来之所属,惟谓之中间之要素,而是实可谓要素中之最大至要者。何则?物无此要素,不但不现其变化,而其物自体之成立且不可保。又物心相互之关系,不能离此要素而存立,固无论。而物心两者,亦不能离此要素外而存立。故以之特入要素中。虽若不伦,而时间之长短,空间之远近,大有关系于事物之现象变化,不得不揭此二者,以为妖怪现象中间要素之一端。

第九十四节　中间之要素第二　次之而为中间要素之一种

者,身体及神经也。此二者,其体成于物质,而为精神所住息之机关,物心交互错综之处也。其组织中有精神者,犹空气精气之于外界而已,属之内界,虽无不可,而余以人心有有形无形两面,其无形面属内界,有形面属中间也。而身体及神经之与精神关系,按第五十四节所举可知。又其关于外界,亦准之而可知。夫由外界入内界,由内界出外界,俱不可无身体及神经。身体及神经上有变动,必及其影响于内外两界之上。例如甲乙两人,以其神经组织之各异,而所感觉亦异。虽在同一人,由身体各部之组织异,而其感觉亦异,不能同一。又由身体温度血液成分之异同,而生变化其感觉者,平生多见,无待证明。其他由觉官及神经之不完,或由病患变质,而物心内外之感觉,遂现异象,亦理之所当然。譬之用著色之玻璃窗,则室内外之风光随而变色,同一理也。

第九十五节　内界之要素第一　次举内界之现象。其第一外觉,虽分之为感觉、知觉二种,今合二者而论之。抑外觉者,有常觉、变觉、幻觉、妄觉四种。常觉者,普通寻常之感觉。变觉、幻觉、妄觉者,妖怪的感觉也。此妖怪的感觉,谓之异觉,或单称变觉。变觉之原因全在外界,惟应其前后周围事情之异同,而多少变化其实状,以现于吾人感觉者。例如明月之夜,见星最稀,无月之夜,星光特明,是即变觉之一例。其星之明微,非起于思想之变动,而由月光与星光之关系也。其他由外界诸事,而所见有大小高低之异。吾人所常经验者,皆为变觉。次幻觉者,其原因在内外两界,即外界之现象加于我精神作用而生者。例如见道有横绳而感为蛇之类,其感觉虽起于绳之现象,而认之为蛇,则我精神之作用也。凡外界所现,误认异物,如此类者,谓之幻觉。次妄觉者,谓外界全无原因,独依内界之精神作用而现者,例如无物见物、无声闻声是也。故妄觉者,全属于我精神之变幻。虽然,此三种感觉间,或不能判然分界。且如妄觉者,虽起于精神内部,亦有由觉官之病,无物而见物者。故觉官上所起变幻与精神内部所起变幻,区别甚难。又如斯变幻者,有生于久时病患与生于一时变动之二种。由病患者称病的,由变动者称怪的,病的者属精神病学,怪的者属妖怪学。余所谓妖怪,合病的言之,故不必区别。

以外觉上之妖怪现象为变觉、幻觉、妄觉,是主观的之名称也。若名之于客观的,则称变象、幻象、妄象。今示其全表:

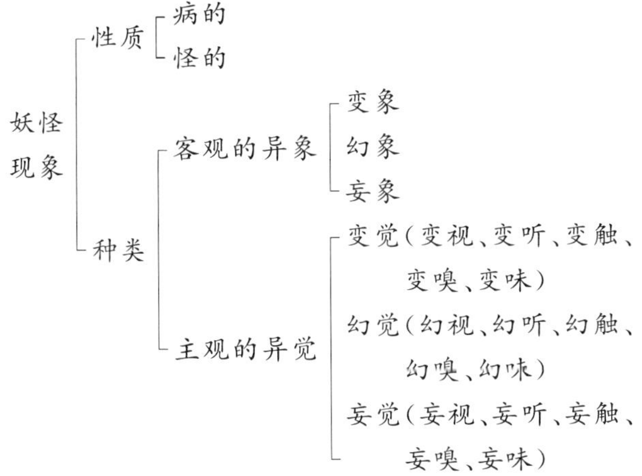

异象异觉者,即妖怪学之问题也。而今考异象异觉所起之原因,凡有二种:第一事情,第二相对是也。事情又分为二种:第一身心之状态,第二习惯之影响是也。身体及神经组织,所以由病患变质等而生变动于外觉之上,前节所述,由身边论之耳。今欲论之于身心相关之点,而即称之为事情。事情者,考于吾人身心上而易知。如同一里程也,而侵晨出门而行之,与终日劳动而行之,其于感觉上大有远近之异。又同一物体也,而未疲劳以前支之,与已疲劳以后支之,亦大有轻重之异。其他又有由时间之长短、体气情况而大异其感觉者。又年少强壮之时与老羸憔悴之时,于空间、时间、重量等之感觉大有不同,亦与之同一理。此皆身体上之事情也。而对之有精神上之事情,例如精神爽快,则感觉锐敏而明了;精神郁忧,则感觉迟钝而不明是也。其他有由喜怒苦乐之诸情而生影响者,今不暇一一举之。次由经验习惯之异同而生影响者,例如步行同一之道路,惯路与不惯路,大异其距离之感觉;或赏同一之风景,初见之与数回反复见之,亦异其感觉是也。而其感觉上生异同者,关于相对之原因尤多。相对者,由诸事物若诸观念之间比较对照而起,有客观上相对、主观上相对及空间上相对、时间上相对之数种。客观上相对者,由一物与他物比较对照而生,如红花与绿叶对照,更觉其色之鲜明,风云流动间,见一轮之明月,觉月之奔亦非常速,是也。主观上相对者,观念与观念之相对,若观念与外物之相对,其中感觉上之相对者,谓观念与外物之相对。即存于记忆上之观念,与现于目前之外物相对也。例如成长于蚁封邱垤而无高山峻岭之土地者,初至多山岳之地,起非常高大之感觉,或素居陋巷茅屋,而忽入金殿玉楼,感其美丽者尤甚,皆此理也。次空间上之相对者,谓同时二物比较之感觉。时间上相对者,谓前后感觉之互较。例如见西洋人与日本人并行,感日本人之矮小,以日本国地图与中国地图相对照,感中国之大,空间上相对也。又如由有电气灯之街衢而至无灯之街衢,倍觉其暗,由寒地移暖地者,倍觉其湿(温),由前时影象与观念相对照而起者,犹是相对之一种也。其他内界所存之一观念与他观念相对者,专称之主观的相对,属于内想之范围。而外觉之相对者,总称之客观的。其他精神内部所生感觉知觉之变幻,以其入内想部类,当于论思想异状时述之。故惟表外觉上之要素如左:

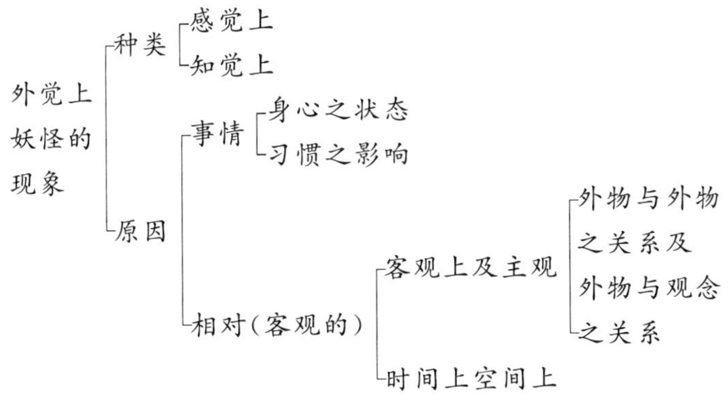

第九十六节　内界之要素第二　感觉知觉虽为内界之要素,其实跨内外两界之间而为思想与外物之媒介。故其一半者客观的,他之一半者有主观的之性质,实内界中之外界也。而以下所论,为内界中之内界,虽感觉已止,而尚有作用,专由内界发见之状态也。以其有想象与思想之二种,名想象为实想,名思想为虚想。观于先第五十七节及第五十八节所述而可知,是讲变式的心理学最要至重之部分,而《妖怪学讲义》之骨子也。凡妖怪现象,其一半虽云在于外界,而外界之现象映写于吾人之心面而始现,故外界之现象,即心面之现象也。而其现象,虽谓存于内界外觉之上,而外觉之为物,必照以内想意识之光,而始现其作用,是亦不可不谓内想之写影。是外觉上之妖怪,即内想上之妖怪可知。由斯观之,妖怪之根据巢窟,实在内想中,是予所以以心性为妖怪之本城,以心理学为妖怪学之神体也。而内想有想象、思想之二种,当详于变式的心理学之各论。今惟就内想全体而分为常状、异状之二种。讲究常状者属正式的心理学。讲究异状者属变式的心理学。至异状有怪的、病的之二种,准前之外觉而可知。今专考其异状所起之原因事情,分为左之五段。

第一段　相对(主观的)

第二段　专制(智情意)

第三段　变识(无识及重识)

第四段　安(幻)境

第五段　真际(真怪)

斯五者于精神作用中,虽曰专基智力,要当并情意二者而说明之。

第一相对者,内界之观念,互为比较对照,纯然主观的相对也。盖吾人内界所并存种种之观念,必互相比较而始明。各观念之性质状态,若于其比较有缺有误,则想象及思想上大生误谬。即由时间之前后、空间之远近等种种观念之比较而得知者,若比较有误,则判断必误。今举其最易解者为例。无若梦中之情况,人在梦中,远距离感近,长时间感短,至微小刺激感大者,全由内界之一部分醒觉,而他部分尚安眠,是相对比较之所以不得其正也。虽然有平常之所不忆、梦中反明了忆起者,是犹星无昼夜之别,并罗于天,太阳西没,始现其光。时计(即时辰表)二六时中虽一样发响,夜深人定,始能入耳。凡记忆观念,醒觉之时,惟种种显著者始得现出,在安眠之梦境,虽微薄者亦得现出,即此理也。要之,由主观上比较相对,以判定事物之状态,亦有由其比较相对而生误认谬解者也。

第二专制者,思想之集于一点,而他部分皆受其支配之谓,如先第六十五节所论,是也。此专制之原因,由内外种种之事情。人若由多少之事情,而会注心力于内界之一点,自然起思想之专制,反复于此而生习惯,以致专制思想固着而不动,思想固着,旧思想与新思想全异其中心,因之而所得判断推理,亦生前后黑白之异同。例如定

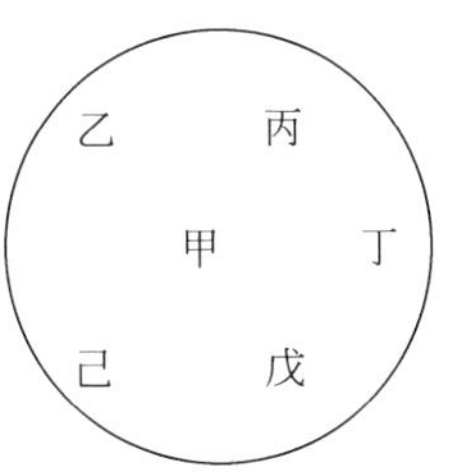

此甲乙丙丁戊己六个之观念并存于内界,平常虽甲观念在思想之中心,由一时之变动而乙观念立其中心,以专制全思想,则前后之判断不得不全异。犹之登骏阿台而临眺东京之全景,与登爱宕山而临眺者,大异其观。是常人与狂人,其判断之所以冰炭相反也。而关系于此专制者,又有豫期意向、无识筋动之二种。豫期意向者,于吾心所豫期以意迎之之谓。凡有此者,耳目之感觉多少从之,而意向渐进其度,以来思想之专制。至于感觉全受思想之支配,则现种种之幻象妄觉,而其力且自然及于远心性神经之上,以至于筋肉上现动作而不自觉,谓之无识筋动或不觉筋动。而其无识之度,一以豫期之强弱为比例。至豫期之力,全起专制思想,则筋动上益生不觉。例如出果子于小儿之目前,由取之一念支配,有不觉出两手者。又无论何人,感非常之快乐而欢喜不措,有不知手舞足蹈者。又如闻他人吟诗歌而深感之,则自然动唇吻而和之。又如在军中而被敌追击,见制于畏惧之念,不识不知而逃走,皆是也。要之,精神之集合,即思想之会注一方者,于求心性神经之上起豫期意向而变动感觉。同时他方于远心性神经之上起不觉筋动而专制运动。故是皆专制思想所系之事情。而今更就专制思想及精神集合之影响于其感觉者,译克明太氏心理书所著以见例

如左。

据一教士所说,有一妇人涉毒杀其婴儿之嫌疑者,乃发棺于墓,将与医师检其尸体。监视之州官感腐败之气,不复能忍,仓皇去之。及开棺,棺中无人,且其后知此妇人并未产儿,亦曾无杀人之事。

西历一千八百五十一年,有一屠者,以负伤故,来市场药材家。屠者曰,吾悬垂重大之兽肉于头上,误失脚,锐钩贯吾腕云云。及检之,彼苍然面如死灰,脉搏几绝,其状若不堪苦恼者。少动其腕,便感非常之痛。切断其筒袖,屡屡悲鸣。及去袖露腕,而见钩贯上衣之袖,其体无恙。

据勃来佗氏所试验,有五十六岁之一贵妇人,且健全无恙者,渴欲见马蹄磁铁之极。氏导之于暗室,诘其所观,暂眺之后,言无所见。氏告以注视之,火光将发,妇人由是直见火光之闪闪。未几,氏又言火盛喷出,如前者妇人于某公园观乌苏排斯火山之人造形。此间乘妇人不知,入磁铁于匣,而此妇人者,尚言见同一之象,由是发种种之疑问。于暗室之他部,纯然壁立无一物处,问所见。妇人辄言见最灿烂之闪火光及火态种种之形状。反复试验,无不然。及其持磁铁去他室后,导右之妇人于他室。此室既纯然四壁,而所见如前。去磁铁后经二周日,妇人入此暗室,单由观念之联合,而所见尚如前。实由妇人始见数回之闪光及火焰,后每入暗室,常见之也。

又勃来陀氏以与是同一之方法,使妇人热心于磁铁之极。其手指与磁铁之间虽毫不呈牵引之象,而妇人忽言牵于磁铁之强大引力,全不能引离其手。及提起他之新观念而分离之,告以其极更不及引力于其手,乃使触此极如前,果应之而无效。勃来陀氏曰,予知此妇人实无欲欺罔予及其他临视诸人之意,实由妇人以先入观念之专制自欺,而被其魅。目击此试验诸人,见磁铁呈种种之势力,无不惊者。

又有由专制豫期,而使其身心作用从他人命令之一例。据克明太氏之所记,使一贵女信其鼻下之手巾含麻醉剂,渐次陷睡,与真吸麻醉剂者,示同一无觉之状。又数分时,自觉。次施术者,说此贵女不出二分时当就眠,且命之曰:非我呼勿觉。于是他人或鸣大铃于其耳,或以羽毛深摩其鼻孔,尽种种普通之手段,毫不为觉。及施术者徐呼其名,直破眠而醒起。又辛坡恩氏之言,时有受氏之施术者,睡亘三十五时间之长,其间许暂觉者仅二回云。此例于后文催眠术之说可互证。又就专制思想,或及影响于偏向意志精神病之上,以克明太氏心理书之所记揭于左:

据慰祁蒲氏摩宁排阿癫狂院西历千八百五十年之报告:有一妇人,其智力毫无异常之点,又非为妄念所苦,惟恼缢杀之单纯抽象的观念。欲达此目的,而种种以迫人,特害其侄及亲戚者屡矣。实此妇人之所欲缢杀,不问何人,惟杀人而始足。于是此妇人者,蒙严厉监督,虽大恢复其自制力,至许作业于洗濯室,尚常云,我不可不为之,何日可为之耶?我不能忍之。又不问何人接近之,徐致其手于喉边,发温然劝奖之曰:我恰欲如此为之。又屡云:望此世界之人,一举而缢杀,男女老幼,尽合而为一颈。虽然,此妇者,有诚实温柔之资质,院内之患者被其亲爱者不少,且富信仰心,好临祈祷会,或访问病者而为之祈福。

以上所记,第二回罹狂时之状态也。其在第一回,此妇人者,实谋自杀,而以其妹及母皆行自杀观之,盖其病全由遗传,素有此种发病的冲动之强倾向,决非出其诡欺无疑。且此妇人虽熟知如斯冲动之不良,并知犯罪之必不免责而不能克制之,故常自恼而愁叹。又据同院纪元千八百五十三年之报告,右之妇人,被刺冲于其杀人癖而缢杀其妹之儿子,再至入院。而此回毫不见观念之倒乱,惟刺冲于强大难检之抽象的偏向而遂行之,自深悲己之宿运而已。

据克明太氏之所记,杜土尔阿品西吾氏者,曾乞一断喉自杀者之尸而解剖之。初以远于要所,苦闷许时而始没。氏戏谓从者曰,汝若有断己喉部之意,决不可如斯之拙,当使之偏于左方,以截喉部之动脉而速死。此从者本沉着稳当之人,有家族并有通常之资产,安乐度日,决无毫末自杀之倾向。奇哉自此以后,忽发自裁之念,益增长而遂实行之。虽然,幸不如曩之教示,而不断其动脉得不死。是即素无经历,又非情绪所关之病的冲动,俄然而逞专制之例也。

是皆示病的专制豫期偏向之影响者,当于医学部门所说之精神病参考之。由以上诸例而考所以起,即先第六十七节所示图而可知其理。即于一方集心力,而于他方减其力,若凝集全力于一方,遂于他部生不觉无识,亦当然之理也。心力之偏倾凝集于一方,一者依人生来之性质,一者由内外一时之事情。盖人之凝集精神于一方,有易有难。其凝集易者,小事夺心,即生专制于一方,而于他方生不觉。其凝集难者,由一时之事情而激动其心,亦必生多少之专制不觉,皆人之所知也。若其偏倾一方之性质,一时后不复其元,则概属之于精神病。其精神病与否,其间非有判然区别可知。又精神之专制,有智、情、意三种之别,非独存于思想之上,而今举集心于智力之一方,而至全不感觉官上之刺激者。如学者读书至会心处,或呼其名而不觉,或至寻常眠食之时而不知之是也。尚有甚者,当棋客对局,或报其亲之死而不觉之,是不独限于智力思想而已。对专制思想,而亦有专制感情,专制意志。专制感情者,如大愤怒是也。在此时全失感觉力,又其间之举动多有自为而不觉,如他人所为者。又专制意志,即意力专制时无智虑分别,无慈悲哀怜,轻举妄作,若偏于判断果决而达其极端,亦自有不觉其举动者。此专制不觉作用,以宗教信者为最多,其最热心者,一朝处火刑,自不觉苦痛。西洋昔日自耶稣基督始,宗教信者之处死刑,不知几人。又如勃卢那氏之处火刑者亦不少。其他不论何国宗教家,犯千死百难更不意之者,征东西之历史,其例不遑枚举。是实因信仰之力,凝集精神于一点,自不觉身体之苦痛。若欲证之,吾人之于大火时,或在战场纵横奔走,虽身体负伤,更不感其苦痛,是非精神集于一点、而不存于他部分,何耶?今宗教热心家之不感苦痛,与之同一理也。克明太氏者,示一例于其书中曰,以演说名之罗部妥呼氏在病中,不胜苦痛而登讲坛,方喋喋演说,更不觉何等苦痛,殆如忘病气者,及其下讲坛,忽不堪苦闷而仆,是皆理之固然,故不足怪。今既知其所以然,则夫由人工而生专制不觉,亦复不难。在西洋古代,魔醉药水发见之时,以手术使人精神凝集一点,此事予尝自试之。即足部受手术时,豫集合其心于他一定之部分,则所感苦痛之度得减几分云。

以上既由专制而论及不觉无识之所以起,今特揭无识种类。无识者,无意识无知觉之义。反之而有名重识者,是二样相反之意识,并起于一心中之谓。合此无识与重识而称之为变识。先即所谓无识者述之。或有感觉上生无识者,或有思想上生无识者,或变于智之上,或变于情之上,或变于意之上,于是有无识情动、无识想动之名称。而数种无识大抵皆专制之反对。精神凝集于一方者,其结果必生他方之无识不觉,然其间所存之行为举动,属于无意识反射者也。故无识作用皆由反射自动而发。今举无识作用之种类:有自怒而不觉之、自悲而不觉之者,谓之无识情动;又有自分别、自判断、自推理而不觉之者,谓之无识想动;又有自选择、自取舍、自动作而不觉之者,谓之无识意动。凡无识之起,固有种种之原因:一由专制凝聚而精神全力偏倾吸收于或一点而生者;二以意自迎而入;三由急剧之变动,若过度之疲劳、失神气绝以起者;四由一种之病患以至此者。次重识者,反对之二重意、在一心中而现其作用,有一方之意识命可为,他方之意识命不可为者。又有一方所认之自己,与他方所认之自己相反者。此例在精神病者多所见。狐凭病之一种,有意识之一半示狐之作用,一半示人间之思想者。其他种种之精神病,有由二重意识而被苦者。尝有一学生久忧此重识。其所自述,每见人,虽其父母亲戚,生杀之之意志。与之同时,生制止其意之意志,常自思甚危险,不可如何,为此大苦其心云。又有一学生言朝夕所居之屋,常有其屋将倒之感。出家之外,则有树木将倒、地将陷,而自失其身命之感。与之同时,其精神中决知其不如斯,常有二样之意识,相战而不堪其苦痛。是等虽未可为纯然精神病,而要为病之始期明也。若由生理的说明之,吾人之脑髓,由左右两半球成,若其半球互呈孤立作用时,可生二样相反之意识。然是太偏于有形之说。明心理学者,不能以此说为满足,故不可不更考之。抑吾人在平时,往往分意识之二样而现其作用,或有二个之思想互相抗排者。例如每日方晨起,见有促晨起之思想与妨之之思想,两样作战。其他,虽为何事,皆有二样相反之思想起于同时,其势不易决断者。是无他,吾人之意识思想由观念之比较,联合之异同而异其范围。由一部分观念之比较联合而生者与由全部分观念比较联合而生者固不能同一。又一部分之联合与他部分之联合,其所起之结果,亦自不可不异。以是所谓动机之生,有生二样相反之冲力而互相抗排者。今病的重识,惟此事情之强其度而已,与吾人平常所有之状态,非异其种类也。为其例证,当于医学部门及心理学部门详之。

第四幻境者,无识界中开一种之识界,其世界全与现世界异,全与无识以前心界之世界异,是精神病者多所见也。虽然亦有未至于称精神病而施种种之心术以至此者。在此境遇,全以妄觉妄想成别开一种之幻天地。而幻境有一分与全分之二种。一分幻境又分之为内界、外界之二种,于外界为妄视、妄听,于内界为妄想妄见也。而一分幻境,得并见幻现两境于一心中。全分幻境,则身心内外全入幻境,为精神本体之幻化也。盖幻境之起,虽因种种之事情,大抵以内界之想象,直组织外界之境遇,如于梦中现见境遇者。而其内界之想象,若能保其顺序,有其联络,未可以为幻境。至于想象失常态,而起妄想、妄见,大反实际,全与平时之想象相异,始谓之幻境耳。其原因前既述之,又欲于医学部门说明之,故不复赘。但吾人精神作用,有一度入无识之境,又于其一部分开意识之境,而其意识不竞,又不能保其权衡,遂现妄意识之境者。且有吾心失自制自裁之力,仅应他人之命令而构成外境于心内者。此等状态,于催眠术尤易知之,故其说明在心理学部门心术篇。

第五真际者,超过一切心象之境,而达心体本境之谓。如前述幻境及种种妄念、妄想,总谓之妄境。拂去此妄境而开显一种高等元妙意识之别境,谓之真际。在幻境者,其状态虽异于现境,而其异者,不过开意识于精神界里之一部分,无外界之对照,且非有内界全部之意识而已。至于真际,离现境及幻境所有意识精神之状态,而开现一种元妙意识之关门。盖现境与幻境,共为心象上所现之境,要其别者,一部分之意识异于全部分之意识而已。真际者,非心象,而心体之境也。抑此心体者何物耶?是不独心之本体而已,又宇宙万有之本体,所谓惟心一元之体也。故其体无彼此自他之差别,平平等等无差别之境也。此境一动,而吾人之现自他差别于心象者,譬若静水之一动而生波。又心象者,自他相待,所谓相对有限,心体则自存自立而无待于他,又不受他之制限,谓之绝对无限。而此绝对无限之体之表面,开有限相对之心象。心象者,心体之一部分也,既为其一部分,与心体联络而不可相离亦无疑。以是吾人之于有限之心象上开无限之神光。随而世有宗教家成佛悟道之法。如禅宗所云开现本来之面目、本地之风光,是即于差别相对之心象上,开现无限绝对之心体之谓。盖其所云坐禅、云观法者,皆不过达之之阶梯。又佛教目的,称转迷开悟,谓转舍生死之迷而开现涅槃之悟。其所谓涅槃者,是即无限绝对之心体,谓之真如可也,谓之理想亦可也。要之,其名虽异,其体皆同。故吾人若由现境、幻境之妄境,进而达此真际时,恰如云开雾散,而仰明月于中天矣。

至此真际之一论,既超脱心象之范围,即不属于心理学之范围,谓之变式的心理学之一部,似不得当。虽然,吾人之心象,虽现境幻境,而其内部具心体之世界,势不得不联络心体而说心象。且予所谓妖怪学之研究,非独论假怪,并欲论究真怪。今真际一论,全属真怪之问题也。而此真怪非离假怪而别存,存于假怪之里面、心象之内部者,现境一变而无识界,无识一变而幻境,幻境一变而于兹开真际,尚当于结论详说之。

第九十七节　情意之异状　上讲内界之要素,于智、情、意中,本智力而论之于感觉思想两范围之下。要之,智、情、意者,不过一心中之现象,其互有关系不待论。故思想之为物,情与意俱相加相助。思想有专制者,情意亦有专制,思想有无识,情意亦有无识,如前所述。今更就意力缺乏之际而言之。夫若梦中之想象,或精神病,有不能以意力制止思想若感情者,果何由而然耶?欲明此理,当先知意力之所以起。抑意力之起,古有种种之说,或云意志者,本来自由,而立于万有规则之外,或云意志者,从万有自然之规则,由因果必然之理法。然余谓纵令意志无本性自由,既在人身中,而于脑髓组织之中,现示其作用,不可不从自然之规律,必然之天则。故从此说而后意志之所以起,可明也。夫意志有单意、复意之二种,于第五十九节既述之。又其作用变化,于第八十五节、第八十六节、第八十七节示之。虽可不赘,而对此意志,有属于无意作用,有属于有意作用,不独单意复意之间无判然分界而已,有意、无意亦未能判然分界。故余以为若梦中及病中,非全无意志,惟其意志比平常为不完,犹之梦中情、智二者之不如平常而已。盖意志有单复二种者,心性发达自然之势。二者之原因,固一而非二,不过一者,由一部分之心象,若一个观念所刺激而生;一者,由全部分之心象,若全体之观念比较对照而生,斯其异者耳。例如社会中一人之意志,与社会全体之意志互有抵触,则有枉一个人之意志而从社会全体之舆论者也。今譬之有甲物于此,其周围假定有子丑寅卯辰巳数个之事物,子之力及于甲之上而引之,而丑寅卯辰巳之力不及,则甲者必被引于子之方。若丑寅卯辰巳亦同样引甲,其结果必异,同一理也。

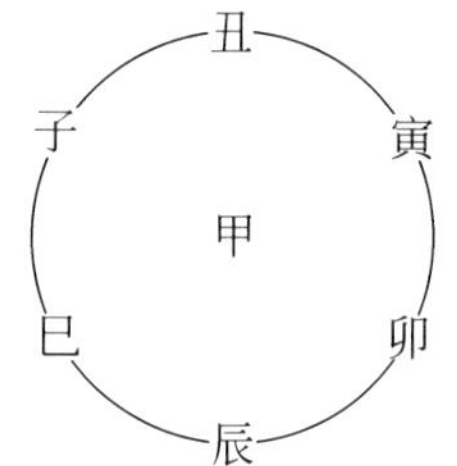

然在梦中或病中,心象中之一部分活动,他部分休止,虽无平常所有复意之作用,而其有下等不完之意志及与无意同样之作用,则不容疑,而普通称之为意力之缺乏。若以社会例之,平常无事之日,虽社会全体之意志相合而形成舆论,当一朝革命变动之生,一部分之意志,独立主作用之地位,以专制社会有大异于平时意志之运动者。心性作用亦与之同,平时与变时虽异其意志之作用,至其原理,决非二致。夫心性上有变动,虽必有多少之意志,然一方有心力会注专制,而他方生缺乏无识,亦自然之理。当心性作用变态异常,有智若情独极强盛,而意志则缺乏休止者,其休止有不见意力之作用者,固不足怪。又有与之同例,致感情作用之缺乏者,虽行残忍苛刻之事而不动其心,亦此理也。今本克明太氏之心理书,举示情意变态之一例如左:

据杜脱太吾松氏之所报:有一绅士常发难克之愤激,次第增长,其知友认为癫狂,欲拘束其自由,而征之于其言行,毫无癫狂之证据。于是乞有名医师,以种种方法透察其狂性之所以,皆不能达其目的。太吾松氏者,亦由学者以介绍于右之绅士而检察之。初入其室,见悬镜之龟制椅子及其他华丽陈设之破损,已足为愤激时作之证左。乃氏者,忽欲倒乱此绅士之智力及情绪以发见其狂态,试以种种杂多之谈话。而氏者,有名博识雄辩之人也。又其对手为达于文学技艺、多才巧辩之绅士,交互应答,流畅自在无涩滞。谈仅二时许,而广涉万般奇趣,妙味如涌,殆氏生平所未曾遇。厥后,谈及动物电气之事,该绅士者,说其亲族中之一人,借此作用,感扰吾身,尤剧言已为此方法,受非常苦难,终愤然激昂,誓必复仇于此加害者,其状态实可恐。于是人人知欲保全此绅士,非检束之不可云。

又同书就情绪之激动及影响于身体上者,举示三例:

社士夫翁乌门氏之所记:有一匠工与其家合宿之一兵士,以事启争。及兵士拔剑迫之,工匠之妻恐怖不知所为,忽投身两战士之间,夺剑寸断之。其间邻人驰骤排解,事渐镇静。然妻以此事变痛激动之际,适取健全戏嬉之儿童于摇篮而哺乳之。数分时,此儿止哺乳,四肢不动,气息喘喘,忽眠俯母之胸上。乃仓皇呼医师施百般之方法,终无效。

据蒲鲁大斋氏之所记:一婴儿会其母之急剧悲伤后而受哺乳,其身体之右方起痉挛,左方呈半身不遂症云。又母犬甚狂激后即哺乳犬儿,亦有起癫痫的之痉挛者。

有一妇看护嬉戏之小儿,适有窗户坠落,碎截小儿之三指。惊惶悲伤之余,不知救助之术。及外科医来,绷带其创伤,而妇人亦愁然诉己指之苦痛不已。检及之,恰见与儿童所伤三指同一胀起而发炎热。此三指者,在事变以前毫不觉苦痛。经二十四时间,截开右部,去脓除垢,而后愈合云。

又同书就意志之影响及身体举动上者,示左之例:

据坡夫苏朋挪氏之所记:有一绅士,自己欲为何事,屡不能遂,即欲脱衣,殆非经之二时间,不能遂之。虽然,其心力除意志外完全无缺。又或时命下婢供一杯之水,及其旁,虽如何振作,不能执杯,历半时间,渐得克其障碍。

右之例,更有根于其特性之一部者。即有一绅士,方步行街道,或直市屋断绝之所,忽其身运动不如意,又不能前进,由是于街道无建筑之所,必被抑留。又出入门户际,每数分时之间被制遏云。是等两人,当其受抑制时,竟如己之意力为他人所占有者。

此意志之一例,可参观医学部意志狂之一节。由以上诸例,不惟情意之变态影响于他精神之作用而已,且影响于身体上可知。

第九十八节　妖怪要素之全表　以上总说心理的变态异常由起之原理,由是不可不就其各项而细论之。故变式的心理学,亦准正式的心理学,分总论、各论之二段,而由是移于各论。因更揭表明示妖怪之要素如左:

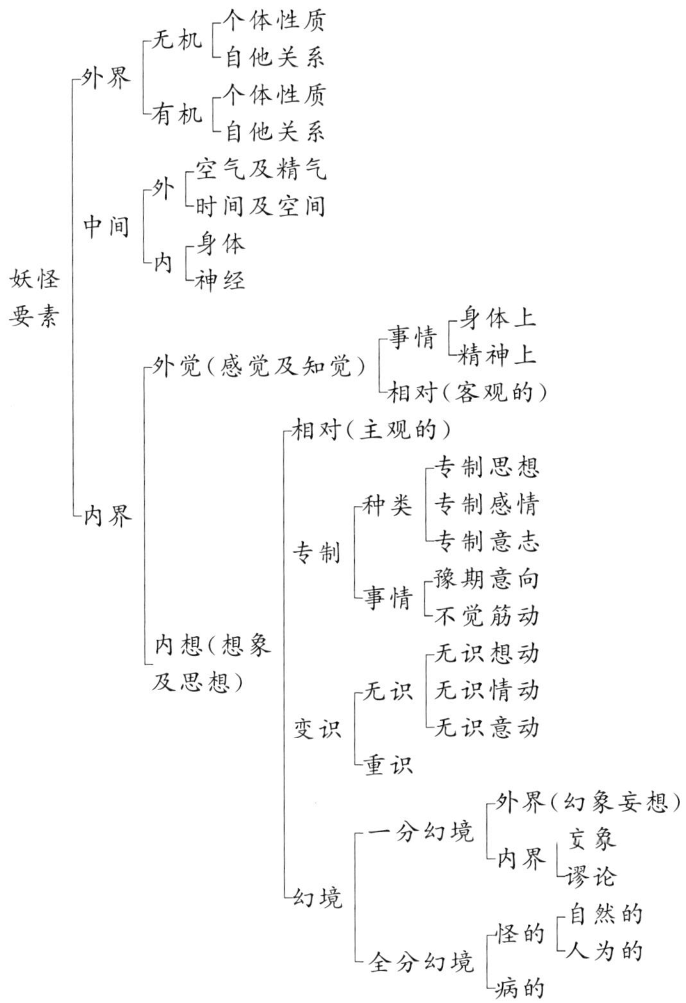

此要素者,妖怪之起因,而非迷误之原因。迷误之原因,以既于第六讲说明,故略之。以上所揭种种之要素,一部分或全部分相合而组织世之所谓妖怪,分解之而一一说明之,决非真妖怪。其理由在各论,而各论主说明心理现象上所起之妖怪,即就此要素中,除外界之部,而就中间、内界之二者,一一举示其例证,是即所谓以心理学为牙城者也。

第十一讲　说明篇第五
变式的心理学　各论

第九十九节　既欲述变式的心理学各论,不可不考其理于心理作用之各种而为之说明。其说明者,以心理学部门不得不再说,此惟述其大要而已。先说感觉。

第一视觉　第二听觉　第三触觉

第四嗅觉　第五味觉　第六有机感觉即体觉。

此诸觉,外关于中间物之事情,内关于精神作用,当由前表所揭中间及内界之要素考之。

第百节　视觉之异象第一　感觉中最助智力之发达者,视觉也。而能欺吾人且使惑者,亦视觉也。今先述视觉与中间物之关系。中间物有由光线之屈折而现异象者,例如空气水液之类有屈折光线力。尽人所实验,即如空中见蜃气楼,由空气变状,而光线经过之屈折。又试沉指之一半于水中,与未沉之半指显呈异样。或又杯中入钱,离三四尺,斜睹其中,钱隐视线之下而不见,及注水满杯,钱影忽浮于视线之上而可见。皆是证水液之屈折光线也。次为反射玻璃镜有反射物影之力,亦尽人所能知。例如在汽车中,时时见树木、人家之影象浮于玻璃窗。又入理发场,见两镜两对,其影互反射无穷,是也。又有由中间物之色相而变化其物色者,如空气水液随玻璃之色相而所见异其色可知。要之,视觉上所现之物象,由中间物之性质与色相而现示异象,使实物之性质与视觉之现象不得一致。次述中间物第一种时间空间与视觉之关系。凡物象者,固一物而由时与处以异。清晨见之与薄暮见之,大异其观,冬夏晴雨,亦皆随而异观。又由距离之远近,位置之前后,而异物体之形状,人之所熟知也。今举其例,若当秋气澄清,满天无翳,明月高悬之夜,望彼四山,觉低而且远。当密云欲雨,天色濛濛时望之,觉高而且近。以是不惯于航海者,月夜望山色,往往误其距离。是光线与视觉之关系,亦对空间感觉上之异象也。又春日望远山,其形朦胧,秋日望之,其影明朗,非山之异,以时之异,而呈变化于其间。抑物之形状大小,由位置距离而异,不待论。先所谓空气水液等光线之屈折反射色相,由时间空间之事情见其变化,而有强弱厚薄之差,故时间空间亦可为视觉异象所由生之一要素。次述中间要素第二种身体及神经之事情。夫人间眼球之组织,比之动物虽大为发达,尚未得为完全,故在平时犹不免生种种之误觉。例如眼球内部,有称盲点之一点,而吾人若止有一眼,外物之影象入球内而落其点,不得见之。又有称明视点之一点,外物之影象不落其点,不能明视之。又以指头强压眼睑,或两眼笼力而凝视,则于一物见二重之物象。又如定甲为两眼,乙为左指,丙为右指,其相去各一尺:甲——乙——丙。集甲之眼轴于乙点而看丙时,丙现二重;集甲之眼轴于丙点而看乙时,乙现二重。又时时于眼内见透明球体之动,是血球之动于内而映视神经也。而在病时现种种之变状尤甚,如黄疸病者所见悉带黄色,罹热病者亦见种种之幻影。又有名色盲者,于七色中不能感各种,而其中不能感赤色者最多,是盖缺感其色之神经也。要之,视觉者,由中间物之异同,大生物象之异变,若一审其中间物之性质事情,觉毫不足怪。而人之怪之者,不可不谓全出于迷误。故知一点学问之电灯于心内之公园,则此妖怪忽灭其影者,必然也。

第一百一节　视觉之异象第二　视觉由身心之情况及经验之影响,其所感大有异同。例如在上海而平日逍遥于海烟浦月之间,与在山东而朝夕餐泰岳之秀色,所感必异,不啻为晴雨日时而已。身体活泼、精神爽快时,与其疲劳厌倦时,所感必异。又虽如何佳景绝胜,朝夕起卧其间而习惯,则不感兴味;在初游之地,由新奇之感情而大增好景,是经验习惯所生之结果也。次视觉者,由相对性而亦大异其感觉。凡物之色相形容,大抵互相比照而感者,所谓"江碧鸟愈白,山青花欲撚",感觉之相对也。又于空间上随距离之长短远近而为相对比较,而其比较有由主观、客观若时间上、空间上之别。目前并观二物互相较,与以往时经验所得之记忆与目前物象互相较,必不同一。其例证在心理学部门。由如此相对而于视觉上生误觉,谓之变视。其最著者,如看日月,升时与中时大小顿异,是也。管茶山随笔中有《看月说》一章,言人之看月,由人而有大小。是故径二三寸之物,有见为径六七尺者,是非空间上之相对,而时间上之相对,则以种种记臆于脑中之观念,与所见之月相比较而成者也。而其结果各自异其所见如此。次考精神上之关系,有幻视、妄视之二种,即如第九十节所示。感觉者,虽生于外界之刺激,有时亦以内界之精神思想为其原因,而于感觉上生幻视妄视。幻视者,谓由精神上之豫期意向,若信仰,若恐怖等,而感外界之事物全如别物,例如怯者认枯尾花为幽灵之类是也。而妄视者,谓由精神上之变动,误以实不存在者为存在,例如罹热病或精神病者,于目前见种种之妄象是也。盖此妄视者,即幻视之走于极端,常属于有精神病者也。是故视觉上所现,决不可悉信为事实,而其错误,皆有所以然之理,不足怪也。

至于以视觉异象,即感觉机上中枢机上之关系而分考之,则感觉机上亦有二三之种类:一平常由视官一时之事情而起幻视。例如或凝视一物,或指压眼睑,或注两眼于距离之一点,皆致误一为二。若由疾病而眼神经之一部分,或麻痹,或伤害,则一物有二重之感。或又视网膜运行之血液如小球,或外物映像正落眼球内之盲点,皆是也。二过度刺激所起之幻妄。例如睹赫赫日光而后视他物,则见与日同状之白圈,是也。三由病患所起之幻视。此幻视者,于感觉机上,或神经麻痹,或白质受伤,生障碍于视觉之上,以小为大,以近为远,或有与之反对之结果,或又罹黄疸病之人视物皆为黄色,或罹眼病者见火花闪烁之幻状之类,是也。此皆感觉机上所起之幻妄之状态也。今若加之以中枢,更生种种之幻视,其例既如前述,第一由事物不明了而起者,第二由内界思想比较相对之关系而起者,第三由精神病而起者,是也。

第一百二节　听觉之异象第一　听觉与中间物之关系何如乎?夫听觉者,亦如视觉以空气水液等为媒介者也。故音响之强弱高低远近,大半由空气、风位之事情而变化。不知其故,则发音原体之远近有误,吾人所常经验也。一室内开其东而闭西,闻西方所发之音,多误其方向。又同一钟声,南风之时与北风之时,觉其声有大小。又据高而呼与在平地而呼,在海上呼与在陆上呼,其声所及,有远近之差,皆可征。其他音响,有名返响,或称为山彦之声,是犹光线之触于镜面而反射,本不足怪,然古人以之为一种之妖怪。秉烛或向珍卷二问曰:谷音何物耶?人发声而响应,我朝往古名为山彦,相传木之精、谷之神所应云。予云:谷音是空谷之神。所谓神者,不应有物。总云神者,无形无色又无声,然声远响应,凡由物所笼而生之空音云云,是当时未详声音反射之所以,而以种种妄想臆说附会之。又考听觉与时间空间之关系,视觉有明知空间上位置距离之力,听觉所不及也。然以两耳所感音响之强弱,有高低显微之异,因而稍得察知其远近。故由是而误认其距离者往往有之,如绿阴郁葱时,与木叶凋落时,误认钟声之远近。雨前与雨后,若昼间与夜间,亦误认其距离者不少。抑听觉特有之性质,虽在感知时间之前后连续,是亦由身体精神相对之事而变化,其误认时间之长短者尤多。要之,听觉者,变空间上之位置,变时间上之时日,则同种之音响,种种变化,而误认别种之音响者,甚易。时间空间之上,最不可不注意也。而由此二者生变化,在外界有空气水液等诸媒介物及其他诸事之变化,在内界有相对精神等之影响,此皆听觉与外界的中间物之关系也。

由是述听觉与身体神经之关系。夫听官之发育,人人互有所异,感音响之力亦随而有径庭。乃若盲人有几分特别听官之发达,故乐工以盲人为善。而听官之组织不完全者,通常之音调,犹听而不能别。或有由病气伤害等而妄动其听官,随而听觉起变化。又有以听官所起之小音微响,误为由外界而来者。故听觉者,应身体上造构机能之异同而变化,可知也。

第一百三节　听觉之异象第二　次考内界上所起听觉异象之原因。关系于身体及精神之情况,不可疑别有感音响,而或喜或悲,或快或不快,由身心当时之情况为变异者实多。故体气精神活泼清爽时，入耳之音响悉愉快，松韵鸟语，亦有天然音乐之感。若当心衰貌悴时，闻所谓钧天广乐，徒增悲耳。以是知音响之感，由身心之事而异也。不独是也，亦有由经验习惯而生异同者。例如好音美声，乍闻之而感其美，习惯烂熟，有不知其乐者。次考听觉之相对。同时闻二种之音响，互相比较，其别愈明。又先后闻二种之音响，亦互相对照，其别愈明。又同时大小高低之诸音，杂然并奏，则小者厌于大者、低声夺于高声而不闻。及大音高声静止，而小音低声亦可闻矣。例如海滨村落，昼间不闻波浪之声，至夜半群动屏息，拍岸之声喧訇而惊眠，是也。是皆由音响与音响比较对照而起者也。又听觉亦如视觉，有以精神思想为原因而生妄听幻听者。例如深夜人定后，孤影孑然，步行街衢之间，若闻足音者，是由豫期意向而生。若罹病害而无声闻声，所谓生妄听也。

又幻听妄听之原因，亦分起于感觉机上与起于中枢机上之二种而论之。感觉机上所起者，耳官之受伤害，或由其他之病气而变动，有闻一音而以为二音者，或有无声闻声，如所称耳鸣者，其他又有感觉机上所起之幻妄，不起于两耳而发于一方之耳者，如此之人，闭左方之耳而用右之一耳时，生幻听。反之而用左方之耳则无之。中枢机上所起者，如以内部之想象及思想而生幻听者是也。多起于音响之不明了，如以时计之摆音为人语，以铁瓶沸汤声为诵经，以波涛之音为风声松籁，皆属之，人所常经验也。又音声由人之预期而大变者。法华宗之人，以莺之鸣声为啭法华经，以其意向听之，果然。又有真宗之人，以莺鸣为闻法云云，以其意听之，亦然。要之，听觉虽由种种之事而变幻，其理既得于学术上说明之，则亦不足怪矣。

第一百四节　触觉之异象第一　触觉者,直接触于外物之感觉。虽不经空气水液等之媒介物,而时间空间则大有关系也。牵连于触觉而有觉筋,既先所略述,今合是二者而论之。夫空间上物质之大小、容量、距离、方位等,由触觉得知,固无论。时间之经过,亦由触觉得知也。如一个之物质,支于手,由其疲劳之度,得知时间之经过而触觉。又有同一物而由场所与时日大异其感者,例如物质之重量,于水中感与于空气中感,大异其轻重。又如温度,试之于水中,朝与日中,亦大异其寒温。又幼时视而感其大者,或及长而惊其小。次述筋觉上运动之感觉。余尝试验所臆定东京各市街间之距离,观其成迹,人人大异其远近之感觉,是由一二回行过时之记忆留于心内而生此臆测也。又就重量之感觉而试验之,是又感觉识别力之随人而大异可知。盖重量者,学术上最示精细之成迹,化学上知元素分合物质不灭,全以此重量为标准,虽然,不假机器之助而自验,有大生过误者。次述身体神经之组织构造,有关系于触觉,是不必别证。总全体之在外面者,以指端唇头目盖之力为最敏。而其敏钝之别,一由于身体构造何如,而又与其身体及神经之构造组织有关系,由病的或故意的压迫神经而使之伤害,则生不觉不随之状,可证也。

第一百五节　触觉之异象第二　触觉于内界之关系,与视听两觉同。由身心之活泼与疲劳,所感有异,要亦关于习惯经验之影响者多。例如儿童游戏,有置两手于膝上,一手握之而拍膝,一手平之而抚膝,两手间迭,互换其所为者,非颇习熟之,屡屡生误。又第二指与第三指,若第三指与第四指,交叉之而置物于其间,如有二物之感,是无他,从来一物同时触于两指之侧面,未经验也。

又有以鼻之残缺而取额上之肉修补之者,然蚊虻止其鼻端,犹有止于额上之感觉。又吾人身缠衣服,足穿袜履,头戴帽子,惯而不觉,故有头戴帽子而寻之,耳挟铅笔而搜之者。次就相对性考之。每朝汲井水,冬夏固一其温度,夏觉冷冬觉温者,由相对而然。而又举重后举轻,倍觉其轻,触粗后触滑,倍觉其滑,亦皆由相对来,此例甚多。次述精神之影响,有幻触、妄触之二种。以些少之刺激、为甚大之刺激,而误认其物,是为幻触,豫期意向,其原因也。又有无一物之刺激而感大刺激者,是为妄触,例如地方报人之死于某寺,有谓死人负于其背上而往者,是虽不见其形,自有若负非常重量之想象。又有精神病者,无人在傍,而有压迫其身体、约束其手足、紧缢其咽喉之妄触。虽然,此触觉上种种异象,要皆有其可生之理由,而不足为妖怪。

第一百六节　嗅觉之异象　嗅觉与视听二觉异。由香物发散之分子,直激于嗅神经而生,不待中间物之媒介,与触觉同。虽然,以其原体离嗅官而存,分子之发散,无非由两者间空气之流动及风之有无、方位等,而感其香气与否。又由触觉多少,推定其原体之距离方位。又以时地之异,则同一香气而生异感,此不待例证而可知也。次考中间要素中身体及精神与嗅觉之关系。人生而嗅觉有敏钝之别,又有由寒疾等更不感香气者,此嗅神经之关系也。次考内界之事情,由身心之现状而嗅觉有异同,有由之而或感快或感不快者。又有由习惯而从来所感香气更不感者。又以数种香气之相对比较,以其种类性质之异而感之较甚。又有由精神作用之影响而生幻嗅妄嗅者。如小有刺激,自之豫期意向迎之,而误认其种类性质,为幻嗅。全无相对之刺激而感者,为妄嗅。此等于精神病者多见之。

第一百七节　味觉之异象　味觉之性质,亦一种之触觉,而全离中间物之关系者也。虽不可由此而知外物之距离方向,而因其连续长短得知多少时间之经过,又由时间之异而其感觉生异同。故味觉之关系,空间不如时间之多。而于时间使味觉生异同,非由外界之事情,而由内界之情况。又有由身体神经之组织状态者,视寒疾时之无味觉可知。次考内界之事情,由身心之情况、习惯之影响及精神作用而生幻味妄味之异象,可以嗅觉例之。夫于味因而生味觉,虽当然之事,其无味因而生味觉者,谓之妄味,全由精神内界之冲因,动于神经之上而生者也。

第一百八节　有机感觉之异象　有机感觉,全离外界之关系而感于内界之事情,其于空气水液等之中间物要素,固无关矣。惟有知时间经过之力,亦稍有感体中部位之力。而其力之大,随时间年龄等而有异,是实由身体及精神之事而异也。夫此感觉者,身体内部组织间之感觉,其于造构机能固有关系,而身体及精神之情况亦有关系。又与经验习惯亦有关系,如体中一部之感痛习惯,则不觉其苦是也。又于相对性有关系,例如已感腹痛,而又感倍强之齿痛,有遂忘其腹痛者。又有与前时所经验者比较,而较增感觉或减之者。又有精神作用之影响,生幻觉及妄觉者。有机感觉比于他感觉,而其位置及性质较难识别,感于感情精神之影响尤大。故平日随气氛之状,而或感快或感不快。又疾痛疴痒之起,得以意志变更其大小轻重,亦人之所知,而于狐凭犬神等为尤甚。

第一百九节　知觉之异象　知觉为感觉之复杂者,由诸感觉之结合而成。而所关中间物者,于各感觉之条已述之,今不论。

又知觉之由相对诸事,亦可就前论而推知,此惟即思想上所与之影响而言之。夫知觉虽结合诸感觉而成,其作用在认识一物为一个体。然感觉中之现见一部分者,其他部分常以记忆中所存之观念补充之。故谓知觉之一部分由再现作用成,可也。以是知觉一物,生种种错杂变幻。例如见木片之轮囷离奇而认为夜叉,见杨柳有纸鸢之飘摇而误为幽灵,是也。而通俗所谓妖怪者多此类。又时而思想若感情之专制豫期甚强,则不啻生变象而已。遂有以幻象妄象为知觉,而现见幻境妄境于目前者,其例证见心理学部门,此姑略之。

第十二讲　说明篇第六
变式的心理学　各论第二

第百十节　内想之异状总论　思想有实想、虚想之二种,实想有再想、构想之二种,于正式的心理学已述之。抑此数种之思想者,感觉材料由外来而成现象,其错误之由感觉知觉来者不待论。虽然,思想非独由外部而已,亦由内部之观念以成立。观念之为物也,有由内而起幻妄者,故思想上之妖怪,其原因生于由感觉达思想之途次,与生于思想内部者,不可不分为二段。而思想内部,如前表为相对、专制、变式、幻境之四项。又考之内外两面。内面者,起于思想内部之异状。外面者,运动于外界之异状。其顺序为第一再想,第二构想,第三虚想,第四感情,第五意志。

第百十一节　思(再)想之异状　再想异状之起,由于感觉及知觉有种种之异象既然矣,而又有由此二觉达再想之中途忽生异状者。盖再想者，由记臆上之观念关系而生，而由知觉及记臆之强弱完否，生再想之误者多。又有由习惯联想等事而生误者。今姑专就内界之原因述之。而其原因有种种。一相对者，此不啻一感觉与一感觉之相对，若一感觉与一观念之相对而已。亦有一观念与一观念之相对者，即思想内部之相对也。今再想上再起一观念，其明不明有暗与他观念相对照者。例如追忆昨年面会之友人，其面会之场处之风光，及同时会合之人，必再现，且与之对照而所忆倍为明了，浮其影象于心中。次再想之生之所要者，为注意。心力会注于或一点，一影象得非常判明，而其一点更为心力之专注，至妨他观念之再起，一观念独专制横行，而与有关系之观念再起，先所谓专制思想是也。例如有人忽念及狐而全力专注之，遂自如感狐，再起狐之态貌声音等而拟之。而既于心内有如是之专制再想，遂示运动于外部而不之觉，所谓无识筋动是也。夫一方专注心力，而他方生无识，自然之理。在此时，意志全失其力，是更不知前后之事情，而入无意之境遇，独于或一点者，其影象非常判明，现显于感觉上，是所谓幻境，即幻觉妄觉所起之原因也。例如父母死而慕之甚切，则所见现父母之貌。或怖蛇者无蛇处见蛇，怖虫者无虫处见虫，是也。惟罹病而于精神上生变动者，见种种之幻境，犹如梦中现种种之妄境。在此场合，不能见现幻之别，而世所谓妖怪者，多现见于此时。在日本古来诱天狗者，传有一日中历观诸国之高山。是盖其一时入梦境，以平生所闻天狗之观念专制心内，而现其种种之妄境也。

第百十二节　构想之异状　构想之异状，生于感觉知觉之异象，固无论，实亦生于再想之变状也。何则？构想者，除去记臆中所存观念之一部分而附加他部分,不外于再想之一种也。而其构成新影象也,或有近于事实者,或有远于事实者。如人具羽翼,或发光明,或御风驾云等,是皆构想所成之新影像,而想见此影像于心内,亦要相对之事情。而其观念,有思想之专制者,起专制于此,而支配全思想于一种之构想。于是无识筋动、无识情动、无识意动等起,而以心内之想象现示于外界,故现示幻境也。但其幻境也,又有由再想而现较为高等之妖怪者。彼宗教热信之徒,往往观见天堂地狱之冥界,是皆不外于构成想象之专制。而精神病者其例尤多。要之,再想之现妄象幻境者,谓之妄象。构想之现妄象幻境者,谓之妄想。

第百十三节　虚想之异状第一　虚想之位于第一者为概念。概念者,即实想之诸观念,而比较分类抽象概括者也。实想有误谬,或其比较抽象作用有误谬,则由是所得之概念亦不能无误谬。而断定者,又结合概念而成。纵令概念无误谬,而其结合不得正,则终不免陷于虚伪。一人曰,雷者神也。一人曰,雷者兽也。夫此二者虽有断定形式,以其结合不得正,不能合于道理。何则?结合概念,虽不得不照经验上之事实,而当智力未发达,不能明知因果之关系。见迅雷之时,有雷兽之降,直指之为雷,而兽与雷之间有何如关系,不推究也。又如视银汉为天河,视月中之影为玉兔,皆同之。次推理者,由断定相合而构成之,既知断定之所以误谬,则推理之所以误谬可知矣。要之,概念之错误迷妄谓之妄念,断定之错误迷妄谓之妄断,推理之错误迷妄谓之妄理云。

第百十四节　虚想之异状第二　次由虚想内部之情况而考妖怪变幻之所以生。第一为相对,亦与实相同。夫知部分者由有全体,知原因者由有结果。诸思想无不有相对之关系,以故人智之性质,无不限于相对。如有机与无机相对,有智与无智相对,东洋与西洋相对,文明与野蛮相对,互得知也。是故经验之范围狭小,而所记臆之事实寡乏时,思想大不免有误谬,就同有神若灵魂之思想者,因知识经验之乏与富而迥然不同,皆人之所知也。而智者学者,就神及灵魂有高尚之思想,亦由与目前所现之诸象相对而想定者,如形而上与形而下相对,无限与有限相对,绝对与相对相对可知。然则其所谓神与灵魂者,果其真神灵耶?否耶?未可知也。况于愚者之所想定耶!第二虚想之专制。凡学问之研究,在集合思想之全力于一点,非其一点思想之专制不能。然其思想若非有益于社会,而专注于自己一身之利益者,或集于不道理的、不正义的之事项,亦不得不谓之一种之迷误。例如自欲有所侥幸而祈愿之于神,若由卜筮人相等前定之是也。而如此全思想,一专注于此事,虽必有多少之效验,是毕竟不免迷误。而其所以效验者,非卜筮人相之力,而专注集心之力也。人若向一点而专注者,识觉其一事之力甚强,他之诸事经过于无识不觉之中。而诸事实中,惟识觉其最初豫定者。如由卜筮言,何日可得幸福,则虽于其日有多少之不幸,皆不留意,即仅有小幸福,亦以为大幸福以实其言。反之而得不幸灾难之豫言,不但视小不幸以为大不幸而已,有沮丧失望自招灾害者,是皆专注专制若信仰之结果也。又世间之破家丧产,不幸累至,兴家恢业,幸福累来,或虽谓天运使然,亦由人力自招者居多。盖人沉沦于不幸,多少精神错乱,虽自思慎重处事,犹不能如往时之精确,不免疏漏者多,是商人之一失败者,所以有再三失败之倾向也。而际会幸福者,心泰气盛,而思想精审确当而益得幸福。如此者,亦不可不以专制之理说明之。

第百十五节　虚想之异状第三　一方有专制而他方生无识,固无论。亦有一方无专制而全面生无识者,如睡眠中,观省于内作为于外者,多不自觉。又有一时思想之专制,继而变为无识者。又有思想前后二样相嬗,前与后全立于反对而互相抗争者。又有二样相反之思想并存于同时者。又有全为反对之思想之专制者。表之如左:

甲　前时专制而后时变为无识者。

乙　前时之思想与后时之思想全相反者。

丙　同时有二样相反之思想并存者。

丁　惟反对之思想专制者。

此丁者,全入于幻境者也。甲者,前时思想专制而后时变为无识,吾人日夜由之,致不足异。如昼间有多少思想之专制,及夜间就寝而变为无识,若精神病则达其变化之极端者也。乙者,前后之思想相异,先所谓意识之中心一变,初在甲点,后移于乙点,犹甲党占领政府,一变而乙党占领之。例如精神病、狐凭病,病前与病中,全有别思想俄如化为别人者,是其在我心中而支配内界之主观念,变其位置故也。然于此有一说,谓脑髓分左右两半球,平常者左半球独营作用,右半球休止。罹精神病、狐凭病时,右半球亦呈其作用,故前后全异思想。而此说未为可信。何则?无一半球独活动而他半球休止之理。若由此臆说,则当谓平常两半球互一致而呈作用,在病时两半球各独立而呈作用,始稍稍有一理也。又丙者,同时二样之思想并立,在平时往往经验之,至病中倍见其甚。

例如有狐凭病,而自己之思想与凭依于狐之思想两样并存,是在内界中甲乙两中心并立而呈作用,犹两党对立而支配一国。若又由半球说,则可解为左半球与右半球两者同时作用。又可由假定之界说,解为两半球之一致作用与别立作用,得同时并存也。又丁者,平常之思想全消灭,而反对之之思想独专有全力,是所谓入幻境之状态,或全分入于精神病界之境遇也。即前所揭图中,乙观念专有思想之中心而支配全界。又由半球说,为半球独呈作用。而此状态凡有三样:其一,精神由一方法而失其中心,至全体止由他人之思想,以机械的应其命令,是催眠境遇之状,自失其中心而附以他人之思想者也。譬之一国,既失其主权,立于他国政令之下。其二,思想作用之变动,其感境虽依然如常,而论理断定之力,若失其中心,全以反对平常之思想下判断。如狂人中有名妄想狂者,图挟泰山以超北海,或计画架设铁桥于太平洋,是也。既自以此妄想为确实,更不怪之,而闻他人之怪之,则反以不狂为狂。其三,感觉上现幻境,视人之不见,听人之不闻,谓目前全见别世界,是有精神病者多所见也。盖人者,有肉眼与心眼,见外界现象者,肉眼之力;见内界观念者,心眼之力。若心眼专其力,而肉眼失其力,至见心内之幻境,虽平常之人,在梦中恒见之,决不足怪,但醒时而入梦境,则谓之精神病中之状态而已。

第百十六节　感情之异状　以上述思想上所现之异象,推此理而感情及意志上所起之变幻可知。感情亦不免相对,对苦知有乐,对乐知有苦,若有乐而无苦,则其乐非己之乐,故苦乐俱非可一定者,由精神上之状况而为种种之变更也。又有感情专制而当其炽时,诸思想全为感情之命令所左右,其悲时是非不能辩,其畏时进退不能处,而达其专制之极。不但一方生不觉而已,有一心全入于无识之境遇者,故人愤怒而至其热度最高,有不自觉其举动。或又由感情专制之炽而现种种之幻境,如见别世界者。睹宗教信者之热度高,而现见地狱极乐之景况可知。是亦思想之中心一变,而以一种之感情为其中心也。其感情各种之说明,先于第七十四节以下详述,此略之。

第百十七节 意志之异状 智力感情之为相对性,既如前述,意志亦然。抑意志者,虽若以自由为性,而立于相对之范围外,其发动也,仍由心内之状态。而其诸状态,由于诸观念间互相比较对照,故虽一举一动,亦无非比较对照之结果。夫鼓动意志之动力者,谓之动机,实意志之原因也。此原因数多竞起时,其间不能无比较对照。而其结果,至于向一方而决意志之举动,是亦由相对来也。其他意志作用中选择决断等,皆无不相对。又意志有专制,当其起时,有不觉一切之举动者。如所谓眠行之梦中发语或起而步行是也。又病气若醉人,不但不自觉其举动而已。有其举动全异于平时而如出别人者,或又全在幻境,无物而欲擒之,无声而欲听之,实呈奇怪之举动,于精神病者多见之。又如催眠术者,其举动应答他人之命令而无自制之意力,是内部之思想失其连络,而有反射外部命令之状态者也。其意志之各作用,当参观第八十三节以下。

第百十八节 说明篇结论 以上所述妖怪学总论,以心理学为中心、为本城而论之。其讲述涉一年间,或有不说其前而述于后及详于前而略于后者,或前重后复者不鲜。故于此揭心理学所关分类之略表,以便一览。

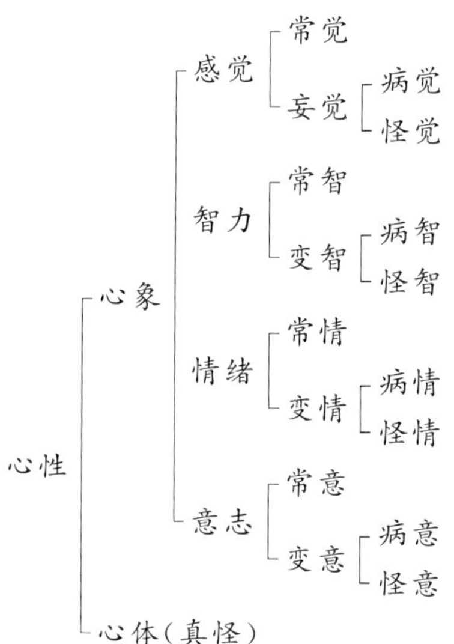

此表中,心体关于真怪,心象关于假怪,而并及理怪者也。心象虽常分智情意之三者,以便宜分为感觉、智力、情绪、意志之四种。其中考究常觉、常智、常情、常意为正式的心理学。其变式的心理学,有病的者属精神病,怪的者虽正属于心理的妖怪学,而与病的同为心象之变态异常,亦不可不加于变式的心理。今考之心象各作用之上而为其所属妖怪之分类。先分变觉如左表:

变觉	变觉(变视	变听	变嗅	变触	变味)
	幻觉(幻视	幻听	幻嗅	幻触	幻味)
	妄觉(妄视	妄听	妄嗅	妄触	妄味)

以此变觉之名称重复,或改总称之变觉为异觉可也。

是主观上之分类也。若对之而示客观之境遇,如左表:

变觉(主观的)…………变象(客观的)
幻觉(主观的)…………幻象(客观的)

妄觉(主观的)…………妄象(客观的)

其中变觉者,由事物与事物关系相对,而多少变其形以现于感觉上之谓。例如同一太阳,朝时与中天之时,异其大小。次幻觉者,其原因由外界入来,加以想象,全有别物之感之谓。例如见绳认蛇,见木骨为鬼形。此妄觉者,外界全无其原因,独由内界之想象而起。例如无物见物,无音闻音。次变智分类如左:

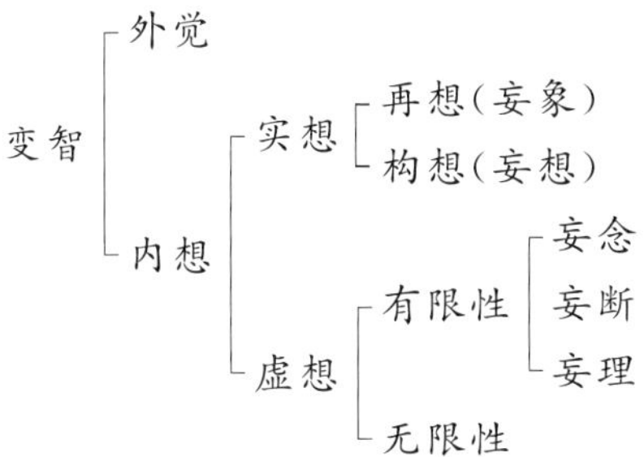

此分类者,对照于常智之分类而设。但置无限性者,是示假怪与真怪之关系,明所以有限之道理穷而无限真怪现者也。次示变情之分类如左:

- 变情
  - 单情
    - 苦痛性
    - 快乐性
  - 复情
    - 相对性
    - 绝对性

凡关于妖怪之情为怪情。此怪情与恐怖之情联络而起时,为苦痛性。若此怪情与好新奇之情连带而起时,则为快乐性。是人所以恐妖怪而又同时有好之之情也。又于复情之上,其相对性亦有苦痛性及快乐性之二种。而设此相对性与绝对性之二者,同为示假怪与真怪之关系也。次表变意如左:

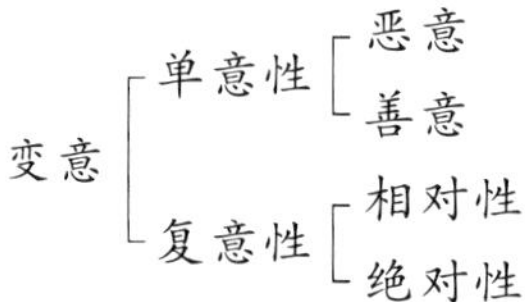

关于假怪之意志,虽无可论善恶之理,而关于伪怪之意志有出于故意者,不得不论其善恶。故意志之上,要设善恶二种而考究之。次于复意之上,设相对性与绝对性之二,以感情同例。

以上分类为变式的心理学,即心理学的妖怪所关心象之分类也。由是就心体而一言真怪之如何。

第百十九节　真怪论　抑真怪者何耶?当先举假怪与真怪而比较之。假怪者,心象物象上之所现,固有限相对差别而可知的也。反之而真怪者,无限绝对而不可知的也。既谓之不可知的,其内部之状态固不可知,其物存耶?否耶?似亦不可得知。虽然,详究假怪而自知真怪之存,又达观心象之内部,自得接触真怪之灵光。吾人由理论与实际均得证明真怪之存在也。宗教家谓之天启,详言之,则吾人之得接触体达真怪者,非吾人之力,而由真怪本境启示吾人之谓也。佛教有自力他力之二道:吾人之力,得开示真怪,是谓自力;若吾人之力不能达之,而由真怪本境启示于吾人之上,所谓他力也。此二论者,其实同一,盖以吾人之心,解为相对性之心象,而非绝对性之心体。则于吾心之上,发真怪之光者,不可为吾人之力。若反之,而以吾人之心,纵为相对性心象,然此心象者,本绝对性之一部分,自于吾人之心中含有绝对之真怪,所以体达之者,亦不外吾人之力。故在于佛教中唱自力之宗旨者,说我心本体即佛,一切众生悉有佛性,吾人之感应悟道,在开现本来我心象中所包有之心体,是自力及他力之所由分,又同一宗教所以存此二说也。虽然,更溯两说之本源而推穷之,其理一而无二致可知。

次论真怪者,有如何关系于宇宙万有之上。抑此天地与万物,本皆由真怪本体开发来者,开示其真相于眼前万有万象之上,固当然也。此开示有内外之别,所谓内界之开示与外界之开示也。外界之开示,于物界之上现真相,内界之开示,于心象之上现真相。内界之开示于吾心象之内部,开现不可思议之灵光,吾人深思静虑而自得接触之是也。外界之开示,吾人睹天地万有,自于其间浮美妙之观念,或于天文上见其美,或于山川上见其美,或于草木禽兽上认其美。此美也,直由无限之本境开现来,吾人接之而又惹起无限之感想也。而在外界示此美者,太阳;于内界示其神者,良心也。其一现美妙之相,其一开灵妙之光,故二者真可谓开发真怪之神气者。若在外界无太阳,天地暗黑,吾人遂无由观其美妙;若在内界无良心,又如何得接触灵妙之神光,而叩其真体之关门也。今以其开现于物界心界之别,而谓外界之开现为灵怪,内界之开现为神怪。

此灵怪及神怪,皆不可思议,而为吾人所不可知者。人智以上,道理以外,故谓之秘怪,即是理外之理也。虽然,此必非理外之理,必非人智以上,其所以然者,何耶?曰:若以吾人之心为有限者,真怪之境遇,固不可不在人智以上、道理以外。若又以此有限之心为无限之心之一部分,有限之心中自包有无限之心。此理外者,尚得在理内。盖由吾人所有无限之心,虽为理外,由无限心,则不可不在理内。今论之于智力之上,有无限性与有限性之二种。若由无限性之智力,则真怪与心体皆在道理以内,是知道理有有限性与无限性之二种。普通之道理,虽有限性,高等之道理,则无限性也。故若由此无限性之道理而论真怪,其体非秘怪,而不可不谓理怪。吾人之心虽有智、情、意三种之作用,其体现于无限之心体上,则三者在外面虽有有限性,其内面自具无限性。宗教者,皆以脱却此有限性而体达无限性为目的。而此体达,或有由无限性之智力者,或有由无限性之感情者,或有由无限性之意志者,故有天台为智宗禅宗为意宗,净土门为情宗之论。既智情意共带无限性,则名此真怪为秘怪或理怪,皆觉不当。何则?此二者,由道理上所与之名称也。即秘怪者,谓在道理以外,理怪者,谓在道理以内,而其以外者对有限性之道理而云,其以内者,对无限性之道理而云,故若加之以无限性之情,无限性之意,当名之以妙怪。此妙怪,脱有限性之智情意,而达无限性之智情意,真善美圆满之体之名也。且又秘怪者,虽以道理外内之异其所视而异其名称,而不可不知此二者之一揆。由一方观之,为秘怪,由他方观之则理怪也。由表面认之为理怪,由里面考之则秘怪也。盖真怪,亦理怪,亦秘怪,亦理外,亦理内,惟呼之为妙怪可也。而妖怪学者,主由智力道理论明,由此点而名之为理怪,又无不可。今示以上论述真怪之分类表如左:

- 真怪
  - 秘怪
    - 灵怪
    - 神怪
  - 理怪
  - 妙怪

第百二十节　结论　全论告终,揭妖怪之全表以为总论之结论。

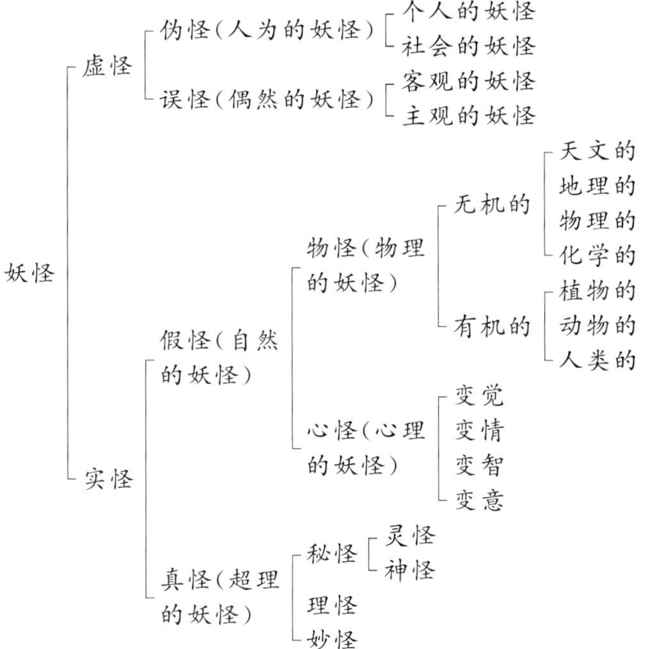

右表中,伪怪者,由人之意志工夫构造作为之妖怪,分之为个人的及社会的二种。个人亦有奇情的与利己的二种,或如虚言大言,有起于奇情与起于利己之二样,或作伪掩蔽等行为,多起于利己。次社会的,亦有属平时与关变时之别。其平时政略上权谋术数,变时有天灾与战乱之别。在战乱中,战略上之谋术是。虽然,此人为的妖怪,今回讲义略之。次误怪者,偶然之事误认为妖怪,有外界一方与内界一方所起之二种,谓之客观的妖怪及主观的妖怪。又有起于内外两界间者,例如二回若三回之大火,异年而同月同日起者,以为此日有关系于大火,而目之为凶日。此偶然暗合,而误以为不思议之关系。又梦见人之死亡,而实际会其死者。世人真以之为怪物,其实是多出于偶然,不足为不思议也。其他有癔病者,夜中旅行,途遭他人而认为怪物。或于树枝揭灯,而远方偶然认为怪物。总称之为误怪云。

次假怪者,非人为,非偶然,而自然起者。此妖怪有现于物上、现于心上之别:一者物怪,即物理的妖怪;他者心怪,即心理的妖怪。而属物怪者,由天文学,或地质学,或物理、化学,或动物学、植物学,得考究其理。又属心怪者,可以心理学说明其理。次真怪者,是真正之妖怪,指先所谓绝对无限之体而名也。假怪虽实怪之一,而讲究之达其原理时,则基于寻常之规则道理可知。今日人智所谓妖怪,他日之人智或可知悉其理。反之而真怪者,虽如何人智进步,终不可知,是超理的妖怪也。此所谓真怪之本体,到处遍在,不问物之上或心之上,渐研究之而达其本原实体,皆为真怪。终于不可知的,不可思议,即物者有物之现象与本体,心者有心之现象与本体,达物之本体则可谓真怪,达心之本体亦是真怪也。今欲区别此二者而云一灵怪,一神怪。灵怪者,物之本体之妖怪;神怪者,心之本体之妖怪也。而灵怪及神怪之二者,皆神秘不测,在人智以上道理以外者,合称之为秘怪。若灵怪、神怪二者相合而一体,而至与道理一致无二途,则谓之理怪。然则真怪虽有三种之别,其实通为一也。

就以上数种妖怪观之,伪怪、误怪,是固非妖怪,全出人之虚构误谬,故谓之妄有。次假怪,虽非道理上之真怪,而事实上现为妖怪,在里面虽非妖怪,而表面则为妖怪,故谓之假怪。至真怪则独为真正之妖怪,除之而无他之真妖怪,故谓之真怪。有此四种者,以伪怪、假怪及真怪为三大怪。考之世界上,世界者,有无限绝对之世界与有限相对之世界,又别有人间世界。此人间世界,跨在两界之间,能与两界相通,谓之三大世界。今与此三大世界相应,而妖怪亦有三大种:即真怪者,所谓绝对世界之妖怪;假怪者,所谓相对世界之妖怪;伪怪者,所谓人间世界之妖怪。而至误怪,位于自然与人为之间,伪怪及假怪上偶然生者,别无对之之世界,故亦不以之为一大种之妖怪。以是举妖怪之种类,伪怪、假怪及真怪之三大种。就其关系于真怪而开示其理于人,又能讲体达之之道者,即宗教也。次研究假怪之道理而明之者,一般之学科也。而关于伪怪而成立者,人情、风俗、政事等也。故研究伪怪者,得知社会人情之奇智妙用;研究假怪者,得晓万有自然之奇变妙化;研究真怪者,得悟神佛之奇相妙体。是故,欲知社会人情之机密,当考究伪怪;欲知物心万有之机密,当考究假怪;欲知人物幽灵之机密,当考究真怪。盖其第一于考治有关系;其第二于教育有关系;其第三于宗教有关系。是余妖怪学研究之顺序。而其目的在于去伪怪、拂假怪而开真怪也。